Gracias a las empresas que nos ayudan a
acercar a nuestras sociedades el conocimiento
sobre las realidades en las cuales se insertan
los países del Cono Sur.

BANK OF NEW YORK - INTER MARITIME BANCK, GENEVA
Representante para América Latina: BNY IBM Trustee
and Management Company S.A. Uruguay
BOLSA DE COMERCIO DE MENDOZA
DISTROCUYO S.A.
EDEMSA
HIDISA-HINISA
JOSÉ CARTELLONE CONSTRUCCIONES CIVILES S.A.
TOTAL AUSTRAL

Los auspiciantes colaboran con la difusión de la presente obra literaria sin estar necesariamente de acuerdo con las teorías, análisis, juicios y/o apreciaciones de los autores de los manuscritos.

ARGENTINA-CHILE
Y SUS VECINOS (1810-2000)
TOMO II

DIRECCIÓN EDITORIAL
Anne-Caroline Biancheri

COORDINACIÓN
Diego Orpi - Gabriela Agostini

RELACIONES INSTITUCIONALES
Lis Clement

COMPILADOR
Pablo Lacoste

DISEÑO Y DIAGRAMACIÓN
Mirta Leucrini - Alejandra Rodón

DISEÑO DE TAPA
Marcelo Ortega

FOTOGRAFÍA DE TAPA
Ignacio Blanco

CORRECCIÓN DE ESTILO Y PRUEBA
Mercedes Fernández

FOTOCROMÍA E IMPRESIÓN
Inca Editorial

Representante Legal
ANNE-CAROLINE BIANCHERI

ISBN 987-21358-5-1

Es una publicación de Caviar Bleu S.A. en coedición con la Universidad Arturo Prat
Nicolás Avellaneda 550
Mendoza - Argentina
info@caviarbleu.com
prensa@caviarbleu.com

Derechos reservados del contenido editorial y gráfico. Prohibida su reproducción sin
la autorización de los editores. Inscripción en Buenos Aires, Argentina.

ARGENTINA-CHILE
Y SUS VECINOS
(1810-2000)

TOMO II

ARGENTINA Y CHILE EN LA REGIÓN

CAVIAR BLEU
EDITORA ANDINA SUR

2005

Colección cono sur Argentina Chile y sus vecinos tomo II / Pablo Lacoste...[et al]. – 1° ed. – Córdoba : Caviar Bleu, 2005.
304 p. ; 22x15 cm.

ISBN 987-21358-5-1

1. Relaciones Internacionales. 2. América del Sur. I. Lacoste.,Pablo
CDD 327

ARGENTINA-CHILE
Y SUS VECINOS
(1810-2000)

ARGENTINA Y CHILE EN LA REGIÓN

Compilador: **PABLO LACOSTE** (Universidad de Talca)

ALEJANDRO PAREDES
(CONICET - Universidad Nacional de Cuyo)
BEATRIZ SOLVEIRA (CONICET - Universidad Nacional de Córdoba)
JOAQUÍN FERMANDOIS (Pontificia Universidad Católica de Chile)
MICHELLE LEÓN HULAUD (Pontificia Universidad Católica de Chile)
IVAN WITKER (Universidad de Santiago de Chile)
EDMUNDO HEREDIA (CONICET - Universidad Nacional de Córdoba)
RAÚL BERNAL MEZA
(Universidad Nacional del Centro - Universidad de Buenos Aires)
CÉSAR ROSS ORELLANA
(Universidad Arturo Prat - Iquique)

ÍNDICE

ACERCA DE LOS AUTORES 11

INTRODUCCIÓN
Pablo Lacoste 15

Migración limítrofe en Argentina y Chile (1869 - 1980)
Alejandro Paredes....................................... 19

La inserción argentina en el sistema internacional
Beatriz Solveira 55

¿Antinomia entre democracia y gobierno militar? Chile y Argentina en el momento de incertidumbre (1955-1973)
Joaquín Fermandois y Michelle León Hulaud 93

La política exterior vecinal de Chile en los '90
Iván Witker... 143

El Cono Sur, una región en el mundo
Edmundo Heredia 167

América del Sur en el sistema mundial hacia el siglo XXI
Raúl Bernal Meza 191

Chile y Argentina: Los desafíos de la integración en tiempos de crisis
César Ross Orellana 249

Apéndice I
Jefes de Estado de Argentina, Chile, Brasil, Uruguay, Bolivia, Paraguay y Perú (1810-2003) 279

Apéndice II
Evolución demográfica de Argentina, Chile, Brasil, Uruguay, Paraguay, Bolivia y Perú (1810-2000) 299

ACERCA DE LOS AUTORES

PABLO LACOSTE *placoste@utalca.cl*
Licenciado y Profesor de Historia (Universidad Nacional de Cuyo). Doctor en Historia (UBA). Doctor en Estudios Americanos, Mención Relaciones Internacionales (Universidad de Santiago de Chile). Investigador de CONICET (1997-2003). Docente de la Universidad de Buenos Aires (1989-1993). Docente de la Universidad Nacional de Cuyo (1994-2003). A partir de marzo de 2003 se desempeña como profesor con jornada completa en la Universidad de Talca (Chile).

ALEJANDRO PAREDES *haleparedes@hotmail.com*
Licenciado en Sociología (Universidad Nacional de Cuyo). Becario de CONICET. Investigador del Centro de Estudios Trasandinos (UNCU). Alumno del Doctorado de la Universidad de La Plata.

BEATRIZ SOLVEIRA *jebaez@agora.com.ar*
Magister en Relaciones Internacionales (Universidad Nacional de Córdoba). Doctora en Historia (Universidad Nacional de La Plata). Investigadora de CONICET. Profesora Titular de Introducción a la Historia (Universidad Nacional de Córdoba). Profesora Titular de Historia contemporánea I y II (Universidad Católica de Córdoba). Académica correspondiente en la provincia de Córdoba (Academia Nacional de la Historia).

JOAQUÍN FERMANDOIS *fermand@puc.cl*
Licenciado en Historia, Universidad Católica de Valparaíso. Doctor en Historia de América, Universidad de Sevilla. Beca Guggenheim, 1989. Profesor Titular de Historia Contemporánea de la Pontificia Universidad Católica de Chile. Ex director del Instituto de Estudios Internacionales de la Universidad de Chile. Presidente de la Asociación Chilena de Historia de las Relaciones Internacionales. Miembro de número de la Academia Chilena de la Historia.

MICHELLE LEÓN HULAUD *mlhulaud@hotmail.com*
Licenciada en Historia (Pontificia Universidad Católica de Chile, PUC). Investigadora CONICYT-Chile.

IVAN WITKER *ivanwitker@yahoo.com*
PhD. en Comunicaciones, Universidad Carlos IV, Praga. Coordinador de la Mención de Relaciones Internacionales en el doctorado en Estudios Americanos de la Universidad de Santiago de Chile.

EDMUNDO HEREDIA *edmundo@cablenet.com.ar*
Doctor en Historia. Profesor Titular de la Universidad Nacional de Córdoba. Investigador de CONICET. Vicepresidente 1 de la Asociación Argentina de Historia de las Relaciones Internacionales.

RAÚL BERNAL MEZA *cerial@infovia.com.ar*
Licenciado en Estudios Latinoamericanos e Internacionales (Universidad de la Sorbona). Master en Economía (Sorbonne); Master en Relaciones Internacionales (FLACSO); Diplomado en Planifi-

cación de Políticas de Comercio Exterior (ILPES-ONU); Doctor en Sociología (Sorbonne-Universidad Católica Argentina). Profesor Titular de Relaciones Internacionales de la Universidad Nacional del Centro de la Provincia de Buenos Aires y profesor de la Universidad de Buenos Aires. Director del Programa de Maestría en Relaciones Internacionales de la Universidad Nacional del Centro de la Provincia de Buenos Aires. Vicepresidente 2º de la Asociación Argentina de Historia de las Relaciones Internacionales.

CÉSAR ROSS ORELLANA *ceross@unap.cl*
Profesor de Historia y Geografía (UMCE). Magister en Historia (Universidad de Santiago). Doctor en Estudios Americanos mención Relaciones Internacionales (Universidad de Santiago). Académico Instituto de Estudios Internacionales de la Universidad Arturo Prat (INTE).

INTRODUCCION

El presente volumen examina las relaciones internacionales en el Cono Sur, desde una perspectiva más amplia que en el tomo anterior. Aquél se dedicó a las relaciones bilaterales de Argentina por un lado y Chile por otro, con sus respectivos vecinos. Este abandona la mirada bilateral, para ingresar en una visión de conjunto, sumando otros actores y problemas. Una vez resueltos los aspectos principales y específicos de cada pareja de vecinos, ahora se avanza en la mirada de contexto regional y mundial. Se complejiza el estudio de las relaciones de Estado a Estado, a la vez que se incorporan otros actores sociales, particularmente los inmigrantes, tema de creciente interés en la región y el mundo. En este sentido, las relaciones cívico-militares, el contexto de la Guerra Fría, el Cono Sur como región y la percepción de América del Sur como un sub-sistema dentro del Sistema Internacional, son elementos que contribuyen a comprender con mayor profundidad las relaciones específicas de la política vecinal.

En el primer capítulo, Alejandro Paredes estudia la migración fronteriza entre Argentina y Chile. Hay un gran contraste en estos espacios, porque Argentina ha sido tradicionalmente un país receptor de inmigrantes, mientras que Chile ha operado en el sentido exactamente inverso. Esta ha sido la tradición histórica, pero este proceso se encuentra en estado de cambio y, sobre todo, de reversión. El autor examina estos problemas en el marco de la tesis doctoral que está elaborando en la Universidad de La Plata.

El segundo capítulo tiene un carácter más político institucional. Beatriz Solveira, después de largos años de estudio sobre la evolución del servicio exterior argentino, entrega una síntesis de sus investigaciones. Se trata de un trabajo de gran utilidad práctica, para comprender la estructura funcional que tenía la cancillería del Palacio San Martín en los distintos momentos históricos, lo cual facilita a los historiadores comprender la base organizativa que tuvieron los actores diplomáticos de la Argentina.

En tercer lugar se entrega un estudio sobre las relaciones cívico-militares en Argentina y Chile en el agitado período que va de 1955 a 1973. Por las fuertes tensiones de esa época, por el proceso de pretorización del Estado y por el contexto de Guerra Fría, se trata de un capítulo sumamente complejo. La experiencia del autor principal de este capítulo ha permitido sortear los problemas con éxito: basta señalar que Joaquín Fermandois es el presidente de la Asociación Chilena de Historia de las Relaciones Internacionales.

En esas décadas, los países de la región tuvieron desarrollos más o menos paralelos: al paradigma de libre cambio siguió, desde la Gran Depresión de 1930, el paradigma de las Industrias Sustitutivas de Importaciones, modelo vigente hasta fines de los años '80. Posteriormente, el Cono Sur siguió caminos divergentes. Por un lado, Argentina, Uruguay, Paraguay y Brasil trataron de formar un bloque regional a través del MERCOSUR. En cambio, Chile se apartó de esta línea y formó su propio modelo. Se hizo cada vez más clara la diferencia entre Chile y sus vecinos regionales. Este es uno de los grandes misterios que desafía la inteligencia de los observadores, tanto de América Latina como de otras partes del mundo. Para tratar de comprender estos problemas, el capítulo cuarto de este tomo se centra en la política exterior vecinal de Chile, en la década de 1990. El trabajo reviste un interés especial, no sólo por el tema, sino también por el autor: Iván Witker es un académico de peso en el plano de las Relaciones Internacionales y el papel de la prensa, a la vez que asesor de primera línea del gobierno de Chile. Sus escritos reflejan no sólo el resultado del análisis académico de documentos, sino también las percepciones que Witker ha podido hacerse a través del trato cotidiano con los principales actores de la política exterior chilena.

El concepto de región merecía un lugar en este libro. Sobre todo si el autor era el vicepresidente de la Asociación Argentina de Historia de las Relaciones Internacionales, Edmundo Heredia, el cual ha dedicado largos años de su vida a definir este término y examinarlo en el ámbito latinoamericano. Es el tema del quinto capítulo de este tomo. Aletea allí la búsqueda de la unidad perdida en el espacio del Cono Sur, a la vez que se plantean las perspectivas de integración con vistas al futuro.

El Cono Sur en particular y América del Sur en general, no se encuentran aislados, son como un sub-sistema, que forma parte de un sistema mayor que es, precisamente, el sistema internacional. Este es el tema que, desde hace varios años ha impulsado el trabajo y la reflexión de Raúl Bernal Meza, también vicepresidente de la Asociación Argentina de Historia de las Relaciones Internacionales.

Como el espíritu de esta obra ha sido el de facilitar la información básica de los países del Cono Sur, se han incluido también dos enjundiosos apéndices. En el primero de ellos, se entregan las listas de los jefes de Estado de los países de la región abordada (Argentina, Chile, Uruguay, Brasil, Paraguay, Bolivia y Perú), desde los orígenes de la época independiente (cerca de 1810) hasta la actualidad. El segundo apéndice incluye datos demográficos de esos países, sobre todo a partir de los censos nacionales que se han realizado en los siglos XIX y XX. La idea es que el lector tenga, cómodamente, a su alcance, los datos estadísticos fundamentales que se necesitan para interpretar los hechos.

Igual que en el tomo anterior, este libro ha sido resultado de un largo debate que los autores han sostenido en los sucesivos encuentros, jornadas y congresos en los cuales han participado. Particularmente nos referimos al espacio creado a partir de la Asociación Argentino-Chilena de Estudios Históricos e Integración Cultural, la Asociación Argentina de Historia de las Relaciones Internacionales, la asociación chilena homóloga, y la recientemente fundada Asociación Latinoamericana de Historia de las Relaciones Internacionales, liderada por Mario Rapoport.

Pablo Lacoste

MIGRACIÓN LIMÍTROFE
EN ARGENTINA Y CHILE (1869-1980)

Alejandro Paredes

Diversos autores coinciden en la clasificación de los países sudamericanos como principalmente expulsores (Bolivia, Paraguay, Colombia, Chile, Ecuador y Uruguay, en ese orden), de relativo equilibrio migratorio (Brasil y Perú) y finalmente, receptores (Argentina y Venezuela)[1]. De este modo se puede inferir que la inmigración limítrofe en Argentina y en Chile muestra comportamientos diferentes. Argentina se ha perfilado como país receptor de inmigrantes limítrofes, en tanto que Chile ha dado origen a una fuerte corriente emigratoria[2]. La diferencia entre el comportamiento poblacional argentino y el chileno produjo también una suerte de complementariedad entre ambos países, de manera que gran parte de los migrantes chilenos optaron por Argentina en el devenir del siglo XX. Este estudio pretende ser un aporte a los estudios comparados de los movimientos migratorios entre Argentina y Chile, y entre estos países y las naciones limítrofes. Para ello, nos detendremos en los principales rasgos que han caracterizado la dinámica migratoria de ambos países en el período analizado.

Los movimientos migratorios de frontera en Chile

Inmigración de Frontera e Inmigración Limítrofe no son conceptos idénticos. Los límites nacionales son líneas divisorias estipuladas entre dos o más países en tanto que, siguiendo el pensamiento de Carmen Norambuena, la frontera remite a los espacios geográficos de encuentro e interacción entre pueblos y culturas diferentes. En este sentido, la autora polemiza con posiciones que plantean a la zona de frontera como zonas de ocupación territorial[3]. Este trabajo se servirá del concepto de frontera desde la perspectiva de Norambuena, principalmente porque el estudio de las migraciones de frontera está atravesado por la compleja discusión que envolvió la delimitación definitiva de los límites de Chile y sus vecinos durante gran parte de siglo XIX y XX. De este modo, se han tomado como ordenador de este pequeño estudio, las principales regiones que han sido escenario de los procesos migratorios, más allá de las discusiones sobre las soberanías. Si bien hablaremos de la inmigración limítrofe en la región central de Argentina y Chile, también estudiaremos la inmigración fronteriza en el sur chileno-argentino y en el norte chileno-peruano-boliviano. Para comenzar tomaremos la inmigración chilena en la frontera norte a mediados del siglo XIX.

La inmigración en la frontera norte a fines del siglo XIX

A finales del siglo XIX y principios del XX, Chile sintió el impacto de los inmigrantes de ultramar, aunque con valores menores que en los países de la costa atlántica. De todos modos, entre 1882 y 1914 llegaron 66.767 extranjeros, en tanto que en el 1900 los inmigrantes limítrofes en Chile eran 29.687 (el 1,09% de la población total y el 40,77% de los extranjeros)[4]. Sin embargo, realizar este análisis resulta complejo porque paralelamente el país fue sufriendo un *"proceso de expansión territorial hacia el norte (a expensas de Perú y Bolivia) y hacia el Sur (a costa de los mapuches)"*[5].

En el análisis de la población proveniente de países limítrofes, la expansión hacia el norte juega un rol central. A mediados del siglo XIX, tanto la peruana Tarapacá como la boliviana Antofagasta crecieron en su actividad comercial. La explotación minera y la actividad portuaria hicieron que estas regiones con escasa población, necesitaran mano de obra extranjera. La posibilidad de trabajos mejores rentados atrajo a trabajadores de la región central. En Iquique, por ejemplo, casi la mitad de los trabajadores eran chilenos. En Tarapacá, entre 1869 y 1873, la explotación del salitre alcanzó su apogeo, empleando también a bolivianos cochabambinos. El cuadro 1 (ver pág. 46) muestra la superioridad numérica de los chilenos en 1876, pero además como los inmigrantes de ambos países eran el 41,05% de la población de esta provincia peruana.

También en las regiones portuarias bolivianas, la presencia de la comunidad chilena era importante. Ya en 1832, a pocos años de fundada la ciudad de Cobija, el 21,3% de la población eran chilenos, mientras que los argentinos representaban escasamente el 11%. En 1875 en el puerto de Antofagasta el 84,14% de la población era chilena. Según el censo boliviano de la Región de Antofagasta en 1878, 6.554 de sus ciudadanos provenían de Chile (77,04% de la población total)[6]. Esta fuerte presencia en Tarapacá y Antofagasta generó múltiples conflictos entre obreros chilenos, peruanos y bolivianos. Gilberto Harris Bucher, describe cómo en 1875, el gobierno peruano exigió la nacionalización de los cargadores, lancheros y pescadores chilenos que trabajaban en

Iquique[7]. En las entonces ciudades bolivianas de Cobija, Caracoles, Tocopilla y Mejillones, también se produjeron graves incidentes con las fuerzas del orden.

Los sucesos de la Guerra del Pacífico repercutieron fuertemente en estas poblaciones. Los antes extranjeros pasaron a ser dueños de casa. Muchos peruanos y bolivianos continuaron en sus lugares de orígenes y se especializaron en diferentes tareas. A finales de siglo los trabajadores peruanos y bolivianos en Chile eran principalmente mineros, albañiles, cigarreros, carpinteros, pintores de obras y sastres, en tanto que también una pequeña comunidad argentina era empleada como cocheros, aguadores, talabarteros, albañiles, sastres y zapateros. Paralelamente comenzaron a nacer instituciones de peruanos y bolivianos como sucedía con los inmigrantes europeos. De este modo nacieron La Sociedad Peruana de Socorros Mutuos de Iquique (1886); La Sociedad Boliviana de Socorros Mutuos de Iquique (1893); La Sociedad Filantrópica Peruana de Socorros Mutuos de Santiago (1894); La Sociedad Peruana de Socorros Mutuos de Valparaíso (1898) y La Sociedad Peruana de Socorros Mutuos de Picas.

Como era de esperar, los constantes movimientos poblacionales entre las regiones fronterizas de Perú, Bolivia, Argentina y Chile continuaron también durante el siglo XX. A modo de ejemplo, el censo boliviano de 1950 registró 2.593 chilenos, 2.579 argentinos y 8.867 peruanos en su territorio[9]. En contrapartida, el norte de Chile se transformó en un refugio de los perseguidos políticos bolivianos. Entre ellos podemos mencionar a los ex presidentes José Gutiérrez Guerra y José Luis Tejada; al ex coronel Urdinea y a numerosos miembros del Movimiento Nacionalista Revolucionario y de la Federación de Sindicatos de Trabajadores

Mineros de Bolivia. Pero volviendo a las últimas décadas del siglo XIX y a los inicios del siglo siguiente, otro movimiento demográfico importante estaba surgiendo al sur del país.

La presencia chilena como principal pobladora en la frontera sur chileno-argentina durante la primera mitad del siglo XX

La inmigración chilena fue muy importante en el poblamiento de territorios de la Argentina y Chile. Una gran corriente inmigratoria nacida en el sur chileno se dirigió a la Patagonia argentina, que tenía grandes extensiones inhabitadas gracias a la efectividad de la campaña del desierto. Sin embargo muchas familias no lograron acceder a la tierra propia y regresaron a Chile a lugares más australes donde se asentaron en tierras fiscales. Este proceso es muy largo y complejo por lo que lo tomaremos en dos partes: las migraciones chilenas en el sur argentino y el retorno de algunos de ellos, y los conflictos con las compañías de colonización.

A principios del siglo XX la creación de poblaciones criollas en la Patagonia era un requisito indispensable para que Argentina pudiera ejercer la soberanía en ese territorio. Por lo menos así lo entendió la generación del ochenta que temió la colonización de otro país, principalmente europeo, aunque también temían un posible avance chileno en esos apartados lugares. La Campaña del Desierto, que fue uno de los primeros genocidios organizados por el Estado argentino, permitió la usurpación definitiva de la tierra al indígena gracias a la superioridad tecnológica del ejército. En estos nuevos territorios deshabitados se promovió la colonización de inmigrantes europeos.

Paradójicamente, aunque no fue incentivada, la inmigración chilena fue decisiva en el afianzamiento de la soberanía nacional rioplatense. La subasta de terrenos fiscales para el asentamiento de colonias de inmigrantes, la explotación extrema de los trabajadores (respaldada por una fuerte alianza entre los grupos poderosos y el sistema judicial) y el bandidaje en la zona de la frontera, provocaron una emigración de campesinos chilenos que soñaban alcanzar la tierra propia[10]. Entre 1870 y 1890 emigraron unos 40.000 principalmente a Neuquén (lo que algunos autores denominan la "chilenización de Neuquén") y esto alarmó a sectores de la prensa argentina que temían una invasión chilena silenciosa[11]. El cuadro 2 (ver pág. 46) ilustra la situación.

Otra provincia con un porcentaje relativamente alto de inmigración chilena en ambos censos era Santa Cruz que fue poblado principalmente desde Punta Arenas. Las élites económicas de esta ciudad y Santa Cruz estaban íntimamente ligadas (y en algunos casos hasta era la misma) lo que contribuyó al desplazamiento de obreros. Este movimiento migratorio puede dividirse en dos etapas: 1885-1930 y 1930 hasta el presente. En la primera etapa comenzaron a establecerse familias con capitales que jugaron un rol determinante en la conformación económica de Santa Cruz. La segunda etapa comenzó cuando Punta Arenas declinó su actividad económica en tanto que Santa Cruz florecía gracias a las obras de infraestructura estatales realizadas a comienzos de la década del cuarenta, atrayendo a trabajadores chilenos[12]. Así, en 1920, el 20% de los extranjeros y el 10% con relación a toda la población que residía en esa provincia, eran chilenos[13], porcentaje que en

1947 subió al 97% de los extranjeros y 28% de la población total y en 1960 al 30,5% de la población total. Algo semejante sucedía con Tierra del Fuego donde eran el 50% de los habitantes[14].

De este modo igual que la posibilidad de la tierra, la oferta laboral fue un factor importante en la atracción de la Patagonia Argentina. Esta se centró en la extracción de oro, petróleo y carbón. La actividad petrolera comenzó en 1918 y modificó ciudades enteras como Comodoro Rivadavia que absorbió gran parte de la inmigración chilena. En la estadística del cuadro 3 (ver pág. 46) apreciamos esta afirmación.

Entre 1920 y 1947, gracias a la explotación petrolera, esta ciudad se duplicó casi ocho veces. En otras regiones patagónicas, también crearon muchos puestos de trabajo los emprendimientos estatales, como las obras de riego (entre ellas el Dique de Neuquén, que entre 1910 y 1920 precisó de 1.009 empleados), la extensión del ferrocarril y la construcción de carreteras[15]. Sin embargo gran parte de los chilenos con una fuerte tradición agrícola-ganadera, no pudo ser integrada al mercado laboral, y se asentaron en territorios de fronteras aún no delimitados. Muchos de ellos, al esclarecerse el trazado de límites en 1902 quedaron incluidos en territorio argentino.

Esta situación confusa en algunos, y la dificultad de adquirir tierras o incluirse en el mercado laboral, en otros, generó un nuevo movimiento migratorio, esta vez hacia Chile. La región elegida, fue la del Aisén, donde se encontraban grandes extensiones fiscales.

En el siglo XIX, la densidad demográfica de Chile se encontraba muy desequilibrada, mostrando áreas casi desiertas en las regiones australes. Sin embargo, la riqueza de estos lugares y la escasa población, la convertían en un sector óptimo para la atracción de europeos que servirían para "civilizar" la región. Con este objetivo se otorgaron colonias a cambio del compromiso por parte del adjudicatario de la radicación de un determinado números de familias anglosajonas de agricultores, el establecimiento de una línea periódica de navegación, la venta al Estado de maderas a precio de costo y dejar mejoras en el territorio por un valor determinado. Las colonias dieron escasos resultados. En la región del Aisén, se dieron diez concesiones por veinte años, pero en su mayoría pasaron a compañías ganaderas extranjeras que obtuvieron grandes réditos entre 1904 y 1905[16].

En forma paralela, surgió otra inmigración compuesta por chilenos que regresaban de Argentina en busca de tierras fiscales donde cultivar. De este modo buscaron territorios aptos para el pastoreo en los valles de Futalefú, Alto Palena, Lago Verde, Simpson, Lago Buenos Aires, Baker y Meyer. Estas ocupaciones de tierras sin avisar a las autoridades nacionales se enfrentaron a las concesiones de las empresas colonizadoras, que reclamaban la posesión sobre terrenos ya ocupados[17]. Esto generó conflictos muy violentos, principalmente en Chile Chico y el Valle Simpson.

Los sucesos de Chile Chico comenzaron con el asentamiento de campesinos en 1905 alrededor del Lago Buenos Aires, actual Lago Carreras. En 1914 obtuvieron el permiso de ocupación de la Oficina de Tierras y Colonización de Punta Arenas. Sin embargo, grupos económicos de Punta Arena, lograron que en 1917 el Estado les rematara las tierras sin avisarles a sus ocupantes. Este atropello generó una serie de enfrentamientos armados que culminó con el reconocimiento de los derechos de los campesinos[18]. Algo semejante ocurrió en el Valle Simpson. En 1911 los campesinos chilenos ocuparon una zona que había vuelto al fisco al caducar la concesión de la Sociedad Ganadera Tres Valles. En tanto, la Sociedad Industrial de Aysén estaba tramitando el pedido de esos territorios. Las tensiones se agudizaron cuando en 1915, la Sociedad Industrial de Aysén intenta expulsarlos ya que había obtenido el permiso para la ocupación del Valle.

Los pobladores, que también habían recurrido al gobierno pidiendo acogerse a la ley de colonización de 1896, se negaron. En 1919, el gobierno reconoció la posesión de parte del Valle a los pobladores, sin embargo al persistir la tensión, tuvo que aceptar la posesión de las tierras trabajadas[19]. Si bien los desajustes entre los dos procesos de colonización (el espontáneo y el que se realizó a través de grandes concesiones) generaron los conflictos. Es indisimulable que en ambos casos se trató de peleas entre medianos propietarios de tierra y ganado, y ambiciosos terratenientes ligados, en algunos casos, a capitales internacionales o a sectores del gobierno.

Las idas y venidas a través de la cordillera, como también la búsqueda de tierras para el ganado fue un hecho repetido en la historia de ambos países, aunque sólo adquirió estas características excepcionales al sur del país, donde la presencia del Estado chileno era más débil. En la región central, el comercio entre ambos lados de la cordillera fue intensivo desde la fundación de las ciudades de Cuyo. Sin embargo la mayor densidad poblacional sumado a una fuerte presencia estatal darán origen a una problemática diferente donde las adhesiones ideológicas jugarán el rol central.

Las inmigraciones transcordilleranas en la Región Central

En cuanto a la emigración chilena a la región de las provincias de Cuyo, se pueden distinguir dos momentos muy separados entre sí. El primero comienza desde la fundación de las provincias que entonces pertenecían a la Capitanía General de Chile y termina con la fuerte inmigración europea. Además, la incipiente industrialización en Santiago, comenzó a atraer a chilenos que antes emigraban a Cuyo, al igual que los mismos cuyanos. El segundo momento en que esta región vuelve a recibir una importante inmigración chilena es en la década del setenta. Esta comienza en forma incipiente con la ascensión del presidente S. Allende, pero crece abruptamente durante el régimen del general A. Pinochet.

El primer contingente de inmigrantes chilenos en Cuyo

Desde la época colonial, a través del cruce de la cordillera, Cuyo podía acceder a innumerables mercancías traídas desde los puertos del Pacífico, de manera que se fue conformando una dinámica red de comerciantes, arrieros y mercaderes. El mar chileno era la salida al mundo para estas pequeñas y mediterráneas aldeas. Tanto San Luis, como San Juan y Mendoza, se nutrieron de la inmigración que llegaba a través de la cordillera. Esto no desconoce los aportes de los inmigrantes de ultramar, aunque de hecho eran una minoría. Además, durante el siglo XIX Santiago fue muchas veces, refugio para las minorías políticas argentinas o destino de la inmigración económica cuyana[20].

Por otro lado, también se establecieron familias chilenas en Cuyo debido a sus actividades económicas o por razones políticas, como sucedió en 1814, cuando los realistas derrotaron a los patriotas chilenos generando una abrupta emigración a Mendoza[21]. Finalmente, a partir de 1849, el auge de la explotación aurífera en la precordillera mendocina, creó en pequeña escala algo parecido a la fiebre del oro californiana, atrayendo a muchos mineros chilenos[22]. Este conjunto de procesos políticos y económicos contribuyeron a conformar una importante comunidad chilena en la Región Cuyana. Mendoza, como principal provincia de la región, ostentó la mayor concentración de pobladores chilenos. En 1864, de los 57.476 habitantes de esa provincia, 3.456 eran chilenos: 6 % de la población total y 89,5% de los inmigrantes. Pero además, Mendoza concentraba el 41% de los chilenos en Argentina. En 1869, el porcentaje ascendió a 8,82%: 5.774 chilenos sobre 65.413 habitantes en Mendoza[23]. En forma paralela, la presencia chilena en Argentina, aumentó entre 1865 y 1869, de 8.423 a 10.882, de los cuales, el 53,06% vivía en Cuyo[24].

Hacia los finales del siglo XIX, la inmigración europea creció sobre la chilena, debido a la promoción organizada por el gobierno argentino en Europa. Mendoza era tierra propicia para la inmigración de ultramar luego de la ampliación de la frontera sur fruto de la Campaña del Desierto. Las cuantiosas obras hidráulicas aumentaron el área bajo riego y, una política económica proteccionista, logró un florecimiento de la provincia. Pero sin lugar a dudas, un gran aporte fue la creación de la línea férrea que unía Buenos Aires y Mendoza. Esto abarató los costos de comercialización de las mercaderías y favoreció la llegada de inmigrantes europeos desde el puerto. El ferrocarril fue inaugurado en Mendoza en 1885 y en 1903 en San Rafael[25]. De esta manera, se favoreció la comercialización e integración con la Región Pampeana. Cuyo comenzó a mirar hacia el Atlántico. Este nuevo medio de comunicación debilitó la fuerte relación económica y social mendocina con Chile. Este hecho no pudo ser revertido, ni siquiera con la habilitación del tren Trasandino que contribuyó al comercio entre Buenos Aires y Santiago. De esta manera, aunque la colectividad chilena siguió aumentando, lo hizo ya en forma muy leve y su importancia decreció con el paso del tiempo. En el cuadro 4 podemos ver como la importancia porcentual con respecto a la totalidad de la población mendocina estaba en ascenso antes de la inauguración del ferrocarril, pero en fechas posteriores a 1885 comenzó a descender.

Paralelamente fueron creciendo otras comunidades: la italiana, la española y la francesa. La llegada de todos estos grupos hizo que, en 1895 (sólo diez años después de la inauguración de la línea ferroviaria) el mapa poblacional hubiera cambiado bastante. Mendoza casi había duplicado su población pasando de 65.413 a 116.136 habitantes y la comunidad chilena estaba siendo igualada por la colectividad italiana. Catorce años después las colectividades europeas ya habían superado en número a la comunidad chilena. En ese entonces, mientras los chilenos eran 6.183 (cuadro 4, ver pág. 47), los españoles eran 17.248 y los italianos 18.665[26]. En los albores del siglo XX, la presencia de la población chilena fue creciendo hacia el Sur de la República Argentina, llegando a gozar de un predominio absoluto en algunas ciudades. Cuyo, por encontrarse casi a la misma latitud que Santiago, dejó de ser atractiva cuando comenzó a competir con el importante cinturón industrial de Santiago. Recién al iniciarse la década del setenta, esta región de Argentina experimentará un nuevo flujo inmigratorio. Las causas de este nuevo fenómeno son complejas y remiten principalmente a una crisis política.

El segundo contingente: la emigración política chilena

La inmigración chilena a Cuyo no volvió a ser de importancia hasta la década de 1970. Los motivos que la impulsaron fueron distintos, la grave crisis política que terminó en la ruptura más violenta de la democracia chilena, generó una gran cantidad de emigrantes políticos. Mendoza como ciudad de paso volvió a centralizar la inmigración chilena. La llegada de estos inmigrantes fue sufriendo un desarrollo decreciente hasta principios de la década del setenta, período en el cual el ingreso aumentó considerablemente, como se observa en el cuadro 5 (ver pág. 47).

Desde 1974 hasta febrero de 1975 ingresaron a Mendoza 107.800 chilenos, cifra equiparable a la población que en esos años tenía la ciudad de Talca: 94.449 según el censo de 1970. Según un estudio realizado por la Dirección de Estadísticas y Censos de Mendoza, el 66% de los chilenos que vivían en Mendoza en 1978, habían llegado después de 1973[27]. Debido a las causas que motivaron la inmigración, este grupo tuvo algunas características diferentes a las migraciones anteriores. La mayoría provenía de zonas urbanas, esto se debe a que el contingente migrante generalmente estaba comprendido por militantes políticos y sujetos pertenecientes a grupos o sectores implicados en la lucha por la hegemonía. Además, era una migración grupal-familiar en la que había un reencuentro relativamente rápido, debido al temor a represalias por motivos políticos hacia la familia del afectado. Este temor se manifestó también en el destino elegido. Debido a la urgencia de salir de Chile muchos de ellos sólo tomaron como lugar de paso a Mendoza para, después de sentirse a salvo, pensar en un destino. De esta manera se dieron tres situaciones: los que se radicaron en la provincia (mayormente los sectores económicos más bajos); los que escogieron otro país para quedarse (profesionales y con un nivel de educación más elevado) y por último, los que sólo querían regresar: los que actuaron más activamente en la lid política.

El hecho que fue un flujo involuntario o forzado, quedó demostrado en la forma de ingreso al país: el 70,8% de los migrantes llegó por vía terrestre; sin embargo, llama la atención que el entonces muy costoso y aristocrático medio aéreo, fuera empleado por la cuarta parte del contingente (24%)[28], o que un número no precisable haya cruzado la cordillera a pie[29]. Esto último causó que en 1978 Gendarmería Nacional y Migraciones prohibieran, transitoriamente, el cruce de arrieros chilenos a Argentina por los pasos de Mendoza[30].

Para apoyarlos en su llegada el 20 de marzo de 1974, se creó el Comité Ecuménico de Acción Social (CEAS) que contó con la colaboración del Consejo Mundial de Iglesias y estableció fuertes relaciones con el ACNUR (Alto Comisionado de las Naciones Unidas para los refugiados), permitiendo que la recepción, protección y asistencia de refugiados se realizara bajo el amparo de las Naciones Unidas, con recursos provenientes de ese organismo[31]. Los titulares del estatus de refugiado recibieron un subsidio de la ONU para alimentación, vestuario, educación, salud, cuyo monto era menor al mínimo necesario, y los obligaba a buscar trabajo. Además, esta institución tramitaba visas para ir a otros países. Los principales países que aceptaron refugiados fueron Canadá, Nueva Zelanda, Australia, Estados Unidos, países de Europa Occidental y ciertos países de Europa oriental. Lamentablemente, gran parte de esta organización de ayuda solidaria a los exiliados chilenos, se vio entorpecida por el golpe militar argentino en 1976.

Los movimientos migratorios limítrofes en Argentina

En la primera parte de este trabajo se ha recorrido en forma breve algunos hitos de la migración fronteriza chilena. En la segunda haremos lo propio con Argentina. Para organizar el estudio de las migraciones en Argentina, normalmente se ha aceptado la separación de dos grandes períodos: la llamada Gran Inmigración y la Nueva Inmigración. El primer período (1880-1930) está compuesto fundamentalmente por europeos e inmigrantes del Asia Menor. Posteriormente, en la Nueva Inmigración, podemos distinguir dos etapas: la primera (1940-1960), con un incremento de migrantes limítrofes a zonas de frontera; y la segunda, (1960-1980) con un bajo incremento de migrantes de frontera pero con un aumento de la migración interna de argentinos y extranjeros que vivían en el interior, fundamentalmente el Gran Buenos Aires[32]. En este trabajo respetaremos esa clasificación, pero indagaremos sobre la poca estimulada inmigración limítrofe que también se desarrolló durante la Gran Inmigración.

La inmigración limítrofe durante la Gran Inmigración: 1880-1930

Entre 1870 y 1929 Argentina recibió una gran cantidad de extranjeros. Este período se lo conoce como el de la Gran Inmigración y emerge en un contexto nacional e internacional que favoreció la conformación y llegada de este flujo poblacional. Desde mediados del siglo XIX el desarrollo de la tecnología provocado por la revolución industrial contribuyó a la conformación de imperios coloniales que buscaban nuevos mercados que consumieran las manufacturas y proveyeran de materia prima. Gran Bretaña, Francia y Alemania eran las principales naciones exportadoras de capitales a países con escasa población y grandes recursos naturales como Estados Unidos, Canadá, Australia y Argentina. Paralelamente, entre 1870 y 1914 emigran cuarenta millones de personas desde Europa. Estados Unidos fue la primera nación receptora de este vasto movimiento migratorio (32.244.000 migrantes). En segundo lugar estaba la Argentina (6.405.000 migrantes) y posteriormente Canadá, Brasil y Australia[33].

En Argentina contribuyó al aumento de la población, a la adquisición de nuevas pautas culturales y a reafirmar un proceso de urbanización. Esto ocurrió gracias a que la Generación del Ochenta contribuyó a construir una Nación abierta a la inmigración, por ser beneficiosa para poblar extensas áreas del territorio donde se debía asegurar la soberanía nacional. Sin embargo sólo se apoyó la inmigración europea, ya que se creía que traerían nuevos conocimientos y tecnologías para la explotación agrícola. De esta manera se marginó a la que provino de países limítrofes. Por esta razón, mientras que la primera crecía en el período de la Gran Inmigración, la segunda perdía su importancia porcentual, como veremos en el cuadro 6 (ver pág. 47).

En dicho cuadro se incluye el censo de 1869 por ser anterior a la Gran Inmigración (1880-1930) para realzar el contraste del peso porcentual de la inmigración limítrofe antes y después del incentivo de la llegada de europeos al país. El censo inmediatamente posterior, es decir el de 1947, será analizado más adelante ya que describe más precisamente lo que se conoció como la Nueva Inmigración. Pero volviendo a nuestro período, la representada en el cuadro 7 (ver pág. 48), es la distribución de los inmigrantes limítrofes por países.

En estas primeras décadas del siglo veinte podemos apreciar la importante presencia de uruguayos en el país, los cuales se establecieron principalmente en Buenos Aires. En segundo lugar encontramos a la comunidad chilena la cual en un primer período se concentraba en las provincias cuyanas pero posteriormente, como observaremos en el siguiente apartado, comenzaron a ubicarse en las provincias patagónicas. Los brasileños, aunque aumentan en número, no van a ser una comunidad muy importante en el desarrollo del siglo veinte. Paradójicamente, las colectividades más chicas, los bolivianos y paraguayos, crecerán a partir de la década del cuarenta y serán una de las más importantes del país.

A partir de la década del treinta se restringe la inmigración debido a diversos factores, entre los cuales se encuentran las repercusiones en el país de la crisis económica del '29 y el temor a las ideas anarquistas y sindicalistas de los inmigrantes europeos. Frente a la gran desocupación producto de la crisis del treinta, el

Gobierno Provisional del general Uriburu, comenzó una política selectiva de inmigración que el general Justo acentuó por medio del decreto de Defensa de los Trabajadores Argentinos, que impedía la llegada de inmigrantes que no tuvieran ocupación garantizada y buena conducta[34]. Paralelamente, el temor al anarquismo se reafirmó con una serie de agitaciones obreras. Para reprimirlas, fue sancionada la Ley de Residencia que permitía expulsar del país a todo extranjero sospechoso de actividades subversivas, sin intervención del poder judicial[35]. Pero no sólo de Europa provinieron los militantes políticos, muchos eran de países limítrofes, como el fundador del Partido Socialista Chileno, Luis E. Recabarren, quien en 1906 huyó a la Argentina donde continuó su actividad política, o el flujo de dirigentes obreros del Partido Comunista que llegaron a partir de 1927, huyendo de la represión impuesta por el General Carlos Ibáñez del Campo[36].

A pesar de esa serie de medidas restrictivas, la comunidad chilena tuvo una fuerte presencia en Argentina, principalmente en la Patagonia como veremos en el próximo apartado.

La Nueva Inmigración en Argentina: 1947-1970

A partir de la década del cuarenta, comienza una segunda ola inmigratoria conocida como la Nueva Inmigración, compuesta por inmigrantes limítrofes. El primer gran incremento de inmigrantes bolivianos, paraguayos y chilenos se produjo entre 1946 y 1950 aunque con valores muy reducidos. El segundo período en importancia se registró entre 1956 y 1960. En ambos momentos influyó fuertemente la situación económico-social de los países vecinos. En Paraguay los sucesos sobresalientes fueron, la guerra civil entre 1946 y 1950, que generó una gran expulsión de población sobre todo en 1947 y el golpe militar en 1954, que contribuyó a un segundo contingente migratorio entre 1956 y 1960. Finalmente, con respecto a Chile juega un rol expulsor la retracción de su economía entre 1956 y 1960 que en un primer momento afectó principalmente la economía (1955-1957) pero posteriormente se extendió también a la construcción entre 1956 y 1959[37].

Con respecto a la atracción que ejerció Argentina, diversos factores confluyeron en la década del cuarenta: El crecimiento de la industria liviana, que había nacido en la década anterior; el aumento de la demanda de mano de obra en los centros industriales; la atracción que ejercieron los salarios un poco más altos que en la actividad agrícola y la interrupción de la migración europea.

Posteriormente en la década del cincuenta la expansión de las economías regionales amplía la mano de obra necesaria: la yerba mate en Misiones, el algodón en Formosa, el Azúcar en Salta y Jujuy, la minería en el sur, la agricultura en Tierra del Fuego y las actividades urbanas en Río Negro[38]. Así, comienza un nuevo movimiento inmigratorio en la nación proveniente de los países limítrofes y una migración interna desde las regiones rurales argentinas hacia las ciudades. Durante este período, Argentina recibía las cantidades de inmigrantes limítrofes indicadas en el cuadro 8 (ver pág. 48).

Si bien entre 1947 y 1970 Argentina había atraído trabajadores de todos sus países limítrofes. Las comunidades que más crecieron en este período eran la proveniente de Paraguay (460.717 inmigrantes) y Chile (302.878 inmigrantes). Ambas comunidades representaron el 58,10%, es decir casi dos tercios del total de los extranjeros que llegaron a la Argentina. Otra corriente inmigratoria creciente era la boliviana.

La inmigración chilena en Argentina fue descripta en la primera parte de este trabajo. Con respecto a la inmigración paraguaya podemos decir que ha sido una constante en la historia del país. De manera que, así como el poblamiento de la Patagonia estuvo ligado fuertemente a la inmigración chilena; la provincia de Formosa lo estuvo a la inmigración paraguaya, en dos sentidos. En primer lugar porque muchos de los lugareños, antes paraguayos, comenzaron a habitar en territorio argentino luego que, en 1876, se firmó el pacto Machain-Irigoyen, por lo que la Argentina anexaba a su territorio el territorio al norte del río Bermejo al finalizar la guerra Triple Alianza. Y en segundo lugar por la llegada de campesinos paraguayos, a principios del siglo veinte que se establecían en tierras fiscales, dando origen a una gran cantidad de productores minifundistas. De este modo el Noreste Argentino, suma la población paraguaya a la nativa para hacer frente al crecimiento de algunos cultivos, como el algodón; el maní y la yerba mate. Así, entre 1935 y 1936, en Formosa, los paraguayos representaban el 63,1% del total de productores algodoneros. Esto contribuyó, en un primer momento a la colonización del área rural formoseña, pero a partir de la década del cuarenta, también favoreció el crecimiento de las ciudades de Clorinda y Pirané[39].

Pero además de los factores de atracción de Argentina, también influyeron las convulsiones políticas de Paraguay causadas por la Guerra civil desatada entre 1946 y 1950. Por esta razón, en 1947, se calculaba que la cantidad de paraguayos en el extranjero era igual al 8% de la población que continuaba viviendo en el país[40]. Este primer grupo se estableció principalmente en las provincias de Chaco, Formosa, Corrientes y Misiones. Por otra parte el alto nivel de inmigración para el segundo período (1960-1970) tiene su origen, en gran parte, en el Golpe militar de 1954 y se estableció en el Gran Buenos Aires y Capital Federal.

En cuanto a la inmigración boliviana ésta es predominante en un primer período (1914-1947) en Salta y Jujuy, empleándose en los ingenios y regresando a su país después de la zafra azucarera. En el segundo período (1947-1960) diversifican su búsqueda de empleo extendiéndose al resto del país. Así, algunos trabajan en forma permanente en los ingenios, otros buscan "changas urbanas" antes de regresar o se emplean en los tabacales, en las cosechas de frutales y en chacras de horticultura.

Para esto comienzan a recorrer las provincias del Norte y de Cuyo y Buenos Aires. Finalmente en el tercer período (1960-1970) comienzan a distinguirse los inmigrantes con residencia permanente de otros menos estables en el país. Los primeros trabajan en los ingenios, como cultivadores de ajo o cebolla o en la construcción y otros empleos urbanos.

De esta manera, pueden acceder a mejores niveles de salud, educación y vivienda. Los segundos trabajan como braceros en la cosecha de frutales y de la uva en las provincias del norte, de Cuyo y también de Río Negro. Algunos también trabajan en la construcción y otros trabajos urbanos del Gran Buenos Aires[41]. La característica de este grupo es que evita el desarraigo, invirtiendo en su lugar de origen lo ganado en Argentina y así contribuye al sostenimiento familiar.

La inmigración política y fuga de cerebros

En la década del setenta la inmigración de chilenos, bolivianos y paraguayos ascendió hasta alcanzar los valores máximos en 1974. La fuerte inmigración política chilena en Argentina ya fue vista en la primera parte. Otro caso semejante fue el uruguayo. Desde 1968 gracias al llamado Reajuste Conservador, comenzó una caída del salario real de los trabajadores. Esto, unido a la crisis político-institucional cuyos períodos cumbres fueron 1968-69 y 1972-73, provocó una fuerte expulsión de población. De este nuevo contingente emigratorio, Argentina absorbió al 74%. De esta manera al igual que en el caso chileno, el ingreso de uruguayos al país fue bastante repentino. Al comparar las cifras del censo de 1970 y 1980 el índice de crecimiento fue extraordinario en esa década. Así, de 51.100 uruguayos censados en 1970, se pasó a 114.108 en el censo de 1980.

Queda en evidencia después de estos datos la influencia de la dinámica política en ese país. En el cuadro 9 (ver pág. 48) nos detuvimos aún más en los años de la década del setenta para poner en evidencia la implicancia política de 1974.

Al igual que en al caso chileno el factor expulsivo determinante fue una crisis política con las consecuencias económica y sociales que implica. Mientras tanto, en Argentina la política inmigratoria que había sido bastante permisiva se volvió más restrictiva entre 1976 y 1980. Esto unido al autoritarismo político, la baja de salarios reales y la recesión económica del país lograron una disminución en la atracción de inmigrantes limítrofes y el crecimiento de la emigración argentina. Un ejemplo paradigmático del cambio de política migratoria fue el caso boliviano. Según el censo de 1970, la comunidad boliviana totalizaba 100.900 inmigrantes. De esa cantidad, 23.150 vivían en Buenos Aires, 17.750 en el Gran Buenos Aires y 49.000 en Jujuy y Salta. En 1976, el General Videla en acuerdo con el presidente boliviano Banzer encaró un autoritario programa de repatriación de bolivianos, según el cual el Gobierno Argentino se comprometió a pagar el transporte a cambio de que los inmigrantes entregaran sus documentos de residencia. Por otra parte el gobierno Boliviano prometió terrenos en Cochabamba para la construcción de casas a través de créditos blandos y la posibilidad de empleos. Como resultado regresaron alrededor de mil familias, de las cuales, sólo unas 200 consiguieron terrenos pero nadie pudo obtener el resto de las promesas ofrecidas[42]. Por otro lado, el clima represivo en los países latinoamericanos y el decaimiento económico provocaron un flujo de técnicos y profesionales de los países periféricos a los países industrializados. Este proceso se conoció como fuga de cerebros y también, en menor proporción se reprodujo en el interior de Latinoamérica. En este contexto Argentina fue un pequeño receptor del flujo de profesionales y técnicos emigrantes de la región, como se aprecia en el cuadro 10 (ver pág. 49).

En la década del ochenta, el crecimiento de la inmigración limítrofe continuó de manera constante, pero no de forma explosiva, según el desarrollo de las tensiones políticas, como sucedió en la década pasada. Se observa, además de la inmigración compuesta por oferentes de su fuerza de trabajo, otro grupo más pequeño con mayor calificación técnica y profesional (enfermeros, profesiones liberales, docentes, etc.) que buscaban su espacio laboral en las urbes argentinas, principalmente el Gran Buenos Aires. Así, de los 753.428 nacidos en países limítrofes que se censaron en 1980,

18.179 eran profesionales y/o técnicos. En sentido inverso, en el mismo período 2.907 profesionales y técnicos argentinos emigraron a Brasil. En esta recepción de inmigrantes calificados sin duda jugaron un papel importante las restricciones a la inmigración que comenzaba a acentuarse en los países centrales.

Conclusiones

A modo de conclusión desarrollaremos los principales puntos que caracterizan las inmigraciones limítrofes de ambos países, según el desarrollo de este trabajo. La primera de ellas es que la inmigración limítrofe entre Argentina y Chile durante el período analizado (1880-1980) ha sido altamente complementaria. Ver cuadro 11, pág. 49.

El cuadro 11 sólo toma los principales movimientos migratorios limítrofes y no su totalidad a fin de poder subrayar los procesos más relevantes con relación al intercambio poblacional entre Argentina y Chile. De este modo se puede observar la fuerte interrelación durante casi la totalidad del período estudiado. Por supuesto que la relación migratoria con terceros países ha sido una constante. Pero, en cuanto a la dinámica poblacional interna de Sudamérica, Argentina y Chile funcionan como un todo donde el primer país absorbe gran parte de la corriente migratoria que emerge del segundo.

Finalmente, lo mismo podría decirse de la relación entre Argentina y Paraguay; Argentina y Bolivia y entre Argentina y Uruguay.

Otra característica, nos remite a la relación entre el Estado y las migraciones limítrofes en Argentina y Chile. En ambos países la inmigración limítrofe no fue fomentada, ya que vieron en la llegada de inmigrantes de ultramar una oportunidad para alcanzar la modernización. Esto se debe a que se creía que la inmigración de los países europeos (principalmente los anglosajones) cumpliría un rol civilizador importante en las jóvenes repúblicas. Desde esta perspectiva, la inmigración desde países limítrofes era un estorbo ya que en ambos países pretendió terrenos para el cultivo que estaban reservados a colonias extranjeras. En cierta medida, eso ocurrió en los sucesos del antiguamente llamado Lago Buenos Aires y del Valle Simpson.

Los movimientos migratorios limítrofes tuvieron características particulares en ambos países. En Chile, el fenómeno fue principalmente de emigración hacia sus vecinos, y en esta emigración el rol del Estado fue ambiguo. Por lo menos en lo que se refiere a Tarapacá y Atacama, la prensa boliviana y peruana lo han acusado de aliarse con los empresarios chilenos para emplear solamente a obreros de Chile con el objetivo de favorecer un proceso de colonización.

Este fue un temor que también sintieron muchos argentinos al ver la creciente inmigración chilena en la Patagonia. Pero si bien el apoyo del Estado a la emigración hacia el norte no es más que una sospecha histórica. Si se comprueba que, deseada o no, a esta emigración la prosiguió una afirmación de la soberanía chilena sobre esos territorios.

Por otro lado, en Argentina el movimiento poblacional limítrofe ha sido predominantemente inmigratorio lo que dio origen a otra actitud del Estado. El discurso del gobierno argentino no ha sido benevolente con respecto a la llegada de inmigrantes desde países vecinos y en algunos casos hasta los ha visto con desconfianza.

Finalmente, con respecto a la relación entre el pueblo argentino y chileno, la complejidad de la relación impide la caricaturización de la misma, lo que lleva al investigador a romper con los estereotipos de pueblos buenos o malos, amigos o enemigos. La afirmación anterior se opone profundamente a la postura sostenida por Gilberto Harris Bucher[43]. El autor recopila datos sobre el mal trato que han sufrido los migrantes chilenos en los países vecinos durante el siglo XIX. Sin embargo, aunque el recorte del tema de investigación siempre es parcial y subjetivo, la opción por el estudio de estos malos tratos no puede dejar de lado hechos totalmente opuestos. En toda investigación (en la que, repito, la subjetividad del investigador está completamente involucrada) es preciso intentar un acercamiento al objeto de estudio de la forma más trasparente posible, tomando recaudos para el registro de la mayor amplitud de las fuentes. El objeto debe "hablar" al investigador. Este trabajo carece de tal amplitud, las fuentes escogidas para el estudio de los atropellos contra chilenos solamente es prensa chilena.

La prensa extranjera es vista a través de extractos publicados en periódicos chilenos. Es decir, no se estudian las manifestaciones ofensivas de los periódicos de los países vecinos, sino, lo que los diarios chilenos dicen que la prensa de esos países escribió. Ya terminando, durante el siglo XIX el pueblo argentino ha mostrado posturas xenófobas, ambiguas y amables hacia los chilenos. El interés por el estudio de las xenófobas no da derecho a olvidar que las otras dos también existieron. En su trabajo sobre el siglo XIX de G. Harris Bucher, menciona las acciones antichilenas de Mendoza, pero no indica que en ese siglo se gestó la más gloriosa de las acciones de hermandad argentino-chilena. San Martín, como gobernador de Mendoza, recibió con honores a los patriotas chilenos que fueron derrotados por las tropas realistas[44], y junto con O'Higgins organizaron la única acción bélica argentino-chilena contra un tercer Estado.

MIGRACIÓN LIMÍTROFE EN ARGENTINA Y CHILE (1869-1980)

Cuadro 1	Inmigrantes chilenos y bolivianos en Tarapacá, según el Censo Peruano de 1876					
Población total	Chilenos			Bolivianos		
	Total	Hombres	Mujeres	Total	Hombres	Mujeres
38.225	9.644	6.591	3.073	6.028	4.098	1930
100 %	25,28 %	17,24 %	8,04 %	15,77 %	10,72 %	5,05 %

Fuente: Elaboración propia sobre datos de Pinto Vallejos, Julio. Op. Cit., pp. 29-30.

Cuadro 2	Porcentaje de población chilena sobre población total. Censos 1895 y 1914	
Provincia	1895	1914
Neuquén	61 %	41%
Río Negro	8 %	14 %
Chubut	4 %	13 %
Santa Cruz	13 %	15 %
Tierra del Fuego	5 %	20 %

Fuente: Elaboración propia sobre datos de Mases, E. y Rafart, G. "Los trabajadores chilenos en el mercado laboral argentino: El caso de Neuquén, 1890-1920".

Cuadro 3	Argentinos, extranjeros y extranjeros chilenos en la Zona de Comodoro Rivadavia. 1912-1920							
	1914			1920			1947*		
	Arg.	Extr.	Chilenos	Arg.	Extr.	Chilenos	Arg.	Extr.	Am. del Sur
	2.436	2.430	395	1.818	2.953	52	20.341	7.820	2.693
	46,3 %	46,2 %	7,5 %	37,7 %	61,2 %	1,07 %	65,9 %	25,9 %	8,7 %
	Total 5.261			Total 4.823			Total 30.854		

Fuente: Torres, Susana. "Inmigración Chilena a Comodoro Rivadavia", en Revista de Estudios Trasandinos N° 5, Santiago de Chile, 2001, p.51

* El Censo de 1947, no discrimina por nacionalidad, sin embargo, por los censos anteriores, se deduce que casi la totalidad de los inmigrantes de América del Sur, eran chilenos.

Cuadro 4: Evolución de los inmigrantes chilenos en Mendoza, entre 1864 y 1914

	Año	Población provincial	Inmigrantes chilenos	% sobre la población	% sobre el total de extranjeros
Antes del ferrocarril	1864	57.476	3.456	6,00 %	89,50 %
	1869	65.413	5.774	8,82 %	93,98 %
Luego del ferrocarril	1895	116.136	5.210	4,48 %	32,77 %
	1909	206.393	6.183	2,99 %	12,12 %
	1914	277.535	5.539	1,99 %	6,27 %

Fuente: Elaboración propia sobre censo provincial de Mendoza de 1864 y censos argentinos 1869, 1895, 1909 y 1914.

Cuadro 5: Cantidad de migrantes chilenos que ingresaron a Mendoza por año

Período de ingreso	N° de inmigrantes chilenos
1971	1.600
1972	8.100
1973	4.100
1974	31.800
Enero y Febrero de 1975	71.900

Fuente: Heras, Guillot y Gálvez, Op. Cit., p.13

Cuadro 6: Inmigrantes limítrofes y no limítrofes censados en Argentina. Censos 1869-1914

Censos	1869 cantidad	%	1895 cantidad	%	1914 cantidad	%	Total censos cantidad	%
Inmigrantes limítrofes	41.360	19,66	115.892	11,51	206.701	8,64	363.953	10,08
Inmigrantes no limítrofes	168.970	80,34	890.946	88,49	2.184.469	91,36	3.244.385	89,91
Total	210.330	100	1.006.838	100	2.391.171	100	3.608.338	100

Fuente: La población no nativa de la Argentina, Cuaderno de análisis demográfico N°6, INDEC, Buenos Aires, 1996, p.16

Cuadro 7 — Inmigrantes limítrofes por país de origen. Censos argentinos 1869, 1895 y 1914

Censos	1869 cantidad	%	1895 cantidad	%	1914 cantidad	%
Bolivianos	6.194	14,97	7.361	6,35	18.256	8,84
Brasileños	5.919	14,31	24.725	21,34	36.629	17,73
Chilenos	10.883	26,32	20.594	17,77	34.568	16,72
Paraguayos	3.288	7,95	14.562	12,56	28.592	13,82
Uruguayos	15.076	36,45	48.650	41,98	88.656	42,89
Total	41.360	100	115.892	100	206.701	100

Fuente: Elaboración propia sobre datos de la población no nativa de la Argentina, Op. Cit., p.16

Cuadro 8 — Inmigrantes limítrofes en Argentina por nacionalidad. Censos 1947, 1960 y 1970

País	1947 N°	%	1960 N°	%	1970 N°	%	Total 1947-1970 N°	%
Bolivianos	47.774	15,25	89.155	19,08	92.300	17,29	229.229	17,44
Brasileños	47.039	15,01	48.737	10,43	45.100	8,45	140.876	10,71
Chilenos	51.563	16,47	118.165	25,28	133.150	29,95	302.878	23,05
Paraguayos	93.248	29,77	155.269	33,23	212.200	39,75	460.717	35,05
Uruguayos	73.640	23,50	55.934	11,98	51.100	9,58	180.674	13,75
Total	313.264	100	467.260	100	533.850	100	1.314.374	100

Fuente: Elaboración propia sobre datos de la población no nativa de la Argentina, Op. Cit., p.18

Cuadro 9 — Saldos migratorios provenientes de Uruguay 1970-1974

Año	1970	1971	1972	1973	1974
Cantidad (N° absolutos)	1.148	2.700	300	13.800	40.700

Fuente: Elaboración propia sobre datos de Heras, Guillot y Gálvez Op. Cit., p.81

Cuadro 10	Inmigrantes profesionales, técnicos y afines de países limítrofes en Argentina. 1980		
País	Cantidad	Porcentaje	
Paraguayos	4.698	25,8 %
Uruguayos	4.372	24,1 %
Chilenos	3.629	20,0 %
Otros	5.480	30,1 %
Total	18.179	100,0 %

Fuente: Scher, Ofelia. Op. Cit., p.212

Cuadro 11: Principales períodos migratorios entre Argentina y Chile

Período	Principales movimientos migratorios - Chile	Principales movimientos migratorios - Argentina	Observaciones
Fines de siglo XIX	Emigración chilena a Tarapacá y Antofagasta (regiones de disputa limítrofe)	Inmigración limítrofe marginal con respecto a la inmigración de ultramar. Pequeña emigración argentina a Antofagasta (en ese entonces boliviana).	Período de inmigraciones independientes, si bien existió un constante intercambio poblacional y económico a lo largo de toda la cordillera, las corrientes migratorias de mayor masividad incluyeron a terceros países: Perú y Bolivia en el Caso de Chile; países europeos y del Asia Menor en el caso de Europa.
Primera mitad del siglo XX	Inmigración chilena a la Patagonia argentina y de familias chileno-argentinas que vivían en argentina al Sur Chileno, buscando tierras fiscales.		Inmigración complementaria en la que Argentina fue principalmente receptora y Chile generadora de la población migrante.
Segunda mitad del siglo XX hasta la década del '70	Continúa el proceso anterior.	Acentuación de la llegada de inmigrantes limítrofes a partir de la explosión de economías regionales.	Continúa la inmigración complementaria entre Argentina y Chile.
1970 - 1983	Debido a la crisis política chilena se genera una gran emigración que se establece por algún tiempo en la Región Cuyana. Paralelamente comienza la emigración argentina, que se acentúa a partir del golpe militar de 1976.		Comienza la emigración política en ambos países. Debido al Plan Cóndor, se busca mayor seguridad en Europa.

▶

Periodo	Principales movimientos migratorios		Observaciones
	Chile	Argentina	
1983-1989	Regreso de exiliados chilenos a Argentina para presionar por una redemocratización de Chile. Paralelamente en ambos países se sienten las consecuencias de la emigración de cuadros técnicos y profesionales a países centrales.		Argentina vuelve a ser receptora de inmigrantes chilenos. Con el regreso de la democracia, este país se convirtió en un escenario propicio para las reivindicaciones chilenas.

Fuente: Elaboración propia.

NOTAS

1. HERAS, Eduardo; GUILLOT, Daniel; GÁLVEZ, Rodolfo. *Migración Tradicional y Migración de Crisis. Una década de afluencias bolivianas y chilenas a Argentina y la región cuyana (1965-1975)*. PISPAL, Mendoza, 1978, p. 20.
2. NORAMBUENA, Carmen. "La opinión pública frente a la emigración de los chilenos a Neuquén. 1895-1930". En: Norambuena, Carmen. *¿Faltan o sobran brazos? Migraciones internas y fronterizas 1850-1930*. Editorial Universidad de Santiago, Santiago, 1997, pp. 79.
3. Carmen Norambuena polemiza con: Web, Walter Prescott. *The great frontier*, University Oklahoma Press, 1986. Cfr. NORAMBUENA, Carmen. "Araucanía y el proyecto modernizador de la primera mitad del Siglo XIX ¿Éxito o fracaso?" En: *Modernización, inmigración y mundo indígena*. Ediciones Universidad de la Frontera, Temuco, 1998.
4. "Sinopsis estadistica i jeografica de la República de Chile en 1900". Oficina Nacional de Estadísticas, Santiago, 1901. Extracto publicado en "El Fin de Siglo", *Tercera internet*. Abril de 2002.
5. GREZ TOSO, Sergio. *De la "Regeneración del pueblo" a la huelga general. Génesis y evolución histórica del movimiento popular en Chile (1810-1890)*. Ediciones de la Biblioteca Nacional de Chile. Santiago, 1997, p. 566.
6. PINTO VALLEJOS, Julio. "Reclutamiento laboral y nacionalidad: el problema de la provisión de la mano de obra en la industria salitrera (1850-1879)". En: Norambuena Carrasco, Carmen. *¿Faltan...*, p. 26.
7. HARRIS BUCHER, Gilberto. "Tribulaciones de emigrados chilenos en Perú, Bolivia y Argentina durante el siglo XIX". En: Norambuena Carrasco, Carmen *¿Faltan...*, p. 69.
8. GREZ TOSO, Sergio. *Op. Cit.*, pp. 129-130 y 607-609.
9. Centro Latinoamericano de Investigaciones en Ciencias Sociales. *Situación social de América Latina*. Solar/Hachette, Buenos Aires, 1967, p.101.
10. NORAMBUENA, Carmen. "La opinión...", pp. 84-89.
11. *Ibídem*, pp. 91-97.
12. Cfr. MARTINIC, Mateo. "Contribución magallánica a la formación y desarrollo de la sociedad santacruceña: corrientes migratorias". *Revista de Estudios Trasandinos Nº 1*. Santiago, 1997 pp. 197-204.

13 Cfr. GÜENAGA, Rosario. "Los trabajadores chilenos y la organización sindical de Santa Cruz". En: Norambuena, Carmen, ¿Faltan....
14 ARAUJO, César. *El hombre en la integración- inmigración de los países vecinos.* Jornada de derecho a la integración. Universidad de Belgrano. Buenos Aires, 1973. Mimeo, p. 13 y ss.
15 MASES, Enrique y RAFART, Gabriel. *Op. Cit.*, pp.114-117.
16 CARREÑO PALMA, Luis. "El Poblamiento del Valle Simpson", *Revista de Estudios Trasandinos Nº 1.* Santiago, 1997, p. 226.
17 CARREÑO PALMA, Luis. "Migración y colonización de Aisén". En Norambuena Carrasco, Carmen. ¿Faltan..., p 127.
18 IVANOFF WELLMANN, Danka. *La guerra del Chile Chico o los sucesos del Lago Buenos Aires.* Valdivia, 1997, p. 9.
19 CARREÑO PALMA, Luis. "El Poblamiento...", p. 229-232.
20 VENEGAS, Hernán. "Minería y transformaciones demográficas en una provincia chilena. Atacama a mediados del siglo XIX". En: Norambuena Carrasco, Carmen. ¿Faltan..., pp. 55-61.
21 HUDSON, Damián. *Recuerdos históricos de la Provincia de Cuyo.* Editorial Revista Mendocina de Ciencias. Mendoza, 1931, p. 17.
22 HALPERIN DONGHI, Tulio. *Historia contemporánea de América Latina.* Alianza, Bogotá, 1969, p. 166.
23 Hemos tomado la cifra que brinda el censo de 1869, p. 350 sin embargo, Calderón Massini, afirma que son 4.118 los chilenos en Mendoza. Cfr. Calderón Massini. *Mendoza hace cien años. Historia de la provincia durante la presidencia de Mitre.* Theoria, Buenos Aires, 1967, p. 16.
24 *Primer Censo de la Población Argentina.* 1869, p. 157.
25 Rodríguez, Sergio E. "Distribución de la inmigración española en la provincia de Mendoza. República Argentina 1869-1914. Su evolución en relación con la superficie de viñedos cultivados". En: López de Perdezoli, Marta (Dirección), *La inmigración española en Mendoza. Cuatro estudios monográficos.* Consulado General de España, Mendoza, s/f, p. 164.
26 Fuente: Rodríguez. *Op. Cit.*, p. 180.
27 *Anuario Estadístico 1977 y 1978,* Dirección de Estadísticas y Censos, Mendoza, 1979, p. 15.
28 GUYOT, HERAS y GÁLVEZ. *Op. Cit.*, p. 152.
29 BUSTELO, G. "Impacto de la dictadura pinochetista en Mendoza". *Revista de Estudios Trasandinos Nº 5.* 2001, pp. 355-356.

30 SCHER, O. "Inmigración limítrofe a la República Argentina una aproximación al caso chileno 1950/1990". *Revista de Estudios Trasandinos Nº1.* 1997, pp. 211 y 219.
31 BUSTELO, Gastón. *Op. Cit.*, p. 353-354.
32 TORRADO, Susana. *Estructura Social de la Argentina: 1945-1983.* La Flor, Buenos Aires, 1994, p. 85.
33 RODRÍGUEZ, Sergio E. *Op. Cit.*, pp. 59-151.
34 RAPOPORT, Mario. *Historia económica, política y social de la Argentina (1880-2000).* Macchi, Buenos Aires, 2000, pp. 270-271.
35 DI TELLA, Torcuato. *Historia de la Argentina contemporánea.* Troquel, Bs. As., 1998, pp. 118-119.
36 WITKER, Alejandro. "El movimiento obrero chileno". En: *Historia del movimiento obrero en América Latina,* Siglo XXI, México1984, Vol. 4 pp. 91-92. También DI TELLA, Torcuato. *Historia de la Argentina contemporánea.* Troquel, Buenos Aires, 1998, p. 247.
37 Marshall y Orlansky "Inmigración limítrofe y demanda de mano de obra". En: *Desarrollo Económico N° 89.* Abril-Junio 1983, Buenos Aires, p.36
38 SCHER, Ofelia. *Op. Cit.*, p. 212.
39 Cfr. CHACOMA, Jorge. Distribución de la Población en Formosa: ambiente, ferrocarril y algodón (1920-1947). Publicación en la biblioteca virtual de CLACSO: www.clacso.org.
40 *Ibid.* p. 15
41 *Ibid.* pp. 94-96.
42 DANDLER, Jorge y MEDEIROS, Carmen. "Migración temporaria de Cochabamba, Bolivia, a la Argentina: Patrones e impacto en las áreas de envío". En: PESSAR, Patricia (editora), *Fronteras permeables. Migración laboral y movimientos de refugiados en América.* Planeta, Buenos Aires, 1991, pp. 50-51.
43 Cfr. *Harris Bucher,* Gilberto. "Tribulaciones de emigrados chilenos en Perú, Bolivia y Argentina durante el siglo XIX". En: Norambuena Carrasco, Carmen *¿Faltan...,* pp. 65-78.
44 HUDSON, Damián. *Op. Cit.*, 1931, p. 17.

LA INSERCIÓN ARGENTINA EN EL SISTEMA INTERNACIONAL

Beatriz R. Solveira

Hace algún tiempo, al presentar el resultado de una investigación que me había llevado varios años de trabajo, señalé que la misma había tenido por fin llenar un vacío de la historiografía argentina la que, pese al atractivo que en las últimas décadas ejerce el proceso de formación de la política exterior, no se había ocupado de estudiar la organización del ministerio de relaciones exteriores.

Pues bien, como el objetivo de aquel trabajo fue analizar el proceso de formación del servicio exterior argentino desde el momento mismo en que se organizó constitucionalmente el país y hasta la crisis de 1930[1], naturalmente, tal estudio ha sido un apoyo fundamental para la elaboración de este capítulo, como también lo fueron otros dos producidos hace un año, en los que la atención estuvo centrada en los contactos consulares y diplomáticos de nuestro país con los continentes asiático y africano[2].

Pero creo que sería una mezquindad no confesar que otro apoyo igualmente importante lo constituyen dos trabajos del embajador Luis Santiago Sanz, uno elaborado en 1960 durante el desempeño de las funciones diplomáticas y otro de neto corte historiográfico que vio la luz casi al concluir el siglo XX[3].

El resto de la información que aquí se brinda procede tanto de fuentes inéditas como éditas de la cancillería argentina.

La conducción de las relaciones exteriores

El 25 de mayo de 1810 surgió en el Río de la Plata una nueva entidad estatal y las autoridades que asumieron su poder establecieron de inmediato los objetivos de la misma y los instrumentos que habrían de hacer posible su logro, entre ellos aquel destinado a ejecutar las acciones pertinentes en el ámbito internacional. Desde el mismo momento de su instalación, la Junta Provisional Gubernativa se vio compelida a asumir la dirección de las relaciones exteriores y, en la Instrucción que dictó el 28 de ese mes y que estaba destinada a reglar el método de su despacho, creó el Departamento de Gobierno y Guerra a cuyo frente quedó Mariano Moreno, quien tomó a su cargo el manejo de los negocios extranjeros. El germen de la cancillería argentina está en esa secretaría, que Moreno ejerció hasta su viaje al extranjero, y más precisamente en una de las seis mesas que en ella se establecieron, la denominada "mesa del Norte y Relaciones Exteriores".

A partir del establecimiento de la llamada Junta Grande fue también la Secretaría de Gobierno la encargada de conducir las relaciones exteriores, hasta que en 1811, cuando se estableció el Triunvirato y Bernardino Rivadavia desempeñó esa secretaría, aquella mesa se transformó en el Departamento de Relaciones Exteriores, el que luego dio origen al ministerio respectivo, pero sus atribuciones fueron restringidas por el Reglamento Orgánico que creó la Junta Conservadora, a la que se asignó poderes para declarar la guerra, concluir la paz y celebrar tratados con el acuerdo del Triunvirato. Con posterioridad, la Asamblea General Constituyente del año 1813 dictó un estatuto que atribuyó al Poder Ejecutivo la capacidad de designar embajadores, recibir a los enviados extranjeros y mantener las relaciones exteriores, pero la declaración de guerra, las alianzas y los tratados de comercio debían ser sometidos a la Asamblea. Cuando en 1814 se creó el Directorio, los negocios exteriores fueron conducidos por el director y por su secretario de Estado[4].

Desde el primer momento, las nuevas autoridades surgidas del proceso revolucionario advirtieron que el cumplimiento de los múltiples objetivos de política exterior que se habían fijado, dependía del despliegue de una tan intensa como amplia acción diplomática que sólo habría de ser exitosa en tanto y en cuanto se mantuviera a Buenos Aires como el centro de autoridad de la nueva entidad internacional.

Es así que, desde entonces y hasta hoy, salvo el breve período de gobierno de la Confederación Argentina, el asiento central para la conducción de la política exterior argentina, estuvo en la ciudad de Buenos Aires, incluso durante las tres décadas posteriores a la disolución de la autoridad nacional que se produjo en 1820. Es decir, pese a las distintas formas gubernamentales que asumió el poder en los sucesivos cambios que se operaron en el proceso de organización política, fue desde la antigua capital virreinal que se condujeron los intereses exteriores del país. Y fue también ante los gobiernos que tuvieron su asiento en ella que las potencias extranjeras promovieron sus gestiones diplomáticas. Es que, para prevenir la disolución del Estado, las provincias optaron por atribuir formalmente a Buenos Aires la dirección delegada de los asuntos con las potencias extranjeras y a través de "pactos y leyes especiales fueron configurando institucionalmente el encargo de las relaciones exteriores como una entidad nacional"[5]. Esta resolución de restaurar una unidad efectiva en la conducción de las relaciones con el exterior quedó explícitamente evidenciada en diversos tratados por los cuales las provincias autorizaron al gobierno de Buenos Aires para dirigir las relaciones exteriores y tal delegación, que se mantuvo durante casi todo el período rosista, sólo se interrumpió al final del mismo como resultado de la resistencia de algunas provincias a la política de Juan Manuel de Rosas. En ese momento diversas provincias, que aspiraban a lograr una mayor autonomía en la orientación de sus relaciones con el exterior, quitaron esa función al gobernador de Buenos Aires y comenzaron a ejercer atribuciones, que pluralizaron la acción internacional del Estado, y firmaron importantes tratados de proyección internacional, que fueron concertados al margen de una autoridad representativa de carácter nacional[6].

Sin embargo, no debe verse esto como un deseo de desconocer ni de oponerse a la unidad política del Estado argentino sino simplemente como una forma de reaccionar contra la política del gobernador bonaerense. Prueba de ello es el protocolo del 6 de abril de 1852, cuando Rosas ya ha sido derrocado, por el que los gobernadores de Buenos Aires, Entre Ríos y Corrientes y el representante de Santa Fe autorizaron a Urquiza a dirigir los asuntos exteriores del país hasta que se reuniera un congreso general. Esta idea de concentrar la conducción de la política exterior quedó plasmada luego en la Constitución Nacional sancionada en 1853, cuyo artículo 86 otorgó al Presidente de la Nación el poder de conducir las relaciones exteriores. Es evidente, que "el curso hacia la conducción diplomática centralizada se alcanzó a través de una escarpada y sinuosa ruta institucional" en la que, no obstante la dispersión interna, pueden advertirse ciertos lineamientos conductores de la política exterior, incluso durante los años en que el Estado de Buenos Aires se mantuvo al margen de la Confederación Argentina y que la conducción de esa política se ejerció desde la temporaria capital establecida en la ciudad de Paraná[7].

Según la mencionada Constitución y sus sucesivas reformas, "el manejo de las relaciones exteriores corresponde al presidente quien sólo comparte con el poder legislativo tres atribuciones: para la designación de los agentes diplomáticos necesita contar con el acuerdo del senado y los tratados que concluye con otras naciones requieren la aprobación de ambas cámaras las que también deben autorizarlo para declarar la guerra o hacer la paz"[8]. Es decir, el presidente argentino es el gestor responsable de la política exterior pues es él quien la formula y pone en práctica pero, en el manejo de las relaciones exteriores, el presidente cuenta con la colaboración de la cancillería que lo asesora y ejecuta sus decisiones. De allí la importancia de analizar las transformaciones sufridas por el ministerio de relaciones exteriores a través del tiempo, proceso que está íntimamente ligado a la forma y a las circunstancias en que se fue operando la inserción internacional del país y sobre todo a los lineamientos básicos de la política exterior argentina.

La organización del servicio exterior

Aunque carecían de experiencia en cuestiones internacionales, las autoridades surgidas del movimiento de Mayo de 1810 rápidamente advirtieron la imposibilidad de mantener una situación de aislamiento frente al sistema internacional, y por lo tanto la urgente necesidad de incursionar en este campo que les era desconocido.

La correspondencia diplomática argentina se inició con la nota que la Primera Junta dirigió, el 28 de mayo de 1810, al representante de Londres, Lord Strangford, que es similar al oficio enviado a las autoridades españolas en el Perú y Chile y al embajador de España acreditado ante la corte en Brasil y en la que mencionaba los hechos ocurridos en Europa y comunicaba su instalación. Este documento tuvo por objeto justificar la actitud asumida en Buenos Aires. Las misiones diplomáticas que se enviaron al exterior, que también surgen casi en el mismo momento, fueron numerosas y tuvieron como fin establecer vinculaciones con las principales potencias y con los países vecinos y ofrecer ventajas comerciales a fin de estimular el comercio internacional, fuente principal de recursos y de trabajo. Esas misiones viajaron a España, a Gran Bretaña, a Estados Unidos de América, a Portugal, a Chile, a Paraguay. Sin embargo, no es hasta comienzos de la década de 1820 cuando las relaciones diplomáticas comenzaron a establecerse regularmente y esto sucedió a partir del convenio con Gran Bretaña. En efecto, luego de este convenio que se firmó durante el gobierno de Martín Rodríguez, se nombró a Bernardino Rivadavia como primer ministro plenipotenciario en Londres, y a él se le encargó el cambio de las ratificaciones correspondientes. Sin embargo, pasarán unos cuantos años hasta que la intensificación de los contactos internacionales, especialmente los comerciales, determinase la necesidad de acreditar misiones permanentes, las que vinieron a reemplazar a los agentes especiales característicos del accionar diplomático de los primeros años de vida independiente. Pero en un caso como en otro siempre se realzó la importancia que se asignaba a la diplomacia como factor integrante del poder estatal.

La necesidad de ampliar el servicio exterior se hizo imperiosa una vez que el país logró su organización institucional definitiva, y fue a partir de 1862 que comenzó un largo proceso de más de un siglo y que condujo a la creación de un servicio exterior profesionalizado que se logró recién avanzado el siglo XX.

La organización interna del Ministerio de Relaciones Exteriores

De acuerdo con lo establecido por la Constitución Nacional, el despacho de los negocios de la Nación estaba a cargo de ministros secretarios, los que debían refrendar y legalizar con su firma los actos del presidente. Ahora bien, la carta fundamental dispuso también que una ley especial deslindara los ramos correspondientes a cada ministerio y en virtud de ello, al organizarse el despacho de los ministerios nacionales, por la ley del 11 de agosto de 1856, quedaron establecidas las funciones que correspondían al de relaciones exteriores, las que se encuentran sintetizadas en el artículo 2º: *"Es de la competencia del Ministerio de Relaciones Exteriores el mantenimiento de las relaciones políticas y comerciales de la Confederación con las naciones extranjeras"*.

Las tareas encomendadas a la Cancillería no eran pocas pero, aunque muy pronto se advirtió la necesidad de disponer de una organización interna que permitiera hacer frente a ellas con eficiencia, debieron pasar casi dos décadas antes de que se hiciera algo en este sentido, y cuando en octubre de 1898 este ministerio amplió su denominación y pasó a llamarse *Ministerio de Relaciones Exteriores y Culto*, como consecuencia de la incorporación a la cancillería de los asuntos concernientes a culto y beneficencia, el mismo aún no había logrado contar con una organización acorde a la importancia y a la extensión de sus incumbencias. Es sobre todo en las dos primeras décadas del siglo XX que las sucesivas administraciones pusieron mayor énfasis en esta cuestión, pero las diferentes normas que al respecto se dictaron no fueron más que marchas y contramarchas que en definitiva contribuyeron a retardar el proceso de organización interna de la cancillería.

De todas esas medidas, la más importante es la reestructuración interna del ministerio que llevó a cabo en 1918 la primera administración radical con el objetivo principal de organizar, en forma metódica y racional, la distribución de oficinas y personal y determinar sus funciones, en tanto que el objetivo secundario fue refundir oficinas a fin de lograr una economía en los gastos. La necesidad de una redistribución del trabajo había sido advertida por el subsecretario Diego Luis Molinari al comprobar que no eran equitativas las tareas de las diferentes oficinas, de manera que en la práctica las modificaciones tuvieron más importancia en lo que concierne a la distribución del trabajo que a la de los empleados y no implicaron aumento ni disminución de éstos.

En esta ocasión se crearon tres grandes divisiones: la política, la comercial y la de límites internacionales, a las que se sumó el despacho de subsecretaría que comprendía la oficina de información general, la asesoría letrada y las oficinas de habilitación, de biblioteca y archivo, de mesa de entradas, legaciones y expedientes, de traducciones, de clave y de ceremonial[9]. Con esta organización el ministerio trabajó durante más de una década sin grandes cambios hasta que se dictaron normas más completas que abarcaron al servicio exterior en forma integral.

La documentación y su ordenamiento fue durante mucho tiempo un problema recurrente pues fueron contadas las administraciones que se ocuparon de esta cuestión. A raíz del incendio que hubo en la Casa de Gobierno en 1867, el archivo de la Cancillería como los de otros ministerios fueron destruidos y a pesar de los esfuerzos constantes fue imposible reorganizarlos. En 1869 se intentó poner orden en los documentos que se referían a relaciones exteriores pero, por falta de tiempo, no se organizaron siguiendo un plan sino en forma desordenada, y sólo los papeles posteriores a 1867 quedaron regularmente organizados.

A la cancillería también le preocuparon las deficiencias que afectaban a la biblioteca, en la que faltaban "casi todos los escritos referentes a nuestras cuestiones de límites" y en la que las obras de derecho internacional que existían, estaban en su mayor parte truncas, de modo que durante el año 1878, por compra y donaciones se incorporaron algunas colecciones de folletos y muchas memorias de relaciones exteriores de los diferentes países americanos.

Con posterioridad y hasta 1914 no se dictó ninguna disposición destinada a recuperar documentación o a poner orden en la ya existente y hubo que esperar hasta la administración de Victorino de la Plaza y luego, sobre todo, a la de Hipólito Yrigoyen para que renaciera la preocupación por el ordenamiento de la documentación diplomática. Al respecto es ineludible señalar que fue durante la administración del último de los nombrados y por iniciativa de su subsecretario de relaciones exteriores Diego Luis Molinari, que se lograron las más importantes mejoras en el servicio que cumplían tanto la biblioteca y mapoteca como el archivo, donde fueron muchas las colecciones de documentos ordenadas y sistematizadas en legajos cosidos y con índice. La labor desarrollada en este sentido por el joven subsecretario es encomiable y de gran importancia y basta una rápida mirada a los demás papeles que se conservan en el archivo del ministerio para comprobar el valor de la acción desplegada por Molinari en el arreglo de aquellos documentos.

En lo que se refiere a publicaciones periódicas, vale decir aquéllas que tuvieron estricta regularidad aunque fuese por poco tiempo, debemos decir que hasta su organización definitiva el país no contó con ninguna que diera cuenta de su accionar exterior y que si bien a partir de entonces se editó la *Memoria de Relaciones Exteriores* –que es el informe anual que de este ramo eleva el poder ejecutivo al Congreso Nacional–, ésta fue la única publicación con que contó la Cancillería hasta comienzos de la década de 1880.

Esa memoria anual, además de la reseña informativa de las actividades del ministerio incluía una serie de documentos, decretos, resoluciones, notas e informes de legaciones y consulados, que podían contribuir a una mejor comprensión del estado de las relaciones exteriores. En 1884 se comenzó a editar el *Boletín Mensual del Ministerio de Relaciones Exteriores* que a comienzos del siglo XX cambió sucesivamente de nombre como también de contenido hasta que en 1910 se convirtió en el *Boletín del Ministerio de Relaciones Exteriores y Culto*. A lo largo de ese siglo y a medida que se fueron ampliando y complejizando las actividades del ministerio, fueron apareciendo también muchas otras publicaciones periódicas entre las que quisiera destacar la *Circular Informativa Mensual*, que se comenzó a publicar en enero de 1918 y que fue una de las que más larga vida tuvo.

La organización diplomática y consular

Durante más de un siglo la preocupación por dotar al país de una carrera diplomática que sirviera eficazmente los intereses de la Nación se tradujeron en numerosos proyectos, muchos de los cuales quedaron en el camino en tanto que algunos cristalizaron en leyes, decretos y reglamentos dictados con el fin último de crear un organismo especializado en el manejo de los asuntos diplomáticos que, si bien en su momento no lograron esa tan vieja como importante aspiración, fueron no obstante, valiosos antecedentes que hicieron posible que, ya avanzado el siglo XX, se llegara finalmente a la creación del Instituto del Servicio Exterior de la Nación que fue dispuesta por decreto-ley del 10 de abril de 1963.

Una rápida revista de todos los antecedentes legales y parlamentarios producidos hasta 1960 permite señalar algunas importantes conclusiones:

-Durante un siglo el servicio exterior argentino fue regido por cuatro leyes orgánicas –la 82, la 4.711, la 4.712 y la 12.951–, muy deficientes e incompletas las tres primeras; más completa pero también deficiente la cuarta, y por diversos decretos y disposiciones aisladas contenidas en las leyes de presupuesto, que si bien intentaron perfeccionar el régimen vigente fueron paliativos que no alcanzaron a originar sanas prácticas de cancillería.

-Esa pobre realidad legal contrasta con la frondosidad de proyectos de ley que mantuvieron vivo el constante afán de mejoramiento que nunca llegó a plasmarse en una ley completa y eficiente.

-Sólo a partir de comienzos de la década de 1930 surgieron iniciativas que apuntaron a introducir regulaciones completas y más acordes con la realidad internacional del momento y a cambiar la figura del diplomático que se convirtió en un funcionario cuyas condiciones, si bien en el fondo eran las mismas que se requerían desde mediados del siglo XIX, se ampliaron hasta abarcar otros campos del interés humano.

-En fin, la importante experiencia acumulada señalaba "la conveniencia –asegura el embajador Sanz en su memorándum– de crear la carrera diplomática, de introducir estrictas normas de selección por idoneidad, de ascensos por méritos y antigüedad, de rotaciones en las que se tenga por primer objetivo satisfacer las exigencias del buen servicio, de otorgamiento de seguridad y estabilidad a los funcionarios mientras dure su buena conducta"[10].

El buen servicio consular también preocupó permanentemente al gobierno nacional. Si tenemos presente que la función primordial de los cónsules es la protección del comercio, esa preocupación se explica fácilmente. Todos nuestros hombres de gobierno tuvieron presente el alcance de los beneficios que una buena organización del servicio consular podía producir a favor de los intereses de la Nación y por eso siempre dieron preferente atención al problema mediante leyes, decretos y resoluciones que se ocuparon tanto de la formación y organización del cuerpo consular, como de la percepción de los emolumentos consulares que eran una fuente importante de recursos para el tesoro nacional. De acuerdo con las exigencias de nuestras relaciones con otros pueblos y las crecientes necesidades de nuestro comercio, el 6 de noviembre de 1862, el gobierno dictó el reglamento que debía regir el servicio consular, el que tuvo una prolongada vigencia pues fue reemplazado recién en 1905 por la ya mencionada ley 4.712. Casi el mismo lapso pasó hasta que el 6 de febrero de

1947, durante la primera presidencia de Juan Domingo Perón, de quien por entonces era canciller Juan Atilio Bramuglia, se sancionara la ley 12.951, cuyo objetivo fundamental fue dar unidad a la reglamentación de los servicios diplomático y consular y legislar sobre la carrera regular.

La idea sugerida por el embajador Sanz en el memorándum que presentara a consideración del canciller Diógenes Taboada el 4 de mayo de 1960, que había tenido principio de ejecución en la presidencia de Arturo Frondizi[11], fue retomada durante el mandato de José María Guido quien el 10 de abril de 1963 dictó dos decretos-ley de los cuales el primero dispuso la creación del Instituto del Servicio Exterior de la Nación, en tanto que el segundo reglamentó al anterior. Según esas disposiciones, el instituto dependería del Ministerio de Relaciones Exteriores y Culto y tendría las siguientes finalidades:

-La realización de cursos y exámenes de ingreso al servicio exterior.

-La realización de cursos superiores para capacitar y especializar a los funcionarios a fin de permitir una mejor selección en las jerarquías superiores.

-La difusión de conocimientos relativos a problemas nacionales e internacionales, como así también de idiomas extranjeros. Se disponía asimismo que el ingreso al servicio exterior se efectuaría exclusivamente por la categoría "I" –agregado y vicecónsul– y luego de haber aprobado los cursos que el instituto determinara, para acceder a los cuales se debería rendir un ingreso y era indispensable haber completado el ciclo de estudios secundarios[12].

Sin embargo, la vigencia de las disposiciones relativas al Instituto del Servicio Exterior de la Nación, que para algunos fueron precipitadas y vinieron a derrumbar una estructura legislativa pacientemente concebida, fue muy breve porque durante la presidencia del radical Arturo Illia si bien se ratificó su creación, se le introdujeron reformas sustanciales que limitaron sus primitivas funciones a fin de evitar el monopolio del ingreso a la carrera del servicio exterior que el mismo tenía. En efecto, la ley sancionada el 30 de setiembre de 1964, derogó la parte referida al examen de ingreso y estableció que la finalidad del Instituto del Servicio Exterior de la Nación sería solamente la realización de cursos superiores para capacitar y especializar a los funcionarios del servicio exterior para su promoción a las categorías superiores.

Con esa nueva ley, en realidad no se llegó a solucionar el problema de la profesionalización del servicio exterior y si bien con ella se ratificó el deseo de tornar más severo el ingreso a la carrera diplomática, esa intención resultó desvirtuada al permitirse el ingreso sin examen, aunque sólo fuera en un porcentaje limitado, introduciendo con ello un factor de desorden y de desmoralización que serviría para obstaculizar una verdadera institucionalización de la carrera diplomática. La vigencia total y plena del Instituto del Servicio Exterior de la Nación como órgano máximo y exclusivo en cuanto al ingreso de los aspirantes a esa carrera fue en adelante una aspiración que concentró el esfuerzo de quienes consideraban indispensable que el país contara con una Cancillería jerarquizada que se asentase en la formación y consolidación de sus propios cuadros.

Es durante el gobierno de facto presidido por Juan Carlos Onganía que se volvió a establecer, el 9 de abril de 1968, que el ingreso al cuadro permanente del servicio exterior se haría exclusivamente a través del Instituto del Servicio Exterior de la

Nación, el que tendría por funciones fundamentales la selección para el ingreso y la capacitación de los funcionarios de ese servicio mediante cursos especiales que sería indispensable aprobar para pasar de la categoría de secretario a la de consejero y de ésta a la de ministro. Los aspirantes a ingresar que hubiesen aprobado los cursos respectivos accederían al último grado del escalafón diplomático.

El siguiente y definitivo paso en relación con este instituto fue dado durante el gobierno constitucional de María Estela Martínez de Perón cuando por ley del 22 de mayo de 1975 se determinó que el mismo constituiría el organismo único de selección, formación e incorporación del personal para el cuerpo permanente activo del servicio exterior y que tendría como misión fundamental afirmar y desarrollar la vocación profesional, los principios éticos y morales y la convicción patriótica que deben informar la conducta de los aspirantes e integrantes de tal servicio.

La ruptura del orden constitucional retardó la reglamentación de esa ley que recién fue aprobada por decreto del año 1986, durante la presidencia del radical Raúl R. Alfonsín. A partir de entonces no se sanciona una nueva ley del servicio exterior, aunque a mediados de la última década del siglo XX el Congreso Nacional estudió un proyecto de reforma tendiente a reafirmar la importancia de la carrera diplomática que evitara consagrar excepciones, en especial en cuanto al ingreso, a la apertura de los cuadros y a las promociones que la experiencia indicaba se habían convertido en regla, y encaminado a reafirmar también la necesidad de contar con una política exterior convenientemente apoyada por diplomáticos capaces y capacitados.

Las representaciones argentinas en el exterior

En el orden externo, la Junta de 1810 y los posteriores gobiernos patrios orientaron su acción hacia dos espacios geográficos: la inmediata zona sudamericana y un más extenso espacio que comprendía Europa y los Estados Unidos de América. Sin embargo, desde entonces y hasta 1880, los gobiernos argentinos prestaron poca atención al mundo exterior porque sus esfuerzos se centraron, primero, en las cuestiones de política interna, y luego, en las económicas que cimentarían su desarrollo material. Sobre todo a partir de 1853, estas tareas absorbieron las energías del país que en el plano exterior redujo al mínimo indispensable su actuación internacional y prácticamente no tuvo agentes diplomáticos estables acreditados en el exterior y, aunque contó con un servicio consular mucho más difundido desde el punto de vista geográfico, éste careció de organización. Pero, superadas en 1862 las dificultades internas y lograda definitivamente la unidad nacional, llegó el momento de poner fin a aquella escasa actuación internacional y el gobierno comenzó a preocuparse por el servicio exterior pues los intereses del país exigían la creación de nuevas legaciones y sobre todo de una mejor y más eficiente organización del cuerpo consular.

Las tres preocupaciones fundamentales del gobierno argentino a partir de entonces fueron la inmigración —era necesario promover el poblamiento del territorio argentino—, el comercio internacional —que debía ser fomentado— y las inversiones extranjeras, cuyo ingreso debía ser facilitado a toda costa. Y son precisamente esas preocupaciones las que determinaron las expectativas del país en el aspecto internacional, expectativas que fundamentalmente apuntaron hacia las naciones europeas que era donde podían encontrar los inmigrantes para su despoblado territorio, un mercado creciente para sus exportaciones y las maquinarias y capitales necesarios para su desarrollo interno. Fueron, por lo tanto, esos objetivos económicos los que determinaron la forma en que la República Argentina se interrelacionó con el mundo, objetivos que por otra parte encajaron a la perfección con el rol que el propio sistema internacional le asignó dentro del modelo liberal de la división internacional del trabajo, de suerte que la forma en que se operó la inserción argentina dentro de la economía mundial también influyó en ese interrelacionamiento.

Ahora bien, como la orientación de la política exterior argentina no podía estar dirigida más que hacia Europa, las relaciones con las naciones del viejo continente fueron durante muchos años muy fluidas, estrechas y abiertas, en tanto que los contactos con el continente americano ocuparon un lugar secundario, porque para la gravitante vocación europeísta de la dirigencia nacional ni la América Latina ni los Estados Unidos podían ofrecer nada concreto al interés argentino.

En otra parte ya he dicho que "condicionados por su peculiar mentalidad, los dirigentes argentinos no fueron capaces de percibir otras vías alternativas en el espacio mundial ni en el regional y al limitar la red de relaciones externas condenaron al país a un peligroso aislamiento respecto del mundo no europeo, inclusive el americano"[13], pero ese virtual aislamiento, en el que salvo las relaciones con los países limítrofes y algunos contactos con Europa y Estados Unidos no hubo mayor actividad internacional, fue abandonado a partir de 1880 aunque privilegiando siempre las relaciones con los países de la Europa occidental donde altas consideraciones políticas y económicas aconsejaban extender nuestra representación diplomática y consular, lo que pudo hacerse gracias a que ya los principales litigios fronterizos habían concluido.

Esa preocupación y el énfasis en las cuestiones económicas en adelante no perdieron vigencia a través del tiempo, si bien con el correr de los años se comenzó a insinuar un cierto interés por fortalecer las relaciones con el continente, sobre todo con la América del Sur, interés que luego se extendió, aunque débilmente, hacia otros continentes como el asiático y el africano con los que durante el siglo XIX y gran parte del XX sólo se observan esporádicos contactos comerciales.

Distribución de las misiones diplomáticas

Las misiones diplomáticas son una costumbre en la vida de relación entre los pueblos que la República Argentina aceptó desde su surgimiento como nación y, aunque hasta su organización definitiva no siempre la ejerció de manera permanente; a partir de 1864 no dejó en ningún momento de estar representada; diplomáticamente en el exterior, pese a los apuros del erario que muchas veces le indicaron la necesidad de disminuir el número de esas representaciones. En realidad, si bien los intereses del país exigieron desde bastante tiempo antes la creación de algunas legaciones, las condiciones no estuvieron dadas para que esto se concretase de manera que el gobierno argentino no tuvo ningún agente diplomático estable acreditado en el exterior hasta 1864 en que se nombraron enviados extraordinarios y ministros plenipotenciarios en Brasil, en Estados Unidos y en Francia, Inglaterra, España e Italia; es decir, tres legaciones, dos en América y una en Europa. Con posterioridad y como una manera de responder a la práctica internacional de la reciprocidad, se acreditaron otros enviados extraordinarios y ministros plenipotenciarios ante diferentes países que mantenían aquí ministros desde hacía tiempo, de modo que para 1879 el gobierno argentino tenía siete legaciones acreditadas en el exterior: 1) Alemania, Austria-Hungría, Bélgica, España, Francia, Italia y Portugal; 2) Estados Unidos e Inglaterra; 3) Bolivia y Perú; 4) Brasil; 5) Uruguay; 6) Paraguay y 7) Chile. Es importante prestar atención a esta distribución de las representaciones diplomáticas argentinas en el exterior porque la misma respondía a las preocupaciones que por entonces concentraban la atención de la Cancillería, entre las cuales la fundamental era dar solución definitiva a los problemas de límites con los países vecinos. Las complicaciones surgidas en torno a las cuestiones limítrofes complicaron las relaciones con esos países y obligaron a la diplomacia argentina a desviar hacia ellos la atención que hasta entonces se dirigía casi con exclusividad hacia Europa. Es por eso que de las siete legaciones, cinco estaban radicadas en los países vecinos –una de ellas comprendía también Perú–, mientras que las dos restantes estaban acreditadas en países europeos, con inclusión en una de ellas de los Estados Unidos.

De allí en adelante el número y categoría de las legaciones argentinas sufrieron sucesivos cambios de manera que al estallar la Primera Guerra Mundial, la República Argentina contaba con 9 legaciones en América, 12 en Europa, una en Asia y ninguna en África ni en Oceanía. La distribución geográfica de esas legaciones era la siguiente: Bolivia, Brasil, Venezuela y Colombia, Cuba y México, Chile, Estados Unidos, Perú y Ecuador, Paraguay y

Uruguay en América; Alemania, Austria-Hungría, Bélgica, Dinamarca y Noruega, España, Francia, Inglaterra, Italia y Suiza, Países Bajos, Portugal, Rusia y Suecia en Europa y Japón en Asia. Sin duda, la novedad la constituía esta última legación en donde desde hacía algunos años estaba acreditado un encargado de negocios. En los años sucesivos se produjeron algunos cambios tanto en el número de estas representaciones cuanto en el de su categoría. Respecto a esto se debe señalar que hasta 1914 el país no contó con ninguna embajada y que este tipo de representación fue introducido, de hecho, a mediados de ese año a raíz de la creación de la embajada en Washington, que fue la primera que tuvo pero que pronto fue seguida por la que se creó en Madrid en 1916. En este aspecto la década de 1920 es realmente muy importante porque en su transcurso se elevaron a la categoría de embajada la mayoría de las representaciones diplomáticas en el exterior, entre ellas tres correspondientes a países vecinos; es decir, Brasil, Chile y Uruguay. En 1923 se crearon las embajadas en Santiago de Chile y Río de Janeiro; en 1926 en Roma y en 1927 en París, Londres, el Vaticano, México, Lima y Montevideo. También para entonces la categoría de la representación en Japón había sido mejorada con la acreditación de un enviado extraordinario y ministro plenipotenciario (ver pág. 88).

De esta suerte y tal como se puede ver en el cuadro 1, para 1930 la República Argentina contaba con 11 embajadas y 16 legaciones de las que salvo una –la de Japón– se concentraban en Europa y América, y dentro de este último continente se observa que en todos los países sudamericanos, incluidos los limítrofes, había representación diplomática argentina. Desde entonces, aunque en forma lenta, el número de representaciones en estos continentes fue creciendo como también se fue produciendo gradualmente la transformación de las legaciones en embajadas de manera que lo más significativo en este aspecto –vale decir, el cuerpo diplomático– es su progresivo avance en los otros tres continentes en los que, como ya se dijo, hasta 1930 sólo se contaba con una representación diplomática.

Distribución de las oficinas consulares

En 1862 y según se observa en el cuadro 2 (ver pág. 88), la República Argentina tenía 97 oficinas consulares, de las cuales 31 estaban en América, 65 en Europa y una en África (el consulado en Cabo Verde). Esa representación consular abarcaba 9 países en América –Bolivia, Brasil, Chile, Ecuador, Estados Unidos, Paraguay, Perú, Uruguay y Venezuela– y 11 en Europa –Austria, Bélgica, Bremen, Cassel, Dinamarca, España, Francfort, Francia, Gottemburgo, Hamburgo, Holanda, Inglaterra, Italia, Portugal, Prusia, Sajonia y Suecia[14]. En América había 4 consulados generales (Guayaquil, Lima, Río de Janeiro y Valparaíso), 19 consulados y 8 viceconsulados y en Europa 7 consulados generales (Barcelona, Bruselas, Dresde, Génova, Lisboa, Londres y París), 48 consulados y 10 viceconsulados. Es significativo que por entonces la República Argentina aún no había establecido ningún consulado general en los Estados Unidos, aunque allí tenía 7 consulados –en Baltimore, Boston, Cardiff, Filadelfia, Nueva York y Portland–, todos ellos en la costa este. También se debe destacar que todos los viceconsulados se encontraban en los países vecinos, 2 en Brasil –Santa Catalina y Santa Ana do Livramento, en la costa atlántica– y 6 en Uruguay –Cerro Largo, Fray Bentos, Mercedes, Paysandú y Salto, sobre el río Uruguay, y Colonia, sobre el Río de la Plata–, en tanto que los 10 consulados existentes en los países limítrofes se distribuían así: uno en Bolivia (Cobija), uno en Paraguay (Asunción), uno en Uruguay (Montevideo), 2 en Chile (Atacama y Concepción) y 5 en Brasil (Bahía, Pará, Pernambuco, Porto Alegre y Uruguayana).

Al iniciarse el siglo XX, la República Argentina tenía representación consular en 35 países de los cuales 16 eran americanos, 18 europeos y uno de Oceanía, a los que hay que agregar las oficinas existentes en las posesiones que algunos países europeos tenían en África y en Asia.

Las oficinas consulares eran 336 y su personal alcanzaba la cifra de 364. En América había 123 oficinas distribuidas en 11 consulados generales, 80 consulados y 32 viceconsulados. En Europa las oficinas eran 198 y comprendían 14 consulados generales, 130 consulados y 54 viceconsulados. En África había 6 consulados y 7 viceconsulados, en Asia un consulado y en Oceanía un consulado general. Los consulados generales en América eran los siguientes: Asunción, Bogotá, Caracas, La Paz, Lima, Montevideo, Nueva York, Quebec, Río de Janeiro, San José de Costa Rica y Valparaíso. En tanto que en Europa se encontraban en: Amberes, Barcelona, Copenhague, Estocolmo, Génova, Ginebra, Glasgow, Hamburgo, Lisboa, Londres, Niza, París, Rotterdam y San Petersburgo. En Oceanía había también un consulado general que tenía su sede en Sidney. Como se puede apreciar, este consulado general era el único existente fuera de las regiones con las que tradicionalmente estaba relacionada la República Argentina –es decir, Europa y América– aunque hay que destacar que a esta altura la representación consular argentina abarcaba ya los cinco continentes.

Hasta 1930 el crecimiento registrado por el número de oficinas consulares argentinas fue más acelerado en el siglo XIX que en el XX. En primer lugar, hasta fines de la década de 1880 esas oficinas se distribuían solamente entre África, América y Europa, pero hacia el final del período África, Asia y Oceanía contaban con un número similar cada continente. En cuanto a la diferencia entre América y Europa, este continente superó a aquél casi siempre por el mismo porcentaje. En fin, el mayor crecimiento en el número de oficinas se dio en el siglo XIX, en el que en un lapso de tres décadas se triplicó, pues pasó de 99 a 301, mientras que en las cuatro décadas siguientes sólo se registró un aumento de 38 oficinas, es decir poco más del 10%.

El cuadro 3 (ver pág. 89) nos muestra la distribución de las oficinas consulares en 1928. En él vemos que los países vecinos contaban casi con la mitad de los consulados generales existentes por entonces en el continente americano, pero más interesante que eso es la concentración de consulados que en ellos se observa pues equivalía a más de los dos tercios del total existente en América. Sin embargo, en este caso también, es Europa el continente que marchaba a la cabeza respecto del número de oficinas consulares argentinas, tanto en cuanto al total como a cada una de las distintas categorías de las mismas. En cuanto a los demás continentes, si bien los números eran comparativamente insignificantes, el cuerpo consular argentino había llegado a los tres restantes; es decir, África, Asia y Oceanía.

Ahora bien, si comparamos los cuerpos diplomático y consular tomando como referencia ese mismo año, se observa que el cuerpo consular estuvo siempre más extendido que el diplomático no solamente desde el punto de vista del número de funcionarios con que contaba sino también del geográfico, pues abarcaba más países y continentes. Desde el primer momento el cuerpo consular estuvo presente en África y muy poco tiempo después también en Asia y en Oceanía, mientras que el diplomático se concentró en Europa y en América (América del Sur y América del Norte) y sólo llegó a Asia con posterioridad a los festejos del Centenario de la Revolución de Mayo y casi lo mismo sucedió con la América Central, donde hasta 1918 no existió ninguna legación pero en la que a comienzos de esa década teníamos en cambio cinco consulados generales, los que habitualmente cumplían con algunas funciones diplomáticas. Para 1930, por lo tanto, África y Oceanía todavía carecían de misiones diplomáticas argentinas. Es decir que, durante muchos años, la República Argentina no tuvo representación exterior en gran parte del mundo y aunque las oficinas consulares llegaron con el tiempo a África, Asia y Oceanía, hasta 1930 las misiones diplomáticas se concentraron exclusivamente en los dos continentes que atraían con preferencia el interés argentino –Europa y América– de suerte que a un solo país asiático llegó la representación diplomática argentina.

La representación argentina en África, Asia y Oceanía

Por diversos motivos creo que a partir de 1930 es imprescindible prestar mayor atención a la expansión de los servicios diplomático y consular argentinos que se opera en estos tres continentes, aunque por razones de espacio esta mirada especial sólo puede ofrecernos una breve síntesis de la cuestión.

Las profundas y aceleradas transformaciones políticas y económicas vividas en los últimos años por el cada vez más complejo sistema internacional, en el que se observa un reforzamiento del sistema global junto con un avance en la integración y cooperación regionales, han hecho renacer la idea sobre la necesidad de reencauzar las relaciones entre países en desarrollo y en este sentido hay quienes sugieren la conveniencia de promover la cooperación inter-regional entre América Latina y Asia y África. Ahora bien, la cooperación entre regiones tan distintas, sin embargo, no es fácil: sus antecedentes son casi nulos y el comercio bilateral entre ellas, aunque en algunos casos ha crecido en los últimos tiempos, aún es muy marginal. Pero además, entre las dificultades no resueltas que un proyecto semejante debe enfrentar está el del profundo desconocimiento mutuo, pese a que en décadas anteriores ambas regiones fueron percibidas dentro de la estrategia de cooperación Sur-Sur, cuya implementación acercó los países del Tercer Mundo en la búsqueda de soluciones a problemas comunes con el Norte.

En cuanto a la República Argentina, debemos admitir que comparte ese desconocimiento con sus similares de América. Sin embargo, los especialistas en relaciones internacionales afirman que para maximizar su autonomía y su influencia en el sistema internacional, nuestro país debe ampliar y diversificar sus contactos con el exterior a fin de explorar nuevas opciones que le permitan alcanzar una integración en los mercados mundiales, y esos mismos especialistas no dudan en señalar a los países afroasiáticos como los destinatarios más indicados de tales exploraciones.

Ante este diagnóstico, mi propósito es dirigir una mirada retrospectiva que permita configurar una evaluación del accionar externo argentino respecto de los países africanos y asiáticos, desde mediados del siglo XIX hasta fines del XX. Con esa rápida revista, mi pretensión es solamente determinar el lugar que, a través del tiempo, la Argentina ha brindado a esas regiones en el marco de su agenda externa.

Una vez organizado definitivamente el país y puesta en marcha la maquinaria administrativa del ministerio de relaciones exteriores lo primero que podemos observar es el escaso interés que los tres continentes que nos interesan despertaban a nivel oficial. Esta realidad es visible con sólo echar una rápida mirada a la distribución de los cuerpos diplomático y consular la que nos permite comprobar que hasta la segunda década del siglo XX la República Argentina no tuvo ninguna misión diplomática acreditada en esos continentes y que los contactos que con ellos existían se limitaban a unas cuantas oficinas consulares instaladas por lo general en las posesiones pertenecientes a países europeos y que hasta mediados de la década de 1880 se concentraban exclusivamente en el continente africano.

En efecto, en 1862, de un total de 97 oficinas consulares, en África había una sola con sede en Cabo Verde, a la que para 1870 se habían agregado las de Alejandría, El Cairo y las Islas Azores y en 1880 las de Capetown, Isla Brava, Islas Fayal y Pico, Isla de las Flores, Isla Graciosa, Isla San Jorge, Isla Madera y Puerto Santo, Isla San Vicente, Orán, Praia de Cabo Verde, San Antonio y Santo Tomé. En el transcurso de la década siguiente se instalan las primeras oficinas en Asia (Isla de Java) y en Oceanía (Sydney y Melbourne). De todos modos, la sede y el número de estas oficinas no fue estable sino que se puede observar una gran movilidad en la ubicación de las mismas, las que iban siendo trasladadas de un punto a otro de suerte que permanentemente se cerraban unas y abrían otras. Este fenómeno, que estuvo íntimamente vinculado a la evolución de la corriente comercial existente con estas regiones, hizo que al finalizar el siglo XIX la situación fuese la siguiente: en África había consulados en Argel, Capetown, Isla San Vicente, Orán, Port Luis y Saint Denis (Isla de la Reunión) y viceconsulados en Durban, Islas Fayal y Pico, Isla de Flores y Corvo, Isla San Miguel, Madeira, Port Elizabeth y Santo Tomé; en Asia un consulado (en Soerabaia, Isla de Java) y en Oceanía un consulado general con sede en Sidney.

En lo que se refiere a la distribución de las oficinas consulares, que repito siempre guardó relación con la evolución del tráfico mercantil, en las primeras décadas del siglo XX la tendencia siguió siendo la misma y no se produjeron grandes modificaciones. Sin embargo, su número aumentó paulatinamente de manera que en vísperas del estallido de la Segunda Guerra Mundial la presencia consular argentina cubría un número más amplio de países en las regiones que nos interesan. En efecto, en África había oficinas en Egipto, Marruecos, Posesiones Francesas, Posesiones Portuguesas y Unión Sudafricana; en Asia, las había en Ceylán, Finlandia, India, Japón, Malasia y Siria y en Oceanía, en Australia y Nueva Zelanda. Los consulados generales se encontraban ubicados en Beyrouth, Kobe, Capetown, Rabat y Melbourne. En África no había consulados y los viceconsulados estaban situados en Dakar, Durbán, Funchal, Port Elizabeth, Port Said y San Vicente de Cabo Verde. En Asia los consulados tenían como sedes Calcuta, Manila, Osaka, Tokio y Yokohama y los viceconsulados en Colombo, Nagoya y Singapur en tanto que los viceconsulados en Oceanía, donde no había consulados, se ubicaban en Adelaide, Auckland, Dunedin, Hobart, Sydney y Wellington.

Esa breve reseña sugiere un comentario importante: no eran las relaciones políticas sino las comerciales las que en este período interesaban al Estado argentino respecto de las regiones que concentran el interés de esta parte de nuestro estudio. De allí pues que hasta la segunda década del siglo XX la representación diplomática sólo haya llegado al Japón, donde por otra parte durante mucho tiempo solamente existió una misión a cuyo frente se encontraba un encargado de negocios hasta que a mediados de la década de 1920 se creó la legación en Tokio. En la década siguiente, en 1937, recién se acreditó un encargado de negocios en Argel, con lo cual al estallar la Segunda Guerra Mundial sólo existían relaciones diplomáticas con un país asiático y otro africano.

Es evidente que a nivel oficial y hasta bien entrado el siglo XX no hubo mayor preocupación por promover el relacionamiento con la región que nos interesa, pero hay que agregar que ese desinterés oficial corría parejo y era ciertamente el resultado de la falta de atención que la sociedad argentina toda demostraba hacia la misma. El único país que escapa en parte a este fenómeno general es Japón pero esto es así quizás no tanto por iniciativa argentina cuanto por el atractivo que América Latina comenzaba a despertar en ese país hacia fines del siglo XIX. De cualquier modo, sea cual sea la razón, lo cierto es que las relaciones oficiales entre la Argentina y Japón se iniciaron casi al concluir el siglo XIX con la firma de un tratado de amistad, comercio y navegación que negociaron los representantes que ambos países tenían acreditados en Washington y cuyas ratificaciones fueron canjeadas en setiembre de 1901. Poco tiempo después, el imperio japonés acreditó por primera vez un representante en la Argentina; se trata de Osoki Narinori quien se desempeñó como ministro residente en Buenos Aires. El gobierno argentino, por su parte, designó en enero de 1903 a Alfonso de Laferrere como cónsul general en el Japón, con sede en la ciudad de Yokohama, y a cargo de la oficina consular que encabezaba este funcionario quedaron los contactos oficiales con el gobierno nipón hasta que, como ya se dijo, se estableció una misión diplomática en Tokio.

Luego de finalizada la Segunda Guerra Mundial y como consecuencia de los procesos de descolonización en África, Asia y el Pacífico, un gran número de naciones del Tercer Mundo empezaron a ingresar a la escena internacional. Al mismo tiempo y aunque en forma más bien esporádica y sin un plan definido, los gobiernos argentinos que se sucedieron desde fines de la década de 1950 comenzaron a manifestar un cierto interés por establecer contactos oficiales con esos nuevos países y por profundizar los ya existentes con otros como Japón, con el cual había una vieja amistad. También las relaciones comerciales con Sudáfrica datan de mediados del siglo XIX y a esa época se remonta la presencia consular argentina en sus puertos más importantes; sin embargo, estos lazos comerciales no fueron acompañados por vínculos políticos oficiales hasta la segunda mitad del siglo XX cuando, a mediados de la década de 1960, se observa un cambio favorable en esas relaciones, aunque este cambio se produjo no solamente por iniciativa argentina sino también sudafricana. Seguidamente se hará una breve reseña de algunas de las medidas que los diferentes gobiernos del período tomaron y que fueron jalonando el camino hacia un contacto más fluido y permanente con las regiones que ahora nos preocupan.

Durante la administración de Arturo Frondizi (1958-1962) se establecieron relaciones diplomáticas con Marruecos, la República Nacional de Vietnam y el reino de Cambodia, en tanto que las representaciones diplomáticas en Sudáfrica y Filipinas fueron elevadas a la categoría de embajadas. En la década siguiente se crearon embajadas en diversos países africanos con los que hasta entonces no se mantenían vínculos diplomáticos; esos países fueron Libia, Costa de Marfil, Túnez y Kenia.

Las relaciones diplomáticas con China se iniciaron en julio de 1945 cuando el gobierno argentino nombró como primer embajador a José Arce. Hasta que en ese país estalló la guerra civil, esas relaciones se desarrollaron normalmente pero, cuando en 1949 triunfó la revolución encabezada por Mao Tse Tung y se proclamó la República Popular China, la Argentina interrumpió el vínculo diplomático con la China Continental y reconoció al gobierno instalado en Taiwán como al único representante del pueblo chino. Esta política no se modificó hasta comienzos de los años setenta, cuando la situación de no reconocimiento a China Popular por parte de varios países occidentales se tornó anacrónica, pues mantenía al margen de las Naciones Unidas al país cuya población equivalía a prácticamente el tercio de la población mundial. Se inició entonces un proceso de acercamiento al que no fue ajeno el gobierno argentino que a partir de 1972 estableció una representación diplomática solamente en Pekín, con lo que se normalizaron las relaciones con la República Popular China.

Los vínculos políticos y económicos con el Medio Oriente nunca ocuparon un lugar prioritario en la política exterior argentina y el intercambio comercial ha sido y es escaso. Dentro de esta región, merecen especial mención Egipto y Argelia, países con los cuales los vínculos comerciales existen ya desde el siglo XIX aunque las relaciones diplomáticas no se establecieron hasta mediados del siglo XX, como también Irán, Israel y Arabia Saudita. Con Egipto las relaciones oficiales datan de 1947, en tanto que con Argelia existen relaciones diplomáticas desde 1937, cuando allí se acreditó un encargado de negocios, y esta representación fue elevada al rango de embajada en 1972. Las relaciones diplomáticas argentino-israelíes se iniciaron en 1949, un año después de la creación del Estado de Israel. Con Irán se entablaron contactos diplomáticos en 1947 y desde entonces Irán fue un país con el que durante mucho tiempo se mantuvieron vínculos muy cordiales y con el cual la corriente comercial se intensificó en los años setenta por iniciativa iraní. Las relaciones diplomáticas con Arabia Saudita se establecieron en 1949.

En la última década, los cambios sufridos por la actitud argentina hacia el África aparecen evidentes si se presta atención a la reestructuración de la localización de las representaciones diplomáticas argentinas en la región. En 1991 mientras se reabrió la embajada argentina en Pretoria, se cerraron las de Tanzania, Etiopía, Zaire, Gabón y Cote d'Ivoire de manera que dos años después el África Subsahariana quedó prácticamente desprotegida pues sólo contaba con embajadas argentinas en Senegal, Nigeria, Zimbabwe, Sudáfrica y Kenya. Estos cierres contribuyeron a restringir aún más los contactos políticos porque esas cinco embajadas no fueron suficientes para atender las relaciones con numerosos y diversos países como son los de esa extensa zona africana. En este aspecto, diferente era la situación del Norte de África donde se poseía embajada en los países más importantes, vale decir en Marruecos, Túnez, Argelia, Libia y Egipto. Es que el interés por los países del África del Norte y el Cercano Oriente, área donde la presencia argentina había sido permanente y se había manifestado preferentemente a través de la diplomacia multilateral, en estos años es reforzada por la decisión gubernamental de profundizar los entendimientos mediante las relaciones bilaterales.

En la evolución del accionar argentino respecto de África se pueden señalar algunas constantes: -tradicionalmente el relacionamiento argentino con los países africanos ha sido escaso, discontinuo y más bien errático; -el continente africano nunca estuvo en la agenda de prioridades de la cancillería argentina; -con Sudáfrica, que siempre ha sido uno de nuestros principales socios africanos, durante muchos años la República Argentina ha mantenido una política dual. Al mismo tiempo, la vinculación con África presentó, a través del tiempo, dos características bien definidas: la relación político-comercial con los países del norte del continente y con Sudáfrica ha sido la más antigua e intensa, en tanto que en la región subsahariana la vinculación más frecuente se dio con los países más importantes de la costa occidental con los cuales, por otra parte, existían contactos que venían desde el siglo XIX.

Por último, hay que destacar que fueron también dos las razones que avalaron los intentos de aproximación con los países africanos: una fue el interés por los potenciales mercados para colocar las exportaciones argentinas y la otra la necesidad de contar con sus votos en los organismos internacionales, sobre todo en relación con la cuestión Malvinas.

De treinta años a esta parte, las relaciones entre Japón y la Argentina presentan características similares a las de las relaciones de Japón con la América Latina, las que durante ese período han sufrido un cambio notable. En los últimos años, las relaciones argentinas con Japón persiguieron en forma constante varios objetivos de los cuales los más importantes son dos: 1- el incremento del comercio bilateral y la cooperación técnica a través de la transferencia de tecnología y 2- la radicación de inversiones y la renegociación de la deuda externa con ese país. El acercamiento reciente al Este Asiático en general y al Japón en particular es percibido como una oportunidad para la diversificación de los mercados de nuestra oferta exportable, pero hay factores que dificultan los intentos de aproximación. Uno de esos factores es la enorme distancia que separan a la Argentina de esos mercados y a este respecto se debe señalar que hay quienes asocian el interés argentino por estrechar los lazos con Chile, con su interés por lograr una adecuada proyección al Pacífico a través de los puertos chilenos. Es decir, aunque se aprecia la importancia que para el aumento del comercio intrarregional ofrece el mercado chileno, también se mira a Chile como puerta de entrada a Asia.

LA INSERSIÓN ARGENTINA EN EL SISTEMA INTERNACIONAL

Cuadro 1	Misiones diplomáticas en diciembre de 1928			
\multicolumn{2}{c	}{América}	Europa	Asia	
Países vecinos	Resto de América		
Bolivia (EE y MP)[1] Brasil (Emb.)[2] Chile (Emb.) Paraguay (EE y MP) Uruguay (Emb.)	Centroamérica (EE y MP)[3] Colombia (EE y MP) Cuba y Santo Domingo (EE y MP) Ecuador (EE y MP) Estados Unidos (Emb.) México (Emb.) Perú (Emb.) Venezuela (EE y MP)	Alemania (EE y MP) Austria, Hungría y Yugoslavia (EE y MP) Bélgica (EE y MP) Dinamarca, Suecia y Noruega (EE y MP) España (Emb.) Francia (Emb.) Inglaterra (Emb.) Italia (Emb.) Países Bajos (EE y MP) Portugal (EE y MP) Rusia, Finlandia, Polonia y Checoslovaquia (EE y MP) Santa Sede (Emb.) Suiza (EE y MP)	Japón (EE y MP)

Fuente: Beatriz R. Solveira, La evolución del servicio...op. cit., p. 179

1 EE y MP: enviado extraordinario y ministro plenipotenciario.
2 Embj: embajador extraordinario y plenipotenciario.
3 Esta legación comprendía seis países: Costa Rica, El Salvador, Guatemala, Honduras, Nicaragua y Panamá.

Cuadro 2	\multicolumn{4}{l|}{Distribución de las oficinas consulares en 1862}			
\multicolumn{2}{c	}{Continentes}	Consulados Generales	Consulados	Vicecon-sulados
América	Países vecinos	2	10	8
	Resto de América	2	9	--
	Total	4	19	8
\multicolumn{2}{l	}{Europa}	7	48	10
\multicolumn{2}{l	}{África}	--	1	--

Fuente: Beatriz R. Solveira, La evolución del servicio... op. cit, pp. 259-261.

Cuadro 3	Distribución de las oficinas consulares en 1928				
Continentes		Consulados Generales	Consulados	Vicecon-sulados
América	Países vecinos	5	16	31
	Resto de América	11	6	44
	Total	16	22	75
Europa		25	53	122
África, Asia y Oceanía		5	5	16

Fuente: Beatriz R. Solveira, La evolución del servicio... op. cit, pp. 270-272.

NOTAS

1 SOLVEIRA, Beatriz R. *La evolución del servicio exterior argentino entre 1852 y 1930*. Córdoba, Centro de Estudios Históricos, Córdoba, 1997.

2 Estos trabajos, aún inéditos, son: "Asia y África en la política exterior argentina, 1853-1999", a publicar por el *XIX Congreso Internacional de Ciencias Históricas* (Oslo-Noruega) y "Las relaciones argentinas con Asia y África", conferencia dada en la Academia Nacional de la Historia (Buenos Aires) el 12 de setiembre de 2000 con motivo de la incorporación como Académica Correspondiente en la provincia de Córdoba.

3 SANZ, Luis Santiago. *Memorándum N° 17. Necesidad de modificar la ley del servicio exterior*. Serie documental N° XI, Centro de Estudios Históricos "Prof. Carlos S. A Segreti", Córdoba, 1999 y "La política internacional. Relaciones exteriores y cuestiones limítrofes (1810-1862)", en: Academia Nacional de la Historia, *Nueva Historia de la Nación Argentina*. Planeta, Buenos Aires, 2000, tomo V, pp. 171-207.

4 De acuerdo con el Estatuto Provisional de 1815, las relaciones exteriores correspondieron a la Secretaría de Gobierno.

5 Sanz, Luis Santiago. "La política internacional... *Op. cit.*, p. 186.

6 *Ibídem*, p. 187. La provincia de Corrientes, por ejemplo, firma tratados con el Paraguay.

7 *Ibíd.*, p. 188.

8 SOLVEIRA, Beatriz R. *La evolución del servicio... Op. cit.*, p. 11.

9 Poco después a ésas se agregaron tres más, la de la Liga de las Naciones (1919), la de la Oficina Internacional del Trabajo (1920) y la oficina de derecho internacional y legislación extranjera (1921).

10 SANZ, Luis Santiago. *Memorándum N° 17.... Op. cit.*, p. 57.

11 La Escuela de Estudios Diplomáticos sugerida en ese anteproyecto cristalizó en la creación del Instituto de Especialización Diplomática dispuesta por resolución ministerial del 28 de junio de 1961, cuya función fue establecer un régimen de estudios y exámenes para los funcionarios del servicio exterior, criterio selectivo empleado para las categorías de jefes de misión.

12 El examen de ingreso versaría sobre historia argentina y americana, historia universal, geografía física y humana, economía política y derecho internacional público, como también sobre dos idiomas a elegir entre los siguientes: inglés,

francés, alemán, italiano, ruso y portugués, de los cuales uno de los dos primeros sería obligatorio. A los efectos de una mejor sistematización, las asignaturas que debían cursar los alumnos del instituto quedaron agrupadas en cuatro departamentos: Política Internacional, Derecho Internacional, Economía y Cultura Diplomática.

13 SOLVEIRA, Beatriz R. *La evolución del servicio... Op. cit.*, p. 52.
14 A los Estados que luego de la unificación alemana constituyeron el Imperio Alemán se los cuenta como un solo país.

¿ANTINOMIA ENTRE DEMOCRACIA Y GOBIERNO MILITAR? CHILE Y ARGENTINA EN EL MOMENTO DE INCERTIDUMBRE (1955-1973)[1]

Joaquín Fermandois y
Michelle León Hulaud

El desarrollo del sistema democrático a lo largo del siglo XX estuvo acompañado de la aparición de los sistemas autoritarios y totalitarios. Esto contribuyó a los conflictos de la época de las guerras mundiales y de la Guerra Fría, de manera que la pregunta de si las democracias contribuyen más –o no– a las relaciones pacíficas entre naciones análogas, ha sido una pregunta académica. También lo ha sido de la realidad vital[2].

La guerra que estalló en 1914 se llevó a cabo principalmente entre democracias, aunque no se las llamaba así. Rápidamente se transformó, al menos en el lenguaje de la propaganda, en lucha final entre el despotismo y la democracia. En la Segunda Guerra Mundial no cabe de duda de que las democracias estuvieron aliadas entre sí. Con el eclipse del conflicto Internacional "clásico", es decir, entre Estados nacionales que verían su rivalidad como el problema internacional por antonomasia, los ojos se volcaron hacia donde el remanente era mirado como una herencia del pasado. En este caso está el cono sur americano, por la potencialidad de conflictos inter-estatales cuando éstos ya eran escasos como un rasgo central del sistema internacional. Mas, la región se distinguió porque los conflictos quedaron limitados a su potencialidad, sin llegar a ser actuales[3]. Este capítulo tratará la perspectiva chilena preferentemente acerca del carácter institucional argentino y de sus significación para las relaciones con Chile.

En la larga historia de las diferencias fronterizas entre Chile y Argentina, la cuestión acerca de si el carácter del régimen influía en la conducta de los Estados o gobiernos, estuvo prácticamente ausente al momento de determinar la causa de las tensiones. Se suponía que el conflicto, como el deseo de paz, eran parte de una "historia natural" o una patología inevitable en la "historia de las naciones". Hasta 1902, se utilizaba un lenguaje que ponía el acento, al menos implícitamente, en la "Razón de Estado", cuando no, en un ápice de darwinismo social.

Entre 1902 y 1955 no existe un solo rastro que manifieste que los diferendos fronterizos pudiesen constituir una fuente que subordinara las relaciones bilaterales. No existen incidentes dignos de mención, que indicasen que ambos países se miraran como rivales estratégicos, y que la competencia entre Estados haya debido definir el núcleo de las relaciones. Con todo, el equilibrio militar en el cono sur era acariciado como una mínima medida de seguridad en la visión militar chilena. Se tenía en claro que la "seguridad nacional", antes que una defensa contra el totalitarismo nazi o comunista, que también se podía temer, toda nación sudamericana la entendía principalmente como defensa ante la amenaza vecinal[4].

Las "hipótesis de conflicto", como se diría después, estaban pensadas fundamentalmente en torno a los países vecinos: Perú y Argentina en el caso de Chile, Brasil y Chile para el caso rioplantense. Para Chile, la superioridad militar de Argentina estaba fuera de dudas, y una de las razones de que las fuerzas armadas apoyaran el acercamiento a las políticas norteamericanas hacia la región, fue que tanto la Ley de Préstamos y Arriendos de la época de la guerra, como el posterior Pacto de Apoyo Mutuo de 1952, ofrecía una posibilidad irremplazable de renovar material y doctrinalmente a las instituciones armadas, y mirando el equilibrio regional.

Los chilenos, como sociedad, habían desarrollado una gran admiración, no carente de celos, hacia lo que percibían como superioridad de Argentina en su cultura colectiva, en su educación, en su capacidad económica.

Desde comienzos del siglo XX, Argentina había constituido una meta para emigrantes chilenos. La zona sur de Argentina, especialmente Cuyo y alrededores, y la Patagonia, eran provincias con fuerte presencia de chilenos. Todo ello se acentúa fuertemente desde la crisis de los años 1930. Las relaciones económicas entre ambos países habían sido muy limitadas. Las exportaciones chilenas se concentraban en productos que interesaban a poderosas ramas productivas forestales, y a la vez las importaciones desde Argentina abarataban el costo de la vida, pero constituían una amenaza a la claramente más pobre agricultura chilena. Salvo durante la guerra, el intercambio económico se movió entre el 5 y el 10% de la totalidad del comercio exterior chileno, más cercano a la primera cifra. Sólo a raíz del Tratado de la Unión Chileno-Argentina de 1953, ese volumen adquirió mayor relevancia, pero dentro de los marcos de un comercio estrictamente regulado.

Sin embargo, existía un elemento de desconfianza. Tanto en Chile como en Argentina, se había consolidado una imagen de que en la historia de la estructuración fronteriza el país de cada cual había sido "amputado" por un vecino agresivo y expansionista. Las historias acerca del siglo XIX eran casi unánimes al mostrar esta visión, que cuando mucho, eran juicios parciales acerca de una realidad bastante global de lo que sucedió entre mediados del siglo XIX y comienzos del siglo XX. De esta manera, cuando en la segunda mitad del siglo XX eclosionaron los problemas limítrofes como la cuestión central en las relaciones bilaterales, se había formado una imagen del vecino ya anclada en una conciencia historiográfica a ambos lados de los Andes.

Pablo Lacoste ha tenido el mérito de analizar esta historia, que es tanto historia de las ideas como historia de la percepción colectiva de cada uno de los países[5]. Creemos que aunque Chile pudo legítimamente tener más territorio austral del que efectivamente le fue reconocido, esto es en parte también aplicable a Argentina. Es aplicable también a la historia de la estructuración fronteriza de todos los Estados sudamericanos. Pero la imagen, unida a la conciencia de ser un "país asediado", herencia de la historia de límites y fronteras de la segunda mitad del XIX, tuvo una fuerza latente que se mantuvo en la mentalidad colectiva en la primera mitad del siglo XX[6].

En los años 1950, entre 1953 y 1955, se produjo un acercamiento entre los dos países. Desde que Juan Domingo Perón apareció en la escena argentina, mostraba la aspiración por orientar la política regional en una dirección nacionalista.

En el contexto de la historia y de esos momentos, quería decir, que el perfil propio se definiera como "independiente" de la política interamericana seguida por Washington. Esto era algo a lo que Chile no podía sumarse tan claramente. No había sido ésa su historia desde después de la Primera Guerra Mundial. Luego, con la elección de Carlos Ibáñez en 1952, surgieron sectores chilenos que admiraban a Perón, y definían el interés chileno como convergente con el de la Argentina de Perón, y que de alguna manera empujaban a la administración Ibáñez hacia un estilo político parecido al justicialista. Esto tenía que provocar una reacción política dentro de Chile que hacía del peronismo un peligro de magnitud.

Aunque ambas visiones exageraban, es posible que estos hechos hayan dejado una huella en torno al verdadero carácter de las relaciones entre Ibáñez y Perón, huella que vinculaba a la política interna argentina con un peligro de desestabilización interna para Chile[7]. En Chile, la prensa y el sentimiento antiibañista proclamaban esta realidad a los cuatro vientos, con el resultado de que el mismo gobierno chileno debió medir sus pasos y ser muy cauto en las relaciones con Argentina[8].

Es probable que tras la destitución de María de la Cruz, la primera mujer senadora en Chile, mediante una acusación constitucional, estuviera la impresión de que ella representaba el sentimiento peronista, cuando no el "oro de Perón". De todo lo que vino después, quedó efectivamente el rastro de financiamiento que fluía del aparato peronista, aunque al igual que lo que se discutiría un par de décadas después sobre la CIA, es difícil evaluar su impacto, quizás insignificante.

No obstante, el Tratado de Unión Argentino-Chileno fue mirado como un éxito de parte de Chile. Este país siempre había temido a la agricultura argentina, por su gran superioridad, a pesar de que se tuviera que recurrir a ella en momentos de urgencia[9]. Sin embargo, aunque el intercambio no tocaba el núcleo del comercio exterior de ninguno de los dos países, en el caso de Chile, por medio de las exportaciones forestales, afectaba a grandes intereses locales, que tenían capacidad de influir en cierta medida sobre la Cancillería. El aumento del intercambio fue un resultado directo y era visto como esencialmente positivo dentro de la vida pública[10]. La situación cambiaría drásticamente con la caída de Perón. El Tratado de la Unión fue afectado por la nueva política económica del gobierno militar argentino. Se trajo al respetado economista Raúl Prebisch, que impuso un programa de liberalización incompatible con el Tratado, el "Plan Prebisch", como amistosamente se le advierte a Chile, ya que, en palabras del nuevo canciller Mario Amadeo, "se debe ensanchar el campo de la iniciativa privada, sin por ello dejar de mantener los controles estatales indispensables"[11]. Prebisch añadió, que

> *"tanto Chile como el resto del continente latinoamericano tendrían que ir adoptando también el libre cambio y la vuelta al régimen multilateral, ya que los acuerdos bilaterales serían, en poco tiempo más, instrumentos ineficaces frente a las nuevas modalidades operativas del comercio mundial"*[12].

No podía causar extrañeza en Chile, ya que en este país se produjo un proceso paralelo de relativa liberalización, simbolizado por el nombre de la "Misión Klein-Saks"[13]. El mismo Prebisch se lo dijo a Conrado Ríos Gallardo, y después los funcionarios argentinos lo repetirán insistentemente, hasta que el Tratado no tuvo renovación en 1956[14]. No era en el plano económico donde estaba el corazón de las relaciones entre Chile y Argentina. También, en Chile, los sectores empresariales involucrados manifestarían disgusto por el curso de los acontecimientos.

Albor de la extrañeza: de la caída de Perón al Beagle

A la imagen del vecino como el "adversario histórico", que a partir de estos momentos dominaría las partes al mirarse el aspecto conflictivo de las relaciones, le había precedido el rechazo al peronismo que se había manifestado en una mayoría de la clase política. En analogía a la política argentina, de izquierda a derecha se había formado una coalición informal que rechazaba directamente al peronismo, aunque algunos sectores de la izquierda, sobre todo socialistas, admiraban el "antiimperialismo" y la movilización social desarrollados por el caudillo justicialista. Las persecuciones a los católicos o, más bien, a las organizaciones católicas, había provocado repudio en Chile. En este país, el anticlericalismo había ido bajando su perfil desde 1900, pero la Iglesia mantendría intacta su posición en la sociedad y en el prestigio de que gozaba. La revista satírica *Topaze*, todavía un genial centro del humor político, hacía decir al líder conservador chileno, Juan Antonio Coloma, caricaturizado como sacerdote confesor, "*¡Curiosum son caminus providenciam! Gracias a esto, hijos míos, también de rebote nos libraremos del justicialismo*"[15].

El mismo Conrado Ríos Gallardo, cercano a Ibáñez y a Perón, al final del gobierno de éste, se distanciaría. En los días finales del régimen argentino decía que Perón avanzaba "temerariamente en el ejercicio de una dictadura sólo comparable a la impuesta por Rosas hace más de cien años"[16]. Sobre la persecución a la Iglesia, *El Mercurio*, que le tenía encono desde luego por la pugna de la Casa Rosada con la gran prensa de Buenos Aires, afirmaba que era un "crimen contra el pueblo"[17]. Desde una perspectiva más de izquierda, tras describir lo que se veía como inconsecuencias de Perón, pero alabando tácitamente su carácter "latinoamericano", añadía que

> *"los que miran fríamente y con algún conocimiento de causa el problema, pueden imaginarse que la reacción antiperonista en este momento, puede significar el entronizamiento de una dictadura negra, radical y ultramontana, acaso más peligrosa que el hibridismo socializante y fascistoide del señor Perón"*[18].

La caída de Perón fue observada con interés en Chile. La Moneda, por todas las simpatías que pudiera tener por el mismo Perón, guardó estricta neutralidad, simuló mirar las cosas con distancia, y reconoce al gobierno del general Lonardi, caudillo inicial de la "Revolución Libertadora", el 23 de setiembre. Las circunstancias de debilidad política del gobierno de Ibáñez dieron ínfulas a una comisión investigadora de la Cámara acerca de las actividades peronistas en Chile. Esto se convirtió también en un factor de riesgo en las relaciones entre los dos países. El primer año el embajador Conrado Ríos se mantuvo al frente de la misión en Buenos Aires e informó de la buena disposición hacia Chile que manifestaba Lonardi. Este le aseguró, en una entrevista sostenida el 27 de setiembre, que mantendría la foto autografiada de Ibáñez, regalo de éste a Perón, y que estaba en el escritorio del Presidente en la Casa Rosada[19]. Ignoramos cuánto tiempo se mantuvo.

Lonardi tuvo incluso el gesto de explicarle su actuación en Chile en 1938 como agregado militar, cuando fue expulsado del país; dice que el anterior agregado, el propio Perón, había sido el responsable. Tanto Lonardi como el nuevo Canciller, Mario Amadeo, reconocieron sin ambages y lamentaron la intervención peronista en la política chilena[20]. Lo cierto es que aunque durante ese primer año no surgieron incidentes limítrofes, el vínculo entre la política interna y las relaciones bilaterales permanecía vivo.

Una comisión *ad hoc* de la Cámara investigó las actividades peronistas en Chile antes de la caída de Perón, y llegó a conclusiones –aprobadas por 83 votos contra 13– de que sí había existido esta actividad de la que habría sido responsable el Gobierno, aunque no fuesen muy concretas al momento de establecer responsabilidades[21]. La Cancillería no criticó mucho a la Comisión, por razones de política interna, y por el poder que hoy se llamaría "mediático" de su presidente, la diputada Florencia Galleguillos, quien incluso quería llevar las investigaciones a Argentina, lo que levantó sospechas en el gobierno argentino[22]. La Moneda descargó la responsabilidad en Ríos Gallardo, quien debió presentar su renuncia, y hubo rumores de que la Casa Rosada había hecho una gestión en tal sentido ante el mismo Ibáñez, que había sido transmitida por el comandante de la Armada argentina, Francisco Manrique, de notoria actividad en las décadas que seguirían[23]. Conrado Ríos se sumó a la larga lista de fieles de Ibáñez que rompieron con el caudillo, aunque es posible que el nuevo dirigente argentino, el general Aramburu, haya solicitado confidencialmente a Ibáñez el relevo del embajador Ríos Gallardo. Además estaba el problema de los asilados peronistas en Chile, que creaba irritación en la Casa Rosada.

Las relaciones que en Chile se habían tenido con el peronismo dejaron más huellas. La Moneda había enviado como Embajador al antiguo político conservador, católico, Fernando Aldunate

Errázuriz, símbolo de la derecha chilena y del *establishment* de entonces, en gesto de acercamiento al gobierno de Aramburu. No se debe olvidar el papel que los voceros del catolicismo político, *El Diario Ilustrado* y, sobre todo, *La Unión* de Valparaíso, tuvieron en poner sobre el tapete el problema limítrofe con Argentina como asunto de máxima urgencia. Junto al mal sabor por el hecho hasta entonces inédito de interrelación de las políticas, al menos inédito desde la Emancipación, se daba dentro del aparato del Estado chileno, la idea de que una convergencia institucional haría mejorar las relaciones[24].

Ahora era también Argentina la que, de alguna manera, se preocupaba por la "injerencia" chilena en el asunto de los asilados. La llegada de Aldunate fue muy bien recibida por el *establishment* argentino, por haber sido un opositor a Ibáñez, lo que demostraba que éste quería enmendar las relaciones, aunque el editorialista de *La Nación*, al lamentar los incidentes fronterizos, ponía el acento en la imprudencia de "altos funcionarios trasandinos"[25]. Los asilados ayudaron a alterar esta atmósfera. Un grupo de ellos se asiló en el sur de Chile en marzo de 1957. Entre ellos estaba un futuro presidente de Argentina, Héctor Cámpora. Al solicitar Buenos Aires su extradición, fueron trasladados a Santiago. Tras el proceso correspondiente, la Corte Suprema otorga la extradición de uno de ellos, Guillermo Patricio Kelly. Esto provocó una polémica en Chile, ya que en sectores del ibañismo, no muy numeroso a estas alturas, se decía que eran víctimas de la persecución. El 28 de setiembre de 1957, Kelly logra huir del centro de detención.

Se provocó una crisis en las relaciones entre ambos países; los ataques de la prensa argentina fueron demoledores. También una crisis interna en Chile. El Embajador Aldunate renunció casi inmediatamente a su cargo, en evidente disenso con la actitud, juzgada negligente, del gobierno chileno, y recibe una calurosa despedida del gobierno argentino[26]. La Cámara, en un hecho que no tenía precedentes en las dos décadas anteriores, destituyó por 100 votos contra 8 al Canciller, Osvaldo Saint Marie, y al Ministro de Justicia, lo que fue confirmado por el Senado.

La respuesta institucional chilena, a lo que se añadió una política del gobierno de Ibáñez menos tolerante con los asilados y con el peronismo en general, lo que le costaría un problema con Venezuela, reparó muy rápidamente el incidente. Con todo, es imposible no pensar que todo esto dejó huellas de sospecha en el gobierno argentino, así como las secuelas del peronismo dejaron en Chile una sensación de incertidumbre acerca del proceso de toma de decisiones, que con respecto a Chile se efectuaba en Buenos Aires. En los últimos 10 años había adquirido importancia el tema de qué tipo de gobierno tenía cada cual para el buen o mal talante que tuviesen las relaciones bilaterales. Era algo nuevo en la historia de las relaciones.

El estallido de la 'cuestión limítrofe' en 1958

Desde fines de 1914 se había levantado el primer disenso acerca de a quién pertenecían las islas que estaban al sur de Navarino, y cuál era la delimitación exacta del Canal Beagle, y el curso del mismo. En sucesivas ocasiones había habido negociaciones serias para llegar a un acuerdo arbitral. Cuando más cerca se estuvo de ello fue en 1938, al designarse a un juez de la Corte Suprema de EE.UU. como árbitro. Rutinariamente, había protestas de una de las partes. Estas a veces tenían que ver con otras zonas y otras diferencias limítrofes, pequeñas pero insidiosas para irritar las relaciones, territorios situados en la gran extensión que había sido delimitada por el arbitraje inglés de 1902.

A partir de 1956 la situación, de ser un factor de molestias, pasó a constituir una fuente de zozobra y finalmente de conflicto potencial. Comenzó por lo que los chilenos veían como violaciones argentinas a las normas de navegación, con el consiguiente atropello a la soberanía chilena. Argentina en cambio reclamaba poder navegar con naves de guerra libremente por el Beagle y entre las islas situadas al sur de éste, administradas por Chile pero reclamadas –ahora insistentemente– por Buenos Aires. Entre mayo y agosto de 1958 se dio un *in crescendo* de incidentes, que culmina con un bombardeo de la baliza puesta por Chile. Aunque a mediados de agosto se llega a un acuerdo para volver la situación a como estaba en mayo, en Chile quedó la impresión de que el país había sido sometido por una fuerza superior, no por el derecho, y que en general se había perdido posición. Podrá ser esto discutible, pero esta percepción chilena tuvo una influencia apreciable en fortalecer la idea de "mutilación", descrita por Lacoste, y a la idea de que Chile se hallaría sometido a una amenaza constante de parte de Argentina.

Más que 1978, es el Beagle, en 1958, lo que ha mantenido viva esta visión –que no es la única– acerca del significado de Argentina en las relaciones bilaterales, idea que sutilmente se infiltra en la mentalidad colectiva, y es avivada por el discurso nacionalista, que no se limita a los sectores que comúnmente se denominan "nacionalistas". Un medio que en general ha contribuido a arrojar agua al incendio, *El Mercurio*, calificaba el hecho como "insólito acto de pillaje". Pero añade un nuevo factor, de si esto no será herencia,

> *"una retardada muestra de la obsesión que el justicialismo trató de infiltrar en algunos elementos de las Fuerzas Armadas y que se manifestaba en la adopción de una política armamentista ostentosa y sin sentido a lo largo de las fronteras comunes"*[27].

Vemos cómo se vincula la política externa con la interna, poniendo en este caso el origen de las tensiones en el peronismo.

Por otra parte, ante la postura del Gobierno de aceptar un arbitraje –resistido por Argentina–, el órgano cercano a los socialistas, *Ultima Hora*, defiende la tesis tradicional: que no se puede arbitrar lo que ya se mantiene como propio, sino cuando "existe un terreno en litigio (...) Los arbitrajes siempre han perjudicado a los países pacíficos y pequeños"[28]. *"¿Por qué el 'gorilismo' tan valeroso, tan heroico, no emplea sus herramientas recuperando las Malvinas?"*[29].

En este sentido, el embajador en Buenos Aires, un antiguo político liberal, José Maza, compartía esta opinión:

> *"La amabilidad, cortesía, deferencia y demás consideraciones de forma del Presidente Frondizi (...) no debe(n) inducirnos a error. El Gobierno argentino y su Presidente hacen hoy lo que la Marina de Guerra desea (...) Argentina está dividida (...) hay muchos que son más peronistas o antiperonistas que argentinos; estoy seguro de que no tendrán una capacidad de reacción frente a una actitud enérgica pero serena de nuestra parte. La actitud chilena frente a esta eventualidad tiene una importancia que sobrepasa*

el incidente mismo. Nuestra debilidad hoy, o nuestra ingenua confianza, pueden acarrearnos gravísimas consecuencias en el futuro, no sólo con respecto a la República Argentina sino en relación al Perú y aún a Bolivia"[30].

Maza no tuvo buen recuerdo de su misión, que terminó amargamente para él, a raíz de este incidente.

Junto a un nacionalismo de derecha, –además de visones más equilibradas como *El Mercurio* y otros– existía un nacionalismo de izquierda que muchas veces halló su punto de fuga en el caso de Argentina. Pero esta visión de Chile no era necesariamente la de todo el Estado. Existían en éste, y en la sociedad, fuerzas y orientaciones que trataban de elaborar una estrategia de colaboración bilateral sobre bases nuevas, y que por lo demás ha sido la tendencia que en general ha predominado. La llegada de dos nuevos presidentes parecía favorecer esta perspectiva.

Arturo Frondizi y Jorge Alessandri, un nuevo comienzo

Frondizi tenía un pasado político perteneciente al nacionalismo "antiimperialista", y llegó gracias al apoyo de último momento que le brindó Perón desde el exilio en la República Dominicana. En todo esto jugó un papel relevante su promesa de revisar contratos petroleros con intereses norteamericanos. En principio no podía haber nada más diferente a la política económica y fiscal claramente liberal que ofrecía Jorge Alessandri; los principales apoyos organizados de este último habían originalmente aplaudido el sesgo que al gobierno argentino le habían imprimido Aramburu e Isaac Rojas. Sin embargo, aún en lo económico había más de un paralelismo, y no era superficial.

Otras diferencias saltaban a la vista, y no solamente por la muy distinta textura social y económica de ambos países. Frondizi asumía el poder restaurando la democracia, frágil en todo caso. Alessandri, al asumir el 3 de noviembre de 1958, no hacía más que confirmar la normalidad institucional.

En los años siguientes, y teniendo como trasfondo la crisis limítrofe, los chilenos acostumbraban a insinuar un mohín de desprecio ante la inestabilidad institucional trasandina, a la que muchos culpaban por aquellos conflictos, sintiendo que Chile había superado esas circunstancias con la consolidación portaliana de la república en la primera mitad del siglo XIX. No podía haber ingenuidad mayor; más aún, se olvidaba que 30 años antes Chile había pasado por circunstancias parecidas, y volvería a algo similar hacia el final del período analizado por este capítulo. También, Alessandri, aunque presidió uno de los períodos legendariamente más pacíficos del siglo XX político, se movía como sobre un piso de huevos.

Chile tenía un síndrome específico, el de un sistema político relativamente maduro, pero de creciente polarización y una sociedad atrasada en relación a su cultura política. Tampoco había gran esperanza en que llegara por sí mismo el desarrollo económico. Los años del "desarrollo hacia dentro" ya habían dejado atrás la esperanza de que esa fuera la respuesta. La base política de Alessandri era débil y su estilo personalista ayudó a que los equilibrios se mantuvieran: la persona del presidente era clave para la estabilidad institucional.

Había otros aspectos que podían augurar una convergencia. Frondizi, en un gesto entonces novedoso, realiza una gira a los países limítrofes, aunque incluyendo a Perú. En Chile, en su discurso en la Universidad de Chile, dice:

> *"Uno de los principales factores de perturbación de nuestro desarrollo económico consiste en que sólo nos preocupamos de cómo distribuir las riquezas, sin advertir que antes hay que saber cómo crearlas (...) Es cierto que la creación de riquezas es creación de la sociedad y no del Estado, pero el Estado consciente de su responsabilidad, puede y debe contribuir al desarrollo económico, removiendo los obstáculos que se le opongan y facilitándolo con medidas positivas que lo promuevan y lo lleven adelante"*[31].

Estas palabras las podría haber pronunciado Jorge Alessandri (o un líder en ambos países en los 1990). En el momento de ser pronunciadas, estas palabras serían calificadas por el embajador Maza como expresiones de "capitalismo moderno"[32].

Trataban de poner un poco de orden en el panorama a veces caótico –desde el punto de vista de la teoría "clásica"– de las discusiones sobre economía política en nuestros países. Demostraban un paralelismo que a ambos líderes les parecía natural, como se lo hacen saber a Alessandri cuando es elegido presidente en setiembre de ese año. Las mismas observaciones del encargado de negocios son reveladoras del paralelismo y de concepciones de economía política generalizadas a ambos lados de la frontera:

> *"En esta política (contra el libre cambio) Argentina tuvo una participación destacada (...) Pero los hechos que han ocurrido en*

> *el último mes y la reforma cambiaria puesta en vigencia representan una modificación audaz y total de esa línea de conducta. Argentina intentará ahorrarle camino de la libre convertibilidad, de la selección natural de los mercados, de la no discriminación en materia de pagos, y lo hará con el concepto optimista de la teoría clásica que sostiene que la balanza de pagos de un país tiende siempre al equilibrio a través del funcionamiento, simple y sin trabas, del mecanismo de la moneda y de los precios (...) (Aunque por su productividad Argentina está en buen pie internacional) (Al) considerar este tema surge un problema más general. ¿Puede decirse que existe un mercado internacional verdaderamente libre? Hay hechos que evidencian lo contrario*"[33].

La convergencia entre ambos gobiernos salta a la vista en la voz del encargado de negocios. Si la tomamos como voz colectiva, se puede ver cómo había un mismo impulso económico y los límites a los que quedaba sometida una reforma liberalizadora, iniciada en 1956 a ambos lados de los Andes. En términos puramente políticos, el gobierno de Alessandri llegaría incluso a considerar a los dos presidentes argentinos de los años siguientes, Arturo Frondizi (1958-1962) y Arturo Illia (1963-1966) como virtuales aliados suyos ante la agresividad de las fuerzas armadas argentinas. Ambos podrán haber sido vistos después como ejemplos del sonoro fracaso de la democracia argentina, pero al menos el primero creó grandes expectativas en 1958.

El nuevo gobierno chileno envía como embajador ante la Casa Rosada a Sergio Gutiérrez Olivos, hijo de un ex Canciller y después embajador en Washington. Gutiérrez supo mantener la sangre fría con su innato don diplomático, sin ser arrastrado por su furor como José Maza. No creía que las fuerzas armadas argentinas estuvieran encaminadas a una ofensiva expansionista en contra de Chile, aunque compartía en general la tesis de que ahí se originaba la crisis entre ambos países[34]. El mismo presidente Alessandri no estaba directamente involucrado ni demasiado interesado en las relaciones internacionales. Mantendría a grandes rasgos las líneas básicas de la política exterior chilena: la cooperación dentro de la distancia en el sistema interamericano liderado por Washington; la convergencia y el equilibrio de poder en América del Sur; la aceptación sin liderazgo de la integración latinoamericana. El tema de los conflictos con Argentina ocuparía sin embargo un puesto destacado e irritante en las relaciones entre ambos países.

Después del Beagle, Chile debía ofrecer una política paciente que recogiera los pedazos y recompusiera las relaciones. Comenzó bien con la visita de Arturo Frondizi. Los chilenos se habían quejado de que frente al activismo internacional de Frondizi y de su canciller, ni siquiera este último, Juan Carlos Florit, se dignaba viajar a Santiago. Frondizi borra de un plumazo la impresión, y al regreso de un viaje a Washington en febrero de 1959, se detiene en el aeropuerto Los Cerrillos para entrevistarse con Alessandri, de donde sale la "Declaración Conjunta", punto de referencia en los accidentados años siguientes. Se llamaba a iniciar negociaciones inmediatas, para acordar alguna fórmula arbitral y se insistía en no provocar "rozamientos" entre los pueblos[35].

Para los chilenos, la situación era un auténtico acertijo. Existía, ciertamente, un sector nacionalista fuertemente activado por los incidentes fronterizos. La Armada de Chile, el sector cualitativamente importante influido por ella, el diario *La Unión* de Valparaíso, y un grupo de personalidades que luego configuró el Comité de Defensa de la Soberanía, tenían una visión que creían prístina, acerca del "expansionismo" argentino, y que miraba con distancia y desconfianza a "los políticos de Santiago", que sospechaba indiferentes a la gravedad de la amenaza que veían cernirse sobre el país. Esta perspectiva tuvo una influencia singular en destilar parte de la imagen que acerca de Argentina tendrían muchos chilenos, aunque no surgió de la nada.

"Los políticos de Santiago" sin embargo, estaban preocupados y bastante con la situación, al menos quienes tenían la responsabilidad directa. El nuevo canciller, Germán Vergara Donoso, funcionario de carrera y hombre de altos círculos sociales, simbolizaba el profesionalismo distante que Alessandri quiso darle a la política exterior chilena, al menos al comienzo. Al asumir su cargo, Vergara ordena redactar un largo memorando acerca de las relaciones con Argentina destinado a Sergio Gutiérrez que, por su contenido, parece inspirado por él, por la síntesis entre antiguas visiones junto a las nuevas percepciones surgidas en los últimos años. Es uno de los pocos casos que existen en el Archivo de instrucciones expresas que contienen una interpretación de la historia reciente de las relaciones. Creemos que representa una visión de largo plazo y por ello nos detendremos en este documento.

Al embajador se le dice que hay tres elementos de la Declaración Conjunta que deben ser considerados como las prioridades: 1-avanzar en las negociaciones para llegar a un acuerdo arbitral; 2-ayudar a las negociaciones creando un "clima propicio"; 3- mejorar el intercambio comercial. Luego, se efectúa la consideración acerca de las raíces de los conflictos. Reconoce que las relaciones han sido tempestuosas, pero que siempre, *"a la postre ha primado un sentido de cordura y superación de los diferendos producidos".* Es decir, el Canciller pone el acento en que no ha habido guerras con Argentina, aunque reconoce que la "vecindad geográfica" obliga a poner atención a la política interna argentina. Debido a la carencia de partidos organizados, continúa el memorando, ha permitido:

> *"(...) que las fuerzas armadas tomen un papel preponderante y, en este vaivén entre Gobiernos de derecho y los de fuerza, hemos visto imponerse ora a aquellos grupos que preconizan ideas de hondo sentido americanista, ora a los que exaltan ideas chauvinistas o de extremado nacionalismo (...) Y en cuanto a lo internacional, en lo que particularmente nos atañe, hemos podido comprobar la existencia de sinceros amigos de Chile, como la de enemigos irreconciliables, encubiertos o no (...) Es obvio que Chile tiene necesariamente que buscar y cultivar aquellos elementos argentinos que auspicien los elevados fines de la política de sincera cordialidad que propician (Alessandri y Frondizi) (...) El régimen que encabeza el presidente Frondizi, parece propicio a lograr el entendimiento que anhelamos. Las declaraciones que él hiciera en el H. Senado (...) se vieron empañadas por lamentables episodios posteriores (...) que nos explicaron la presencia en su Gobierno de fuerzas no controladas por él"*[36].

El canciller Vergara apunta aquí a lo que podríamos llamar "pesimismo histórico", es decir, un supuesto según el cual siempre habría algún elemento inevitablemente conflictivo en las relaciones entre ambos países, pero que sería insensato dejar que ello definiera la totalidad de las relaciones. Este mismo texto nos lleva a otro aspecto del asunto, central para nosotros. Se trata de cómo en Chile se veía que la política interna y la carencia de una institucionalización clara en el país trasandino lleva a que actores internos esgrimieran el problema con Chile como parte de su propia pugna. Pero ello no impedía que Chile tuviera que asumir este factor conflictivo como un asunto de categoría vital.

Las instrucciones a Sergio Gutiérrez destacaban otro aspecto de las relaciones, lo que podríamos llamar "factor latinoamericano", mirado en Chile principalmente, hasta entonces, como equilibrio de poder. En este documento, se ve a Argentina como un país que busca la "preponderancia" y que quiere "hacer girar en torno a su órbita a otros Estados", y se atreven estas líneas a definir una dinámica general de la política exterior argentina:

> *"El fin rector que con elocuente tenacidad procuraba alcanzar Argentina, se ha visto en los últimos cien años disminuido en nuestra propia América por el siempre creciente desarrollo del Brasil. La lucha entre esos dos países por encabezar el movimiento panamericano es larga de contar. Lo que debemos reconocer, quiérase o no, es que la República hermana siempre ha tenido una fuerte propensión a formar bloques dentro de los países americanos, tendencia que se agudizó notablemente durante el régimen peronista"*[37].

Que una vez haya habido entente entre Chile y Brasil es más que dudoso; esta idea sólo tiene algo de cierto para los años de la Guerra del Pacífico en el Siglo XIX. Después se disolvió ante la relevancia internacional de Brasil, siempre creciente. Con todo, el público chileno tenía la idea fija de que había entente, y que, en todo caso, Brasil apoyaba a Chile. Nada de eso existía en la realidad, salvo en un punto, que es tocado por el canciller. Se refería al tema de la "formación de bloques", que la diplomacia brasileña siempre aborreció; en esto coincidía con Chile, que temía que los "bloques" pudiesen atentar contra su principio de "respeto a los tratados", principio surgido de la dramática historia de conflictos en el siglo XIX. El Canciller sigue:

> *"Tenemos que mirar con aprensión cualquiera iniciativa a formar bloques ya sean de naturaleza política o económica. Sin embargo, no debemos confundir este planteamiento con la concertación de un plan de integración económica entre Chile, Brasil y Argentina, abierto hacia otros países del continente como etapa previa a la formación del mercado común latinoamericano. Lo que sí nos preocupa es la posibilidad de la concertación de bloques políticos o económicos dirigidos contra otros países de América (...) Es este pues un factor más que nos mueve a promover ante la República Argentina una política de efectivo acercamiento, a fin de evitar toda posibilidad de revivir viejas querellas, por el concierto de varios países, en contra de nuestra pacífica existencia"[38]*.

En estas palabras tenemos representado el rasgo de "equilibrio estratégico", o "geopolítico" si se quiere, de la política exterior chilena. Su raíz se encuentra en la historia del siglo XIX, y su formulación del siglo XX se desarrolla cuando es evidente que la realidad internacional no se puede encarar desde el puro punto de vista del poder militar. En las relaciones bilaterales, el memorando manifiesta el deseo de cooperar tanto porque Argentina es poderoso, como porque, por la misma razón, se la mira con aprensión. Frente a esto, el canciller recomienda una política tranquila, impertérrita dentro de la doctrina chilena, y en ningún caso dejarse llevar por la insinuación de algunos círculos argentinos de que había que tomar en cuenta a los sectores exaltados en Buenos Aires, aludiendo a las fuerzas armadas y a grupos nacionalistas.

No se puede decir que estas líneas inspiradas por Germán Donoso correspondan a la esencia de la política de Chile frente a Argentina. Muestran eso sí una línea poderosa, persistente, de cómo los chilenos, en una parte de su ser, interpretan las relaciones con la nación transandina. Las palabras de Vergara abren dos vertientes, la de la desconfianza y la del acercamiento. Este último estaba representado en varias caras. Para Salvador Allende, hay que dejar de lado el "falso patriotismo" y buscar un arbitraje; desde quien se iba perfilando como un contendor suyo, el senador radical Julio Durán, la "actitud patriotera de ciertos círculos puede arrastrar al país a una absurda situación"[39]. Cuando el gobierno de Alessandri se aparta de lo sostenido por su antecesor, y acepta la posibilidad de un arbitraje, el ex presidente Ibáñez se opone, porque *"las actitudes débiles fueron alimentando la posibilidad de poner en duda nuestra soberanía (...) Los arbitrajes siempre han perjudicado a los países pacíficos y pequeños"*[40]. El periodista de izquierda, Augusto Olivares, que murió en 1973 junto a Allende en La Moneda, sostenía una posición idéntica[41]. Nuevamente, había un nacionalismo de izquierda y otro de derecha, o próximo a ésta.

Este último nacionalismo, como se ha dicho, estaba representado entre otros por el lenguaje de *La Unión* de Valparaíso, que decía que, aunque reconocía "la hidalguía del pueblo argentino

(...) hemos renunciado a nuestra soberanía sobre esas tierras y aguas interiores, para compartirlas con Fuerzas Armadas extranjeras[42]. A esto se refiere quizás el Canciller, cuando terminaba señalando a Gutiérrez que "la gran mayoría de los chilenos" quiere una solución pacífica.

Era evidente que esta minoría que miraba a Argentina en un juego de "blanco-negro", y estaba llena de desconfianza hacia Argentina, hizo fracasar la entrada en vigor de los Protocolos de 1960.

El naufragio de los Protocolos

El 19 de marzo de 1960 se anunció un acuerdo de arbitraje entre ambos países para Alto Palena y el Beagle, y un acuerdo de navegación en los canales, lo que se afinaría en protocolos posteriores. A ello siguió un rápido viaje de Frondizi a Chile y la firma de una Declaración Conjunta con Alessandri. El 12 de junio siguiente, en Buenos Aires, el Canciller Diógenes Taboada y el embajador Gutiérrez firman los Protocolos y los Convenios de Navegación. A esto había antecedido una negociación larga y desgastante, y el embajador Luis María de Pablo Pardo le decía a Gutiérrez que en Argentina se había tenido que superar la resistencia de la Marina[43]. En Chile sucedería lo mismo.

Existían dos corrientes, en ambos países, separadas por una frontera oscura, no delimitada, entre quienes creaban confianza y quienes atizaban el temor al "enemigo eterno". En Chile, el mismo sentido de vulnerabilidad por ser un país más pequeño, creaba un muro de aprensiones. Pero en lo primero, estaba el paralelismo de las políticas económicas, ya visto. En estos años, Frondizi se acercó a EE.UU. y a Europa. Sólo en el tema cubano había distancia con Washington, al menos al comienzo; pero en esto era parecida a la política chilena ante Castro[44]. Hasta 1961, los Protocolos siguieron siendo el fundamento de las relaciones de Chile con Argentina. La culminación de este impulso fue la cumbre de presidentes en Viña del Mar, del 9 al 11 de setiembre de 1961, y la firma de una Declaración Conjunta, que entonces tenían más importancia relativa que lo que tiene en nuestros días.

El embajador Gutiérrez, insistiendo en la necesidad de mantener la cordialidad, añade que la entrevista de Viña del Mar marcó *"el momento más alto de las relaciones entre ambos países en los últimos meses"*[45]. Pero el ambiente en Chile ante los Protocolos era muy negativo. La ciudad de Valparaíso fue la "capital" del sentimiento de rechazo. Un ex Canciller, uno de los "ancianos sabios" de la política exterior chilena, Ernesto Barros Jarpa que defendía los Protocolos a nombre del gobierno, tuvo un enfrentamiento verbal con un grupo de oficiales de la Armada en una reunión confidencial, pero de la que rápidamente se supo. Dos capellanes desempeñaron un papel singular en crear esta conciencia, los sacerdotes Enrique Pascal García-Huidobro en la Armada, y Florencio Infante Díaz en el Ejército. A ellos se añadió el genial caricaturista Renzo Pecchennino, "Lukas". Se les podría describir como "conservadores", pero en la izquierda y en el centro también se daba esta interpretación. Al asumir la administración de Eduardo Frei Montalva, en 1964, se retiran los Protocolos, que esperaban su aprobación parlamentaria. Quizás su aprobación hubiera evitado el conflicto de 1978.

De Frondizi a Illia

En Argentina, lo que sucede a continuación, es la crónica de la caída anunciada de Frondizi, y la concentración del país en la crisis interior, una de cuyas repercusiones aparentes eran las continuas crisis limítrofes, de las que los chilenos se sentían las víctimas propiciatorias. Frente al triunfo de quienes sostenían una visión "occidentalista" de la política interior y exterior en Argentina, Chile ofrecía su propia autointerpretación como la "única democracia" vigente. El embajador Gutiérrez da un extraordinario ejemplo de esta auto-imagen de los chilenos:

> "Al lado de estos países, Chile ofrece un raro ejemplo de una democracia consolidada, conforme a cartabones que se considerarían europeos, si no fueran dados en nuestro suelo. A su vez, esto es de sobra conocido en el resto de Latinoamérica. Por otra parte, ¿qué decir de las 'reformas estructurales' que Estados Unidos reclama como de implantación previa a la puesta en marcha del Programa? Dejando de lado el caso de México, donde toda una clase social fue barrida a sangre y a fuego, ¿qué país americano ofrece un ejemplo comparable al nuestro? (Pues en Chile se da) un peculiar equilibrio internacional mantenido por muy largos años dentro del avance progresivo hacia las reformas de la estructura coloniales. Esto es, la estabilidad chilena no es producto de una 'tranquilidad' social impuesta desde arriba con el concurso desembozado o no del elemento militar (como fuera el caso de Argentina hasta el advenimiento de Perón) (...) En Chile, a la inversa, los reclamos populares han encontrado su camino dentro del juego de las instituciones; no se ha temido experimentar con

> *las fórmulas más audaces, como el propio Frente Popular; la legislación social es frondosa y tal vez excesivamente ambiciosa (...) En una palabra, puede decirse que la democracia chilena ofrece un cuadro excepcional en América Latina (...) Cualquier espectador imparcial puede advertir que el problema principal chileno reside en traducir en realidades las aspiraciones ya consagradas legislativamente desde la primera presidencia de don Arturo Alessandri. En suma, en elevar el país real a la altura del país teórico"*[46].

Aquí está condensada la tesis del "excepcionalismo chileno", expresada por la más grande diversidad de escritores, políticos y estudiosos de todas las tendencias, claro está que generalmente chilenos. Se define la autoimagen que casi todos los chilenos expresaban en un momento u otro, aunque también pugnaban aquellas que afirmaban que Chile no era una democracia social y económica, y que apuntaban al atraso y a los bolsones de increíble pobreza en un país que debiera ser más, que Gutiérrez por lo demás no ignora[47]. Estas palabras muestran asimismo cómo desde los sectores de élite había una identificación real aunque no ilimitada con el desarrollo institucional chileno.

Lo mismo se repite cuando cae Frondizi, como respondiendo a cierta incredulidad en Chile, ante la desestructuración de poder en Argentina. Este país es considerado de "características nacionales" esencialmente distintas a Chile, ya que "nuestras medidas, nuestros patrones para evaluar los conceptos o los problemas, son fundamentalmente distintos de los que rigen a este lado de la Cordillera"[48]. Se expresaba la perplejidad chilena ante el proceso argentino, con la incesante crisis política, y la prosperidad económica, la superioridad social y cultural de la gran masa de los argentinos con relación a los chilenos, el lugar privilegiado de Buenos Aires en la vida intelectual de América Latina. Pocos de los chilenos, preocupados por la actitud argentina, dejaban de coincidir con el nacionalismo de izquierda en su apreciación de los hechos:

> *"La nueva crisis desarrollada en el seno de las Fuerzas Armadas argentinas viene a ser otra manifestación de la precariedad de la situación social del país hermano. Y obliga a meditar a las naciones vecinas, como la nuestra, pues no es raro que las soluciones de los conflictos entre los diversos grupos castrenses trasandinos tiendan a ahogarse en actos de provocación exterior, como los chilenos tenemos más de alguna evidencia en los últimos tiempos"*[49].

O desde el nacionalismo conservador, cuando se decía que *"en el plano diplomático, Argentina hace declaraciones amistosas (...) En el plano real de los hechos, Argentina ocupa territorio chileno"*.

La transición de Guido a Arturo Illia, entre 1962 y 1963, fue seguida en Chile con esperanza y frustración. Era difícil calificar a los presidentes argentinos como "antichilenos", o beligerantes. Pero los incidentes limítrofes se multiplicaron, incluso durante la tensa campaña presidencial chilena de 1964, Entre 1962 y 1964, varias fuerzas armadas lationoamericanas adoptaron la estrategia y táctica del anticomunismo, destacando los casos de Argentina y de Brasil, dos países claves en el juego continental de Chile.

Chile tenía otras fortalezas. Su prestigio de país democrático superaba al hecho de que no se haya alineado completamente con Washington y con el antimarxismo. La diplomacia chilena miraba con inquietud la extensión de la nueva "diplomacia militar", pero salvo entre los sectores de izquierda –cierto, de gran peso en aquel Chile– no había real inquietud. Desde la posguerra, Santiago había adquirido un blindaje que era su estabilidad institucional, fenómeno raro en la América Latina de entonces. Por más que hubiera algún favoritismo de algunas instituciones gubernamentales norteamericanas por el militante antimarxismo de las fuerzas armadas argentinas primero, y de las brasileñas después, esto jamás se trasladaba en hostilidad o " no favoritismo" hacia el gobierno de Chile. Había, eso sí, preocupación por el futuro político del país, y EE.UU. comenzó a financiar a los sectores anticomunistas o claramente no comunistas, con posibilidades de futuro, aunque no necesariamente compartieran la política interamericana de Washington[50].

Por otra parte, comenzaba la pleamar de la influencia de la política exterior del Chile democrático. Entre 1961 y 1963, toma las riendas de la Cancillería un joven político radical, Carlos Martínez Sotomayor. Luego, sigue un período de un año con Julio Phillipi, un destacado político e intelectual del entorno de Alessandri y, finalmente, durante los seis años de Eduardo Frei Montalva estará Gabriel Valdés, quien llevará a sus máximas posibilidades la línea abierta por Carlos Martínez. Así, entre 1961 y 1970, se quiso acentuar, junto a una identificación política con Occidente, un camino propio, latinoamericanista, con atisbos de "tercermundismo". Bajo Carlos Martínez fue posible mantener este rasgo, a pesar de que lo que se veía como irracionalidad argentina en el asunto limítrofe estaba siempre presente.

Las instrucciones del Canciller al nuevo Embajador en Buenos Aires, Fernando Claro Solar, también un miembro pleno de la élite, ordenaban seguir con los Protocolos como base de las relaciones, aunque se sabía que el Senado chileno no los aprobaría[51]. También ponía el acento en los convenios interamericanos (Tratado de Río) y en la "no intervención". Esto se hacía tanto porque el Tratado de Río era una manera de asegurar el principio de "respeto a los tratados", como porque la "no intervención" era no sólo apoyar la posición chilena ante Cuba, sino impedir que en nombre de un antimarxismo militante, se interfiriera en el delicado equilibrio interno en Chile.

Pero había manifiesta preocupación por la toma de poder de los militares en Brasil, que podía ser tentación para sus colegas argentinos[52].

Con todo, en términos ideológicos, en los círculos políticos gubernamentales, se tenía simpatía con el nuevo gobierno del mariscal Castello Branco; al pensarse en las relaciones con Argentina, las cosas se complicaban. Inquietaba el papel "anticomunista" que, se creía, ocupaba el ejército argentino en el cono sur, y la importancia creciente del general Onganía[53]. La derecha tenía en esto un doble discurso, que no necesariamente era hipocresía pérfida, sino que representaba el dilema de la defensa no democrática de la democracia.

Es típica en este sentido la declaración del diputado Luis Valdés Larraín, con ocasión de la caída de Frondizi en 1962: "Dando a conocer su criterio desfavorable para las Fuerzas Armadas argentinas para deponer un gobierno constitucional, pero que en todo caso lo acepta ante la amenaza de un nuevo régimen como el de Cuba"[54].

Que las relaciones con los vecinos, y su factor de peligrosidad, jugaban un papel en cualquier gobierno chileno, se ve cuando

Chile debe romper con Cuba, después de la Conferencia de Washington a fines de julio de 1964. Aunque Chile se había opuesto a las sanciones contra Cuba, por razones internas y de política exterior, Alessandri asume la ruptura y la justifica porque el no cumplimiento

> *"implicaría un grave precedente y significaría, tarde o temprano, el retiro de Chile del sistema jurídico interamericano (...) Las consecuencias que de un hecho así derivarían para Chile podrían ser muy graves, ya que el Tratado aludido (Río de Janeiro) es una garantía eficacísima en el resguardo de la integridad territorial y la soberanía de los Estados signatarios"*[55].

En los meses previos, una seguidilla de incidentes entre carabineros y la Gendarmería argentina habían dejado un telón de fondo de inquietudes. A la vez, el lector no debe olvidar que para el Gobierno el manejo cotidiano de la política exterior no estaba dominado por este problema; se le asumía como un elemento más, inmutable eso sí, del paisaje.

Por otro lado, para la mayoría de los chilenos, habiendo adoptado una imagen hostil hacia este aspecto de Argentina, no le concedían mayor importancia; era como si sucediera en un lugar remoto, incapaz de generar efectos sobre sus vidas.

Pero la opinión oficial aunque privada del gobierno de Chile ante estos incidentes enojosos está dada por el embajador Fernando Claro: "Las contradicciones del Canciller Zavala, del Embajador Orgaz y la inusitada evolución del problema, demuestran que el Poder Militar ha impuesto al Civil la solución del problema"[56].

Eduardo Frei Montalva: integración, crisis, distensión

El gobierno de Eduardo Frei Montalva (1964-1970) buscó la reforma del sistema internacional como parte de su programa de reforma interna. Su base era que la Guerra Fría iba definiendo cada vez menos al sistema internacional.

> *"Esta tensión Este-Oeste, decía Valdés en un discurso programático ante el Senado, pierde fuerza al interior del mundo en desarrollo, porque ambos centros de poder vienen de un mismo esquema sociológico y se mantienen en un equilibrio de coexistencia fundamentado en la administración de la economía de bienestar".*

El canciller expone una idea entonces muy repetida, la de la "teoría de convergencia", que sostenía que EE.UU. y la URSS evolucionaban hacia una transformación que las haría equivalentes, en una suerte de sistema intermedio. De ahí se deducía, que existiría una orientación de países del Tercer Mundo con intereses esencialmente homogéneos, diferentes a los de las grandes potencias. El Chile de Frei, se podía deducir, iniciaba ese camino. En los hechos, como hemos planteado en el acápite anterior, esta posibilidad de la política exterior chilena, siempre potencial, había comenzado a elaborarse con Carlos Martínez.

En relación a Argentina, la idea de la administración Frei al respecto era que la integración latinoamericana iría poniendo a los temas limítrofes cada vez más en el margen. Valdés lo dice en el Senado:

> "*Su mercado (el argentino) nos interesa y a ella le interesa el nuestro. Tenemos materia prima y capacidad técnica para ser exportadores. Sería vana toda palabra de integración si no fuéramos capaces de resolver una racional complementación económica con Argentina. No puede desconocerse que allá existen factores que no comprenden que ha llegado el fin de la autarquía económica, que tiene un estrecho parentesco con el expansionismo político*"[57].

Evidentemente, Valdés no ignoraba el carácter al menos preocupante de los incidentes, ni su probable origen en la política interna en Argentina. Con todo, provenía de un mundo de ideas políticas en el cual el factor geopolítico jugaba un papel ínfimo si es que no inexistente. La gran apuesta se jugaría en la carta de la integración económica y de la formulación gradual de un "sistema latinoamericano". La realidad sería esquiva, al menos en parte.

Frei envía como Embajador a Hernán Videla Lira, un ex senador de derecha, del corazón de la élite social y, sobre todo, económica. De esta manera, estaba representado por una fuerte personalidad, con gran experiencia en el trato internacional, más que nada en lo que se refiere a los Estados Unidos. Hay que recordar que mientras que Illia, a fines de 1964 y en 1965, era extraordinariamente débil en términos políticos, Frei aparecía como un gigante inamovible. Era justamente la fragilidad del gobierno argentino lo que creaba una situación de perplejidad y acertijo a los chilenos. Videla cree que el elemento conflictivo con Argentina se debe a formas de compensación interna en esta, aunque también habría "grupos de presión" que deseaban que su país fuera rector en América Latina[58].

¿ANTONOMIA ENTRE DEMOCRACIA Y GOBIERNO MILITAR?

Había aquí una alusión al surgimiento del general Juan Carlos Onganía como virtual líder argentino, que posibilitó primero la elección de Illia, y después provocaría su caída. Junto al gobierno militar brasileño, Onganía era el principal portavoz de la idea de las "fronteras ideológicas", la que después de una década sería por lo demás asumida por las fuerzas armadas chilenas, producto de la aguda polarización que destruyó la democracia.

En los años 1960 esta era una idea favorita en Brasil y Argentina. Antes de ridiculizar la idea, debemos recordar que entonces esto no era más que una respuesta, sin duda exagerada, a las fronteras ideológicas que implicaba la Revolución Cubana. Por otro lado, ellas implicaban una concepción política difícilmente compatible con instituciones democráticas, frágiles además. Era, desde luego, un concepto poco compatible con el internacionalismo político de los nuevos hombres de La Moneda. Esto era mirado como un peligro en Chile, donde todos los grupos sostenían que sus instituciones militares "no eran como las argentinas". El mismo Embajador hace ver que esta actitud pone a Chile en la lista de país peligroso, no en el sentido de la antigua geopolítica, sino porque a este lado de los Andes se podría infiltrar el "castrismo"[59]. En Chile algunos veían una mezcla explosiva de ambas realidades, la geopolítica y la ideológica, teniendo como excusa al castrismo; o como una excusa por parte de Argentina para comprar armamento[60]. La visita de Onganía a Chile en 1965, invitado oficial para las Fiestas Patrias, aunque fue un acercamiento, no disminuyó la inquietud.

Para fines de octubre de 1965 estaba planificado un encuentro en Mendoza entre Frei e Illia. En las semanas anteriores se había encrespado la situación en un punto que disputaban los dos países: Laguna del Desierto. Patrullas de ambos países tenían continuos roces, y los chilenos reclamaban que Gendarmería obligaba a los colonos chilenos a abandonar sus posesiones por estar en "territorio argentino". Como se sabe, esto sería dirimido en octubre de 1994 por un fallo arbitral de una corte integrada por juristas latinoamericanos; el fallo fue completamente favorable a Argentina, en inversión irónica del fallo sobre el Beagle en 1977. En 1965, sin embargo, los chilenos creían tener títulos definitivos sobre la zona. Las cosas se esclarecieron o se creyó que así era antes de la entrevista del 28 al 30 de octubre de 1965, pero en Chile había mal ánimo.

> *La Declaración Conjunta puso énfasis en la democracia y el mejoramiento social, en tácita alianza política, creemos, de ambos presidentes. Hay que asegurar "a los pueblos de Chile y de la Argentina el ejercicio pleno de la democracia, consolidándola por medio de la aplicación efectiva de la justicia social, dignificando así al hombre y determinando el mejoramiento de sus condiciones de vida"*[61]*. El tema de Laguna del Desierto provocaba en Chile críticas a la reunión. En los días siguientes, entre el 3 y el 11 de noviembre, se desencadenaron los acontecimientos confusos que llevaron a que, de acuerdo a los chilenos, una patrulla de carabineros fue emboscada por los gendarmes y murió el teniente de Carabineros, Hernán Merino Correa, la única víctima conocida (o reconocida) de los incidentes entre ambos países.*
> *El "espíritu de Mendoza" se evaporó en un instante. En Chile se provocó una conmoción, y gran parte del país se identificó por unos días con la crítica nacionalista a la política exterior chilena, aunque las relaciones entre ambos gobiernos se calmaron. La*

preocupación en Chile se volvió a concentrar, sin cesar hasta junio de 1966, en la inestabilidad del gobierno de Illia. La salida de Onganía de la Comandancia en Jefe del Ejército no alivia las ansiedades, sobre todo por las declaraciones del general Julio Alsogaray, que hablaba de "enemigos externos y también interiores de nuestra nación". Además del castrismo, los chilenos interpretaron como que eran ellos los destinatarios de estas expresiones[62]*. Las impresiones del embajador son interesantes, y nos abren a la comprensión de los sentimientos en Chile en esos años, y la continua identificación con la sensación de "excepcionalismo chileno". Videla, como antiguo derechista, tenía que simpatizar a flor de piel con algunas nociones de los sectores que él mismo ve como antichilenos. Clasifica a un senador argentino, Celestino Gelsi, cercano a los militares, como propiciando una "especie de 'maccarthysmo' criollo muy virulento"*[63]*. En general, sus informes hasta la caída de Illia muestran a un grupo poderoso en Argentina hostil a Chile. La misma caída de Illia no le produce sorpresa. El día del golpe, el 28 de junio de 1966, cree que el nuevo gobierno tendrá a su cabeza a gente agresiva frente a Chile. En su primera impresión acerca del rumbo del nuevo gobierno, decía:*

"Ha asumido la totalidad de los poderes y ni siquiera se invoca el nombre del pueblo para tomar el poder (...) Es curioso que en 1966 ocurra en un país blanco una cosa así; pero no por ser curioso es menos cierto y valedero"[64]*.*

Nuevamente, se miraba a Argentina como si la propia historia hubiera ocurrido en un entorno político esencialmente diferente, y no relativamente análogo como lo ha sido, aunque con diferencias que son significativas. La ansiedad chilena es marcada, como se ve unas pocas semanas antes del golpe:

> *"Las perspectivas futuras son, así, inciertas, amenazantes. Por otra parte, el incesante crecimiento —pese a todas las crisis políticas— de Argentina, indican, a nuestro parecer, la necesidad urgente de reflexionar acerca de cada una de las cuestiones que plantea este estudio y proceder con rapidez a la eliminación de las fuentes de fricción, debidas en gran medida —como se habrá podido apreciar— a un mal entendido mutuo"*[65].

Incluso desde sectores conservadores se sentía que la legalidad y la legitimidad se habían resquebrajado, por toda simpatía con un trasfondo ideológico con el nuevo gobierno en Buenos Aires:

> *"El movimiento militar que ha culminado con el derrocamiento del (presidente Illia) interrumpe el proceso de normalización política del vecino país (...) y está destinado a tener vastas repercusiones en la situación del continente americano (...) Lo sucedido en Argentina desalienta optimistas pronósticos en el sentido de que en el hemisferio continuaría progresando la tendencia a extender los gobiernos de raigambre popular"*[66].

Aunque este texto puede tener una lectura de crítica al marco ideológico del gobierno de Frei, su contenido manifiesto, reitera la consternación ante los sucesos en Argentina, por su repercusión en Chile. Desde una perspectiva marxista, se dijo que "el sistema de gobierno democrático-representativo, queda definitivamente bloqueado en Chile"[67]. Volviendo sin embargo, a las palabras del

Embajador, podemos ver que también estaba abierta la puerta de la racionalidad. O sea, no era tan fiero el león como se le pintaba. Las relaciones entre los gobiernos de Frei y Onganía pueden ser descritas como de "coexistencia pacífica", incluso de "distensión", al menos en relación con la ansiedad chilena que le había precedido. Hubo algunos incidentes en las fronteras, pero claramente menores de los que habían existido desde 1958 en adelante.

El fallo arbitral del 14 de diciembre de 1966 fijó los límites definitivos en Alto Palena y en California, y se avanzó paulatinamente en la negociación sobre el Beagle. Se trataba de aislar la "cuestión limítrofe" para permitir algún tipo de convergencia. Esta se daría paulatinamente, aunque sería muy limitada. Aunque Chile se encontraba rodeado de gobiernos militares, sus relaciones con EE.UU. eran buenas. Al final del gobierno de Frei se había tomado una cierta distancia, pero su administración recibía alto aprecio en Washington, aunque Brasil y Argentina fueran los favoritos en la región. Creemos, sin embargo, que ello no afectaba a Chile en lo más mínimo. Ya en 1967 la Cancillería informó a Videla que mejoraban las relaciones con Argentina[68]. Cuando Chile se abocó a su política de canalizar la integración latinoamericana por medio del Pacto Andino, usó el tino suficiente como para no crear desconfianza en Argentina[69].

La Casa Rosada, bajo Onganía, tenía plena conciencia que el gobierno de Frei no correspondía a ningún radicalismo político, y que era una contraparte confiable en este sentido. Incluso, cuando Velasco Alvarado quiere el enfrentamiento con EE.UU., a raíz de la expropiación de una compañía petrolera norteamericana, sea tomado como causa latinoamericana, Nicanor Costa Méndez se aproxima a la Embajada para sugerir una forma de evitar un tipo de posición antinorteamericana[70].

De todas maneras, era el "sistema" chileno el que creaba desconfianza en el gobierno militar argentino[71]. Se observaba que un destacado "antichileno" como Ricardo Paz era un asesor directo de Costa Méndez[72] y los ataques a Argentina en la política chilena eran de rutina. Por otro lado Brasil, que daba el gran tono ideológico al antimarxismo en América Latina, tenía buenas relaciones con Chile, y recibe la visita de Frei en 1967.

Las relaciones entre Santiago y Buenos Aires iban por un camino pragmático, de coexistencia y de cierta distensión, incluso convergencia. En enero de 1970 Onganía visita Chile en otra "Entrevista de Viña del Mar", que vino a ser algo así como el "deshielo" de las "fronteras ideológicas". Surgía la otra palabra en las relaciones que tenía tanta persistencia a lo largo de toda la historia de las relaciones entre ambos países, representada por Mariano Grondona:

> *"Todos (los chilenos) saben también que la ruta de inserción de Chile en la región pasa inexorablemente por Argentina. El bloque del Pacífico es una idea y, como todas las ideas, grácil y maleable. Pero la Argentina es una realidad: dura y consistente. La Argentina y Chile, separadas por la historia, están atadas por la geografía. Entretenidas por largos años de disputas menores, tienen que imaginar ahora una fórmula de acercamiento que responda a los tiempos nuevos. Y en esos tiempos nuevos, dominados por la técnica, la cordillera no será un muro sino un puente"*[73].

¿ANTONOMIA ENTRE DEMOCRACIA Y GOBIERNO MILITAR?

Aquí tenemos una parte de la percepción argentina acerca de las relaciones con Chile, algo de la "razón de Estado" del pragmatismo, y algo de las ideas modernas de concertación internacional. Hubo, sin embargo, dos procesos que interfirieron en este camino. Por una parte, el "excepcionalismo chileno" comenzaba a deteriorarse, con la polarización interna, el nacimiento todavía tímido pero inédito terrorismo urbano, como preparativos para la "lucha armada"; movimientos militares de tipo gremial pasarían a generar un comienzo de intervención militar en política. En Argentina, a partir de fines de 1969, el gobierno militar comenzaría a ver minados sus cimientos, y a ser sometido a una crisis de la cual no saldría sino con la entrega del poder en 1973.

Coexistencia paradójica 1970-1973

A pesar del acercamiento de los años finales de Frei Montalva, existían todas las razones para que ambas partes estuvieran alarmadas con el nuevo gobierno de inspiración marxista de Salvador Allende (1970-1973). Su estrategia internacional suponía adquirir una orientación "tercermundista", teniendo como modelo de sociedad a los sistemas marxistas y otros sistemas radicalizados, anti-occidentales, aunque manteniendo buenas relaciones con Europa Occidental. El pato de la boda sería EE.UU., y Washington se preparó para una guerra silenciosa. La incógnita era la región latinoamericana. La izquierda marxista chilena había identificado a EE.UU. como "imperialista", y a los regímenes políticos –la inmensa mayoría de ellos– como "semi-coloniales", "neo-coloniales", en suma, como el mal por antonomasia, y a Cuba y, en el caso de los comunistas, la URSS, como el "horizonte paradigmático"[74].

Ya se ha visto cómo se veían en los "gorilas" argentinos una suerte de mano larga del Pentágono. No era raro que en Buenos Aires se haya mirado con ansiedad el desarrollo en Chile[75]. Seguramente se fijaron en esa parte del "Programa básico de Gobierno de la Unidad Popular" que decía que *"se promoverá un fuerte sentido latinoamericanista y antiimperialista por medio de una política internacional de pueblos antes que de Cancillerías"*[76].

Con todo, las cosas no podían llegar muy lejos. Allende y la Unidad Popular venían de un medio político altamente institucionalizado, y el canciller Clodomiro Almeyda, él mismo de la izquierda archimarxista, le imprimió un carácter muy pragmático en términos tácticos a la diplomacia del gobierno de Allende. Chile requería coexistir con los gobiernos latinoamericanos, y una coalición entre Brasilia y Buenos Aires era temida en Santiago. De esta manera, en los medios más oficialistas o influidos por La Moneda, se moderaron las críticas al régimen argentino. Allende nombró como Embajador a un diplomático de carrera de gran experiencia e inteligencia, Ramón Huidobro, amigo suyo además, con la misión de encabezar una distensión.

De parte de Argentina no podía haber mucha tensión. La crisis política interna no dejaba mucho espacio para el ejercicio de la "fronteras ideológicas". En junio las fuerzas armadas reemplazaron a Onganía por el general Roberto Marcelo Levingston, el que sería desplazado por el nuevo hombre fuerte, el general Alejandro Lanusse, que buscaba desesperadamente una estrategia para evitar el regreso del peronismo. Parte de esta fue mostrar una política exterior que se suponía más cerca del "espíritu de los tiempos". La distensión con el Chile de la Unidad Popular era algo entonces políticamente apetecido por el entorno de Lanusse.

Si bien Levingston mostraba gran desconfianza hacia lo que sucedía en Chile, continuó con las negociaciones para un arreglo sobre el Beagle. Con Lanusse las cosas recibieron un impulso, culminando con la visita de Allende a Salta los días 23 y 24 de julio de 1971, donde fue vitoreado por la población. Después Lanusse visitó a Allende en Antofagasta. La excusa había sido la firma para un acuerdo arbitral por la disputa del Beagle, y esto tendría su propia historia. Pero en términos diplomáticos y de política exterior de ambos países, el encuentro de Salta daría un fruto mayor que los de Viña del Mar o Mendoza. Creó un par de años de "entente cordial", aunque en el plano más profundo de "relaciones internacionales", ambos países se encontraban en la vorágine de la era de las revoluciones (y contrarrevoluciones), aunque hayan sido frustradas; también en ese entonces frustraron la posibilidad democrática.

El gobierno de Lanusse extendió créditos a Chile y nunca hizo cuestión pública de la política exterior de Chile, o de su transformación interna, a pesar de que había una gran aprensión en las fuerzas armadas argentinas.

Mayores eran sus aprensiones por el proceso interno. Hubo una excepción, a raíz de unos terroristas que se refugiaron en Chile en agosto de 1972, y Allende, después de dudar y de que se produjera la ejecución sumaria de compañeros suyos en Trelew, les permite refugiarse en Cuba. El incidente enfrió las relaciones por un mes, y después, públicamente repetimos, volvió esta extraña coexistencia, extraña desde el punto de vista de lo que se hubiera pensado en 1970.

Lanusse invita a Allende a la entrega de mando a Cámpora, y le hace el honor de recibir conjuntamente a las delegaciones extranjeras[77]. Claro, Allende era una estrella de alcance mundial, y a Lanusse no le venía mal esa compañía, para darle un tinte progresista y, se pensaba, democrático, a su política que culminó con la entrega del poder a los peronistas. Cámpora y muy luego, Perón, podrían acercar más a ambos países.

Antes de la caída de Allende, suprema paradoja, el caudillo justicialista se preocupó de marcar sus diferencias con el Chile de la Unidad Popular[78]. Peronismo y marxismo eran aliados tácticos, a lo sumo.

Para cerrar el círculo en torno a nuestro tema principal, las percepciones chilenas hacia el problema institucional argentino y sus repercusiones en los vínculos con Chile, examinemos un breve párrafo de un largo "balance" que el embajador Huidobro redacta al asumir Héctor Cámpora:

> *"La reiterada expresión del presidente Allende de dar primera prioridad a las relaciones con Argentina y el buen ambiente en la Cancillería argentina me permitieron aprovechar, desde el primer momento, este clima para encaminar mi actuación a dar fiel cumplimiento a las precisas instrucciones del Señor Presidente (...) y de US., de afianzar las relaciones entre los dos países de manera que diferencias ideológicas no pudieran ser obstáculos para llegar a soluciones rápidas en asuntos pendientes y para encontrar buenas vías de entendimiento (...) El carácter del presidente Levingston no facilitó mis primeros pasos y pudo, en un momento dado, hacer peligrar el panorama positivo que se dibujaba. Felizmente, mis conversaciones con el canciller De Pablo*

Pardo me alentaron a proseguir las tareas encomendadas y al mes y medio, cuando se hizo cargo del Poder Ejecutivo el General Lanusse, encontramos el camino abierto para cumplir los objetivos que se me habían señalado. Los móviles de política interna que guiaban al nuevo gobierno, sirvieron mucho a la aproximación y a las coincidencias entre ambos presidentes (...) La Embajada de Chile en Buenos Aires cree ver a partir del Gobierno del General Lanusse una nueva etapa en la política exterior argentina, circunstancia que puede adquirir especial connotación en un próximo Gobierno constitucional"[79].

Miradas las cosas desde "después", estas palabras parecen provistas de irrealidad. Pero en su contexto, dentro de las posibilidades de la política exterior chilena, parecía que se cerraba la larga historia de conflictos iniciada dos décadas antes. Para explicar esta disonancia, no debemos olvidar que la política exterior no se puede aislar de sus fundamentos internos. La crisis en Chile parecía clara al momento de escribirse este informe. No podía sospechar el giro que tomarían más adelante los acontecimientos en Argentina.

NOTAS

1. Investigación financiada por Proyecto Fondecyt 1990564. Karin Schmutzer colaboró en la recopilación de material.
2. EMBER, Carol R.; EMBER, Melvin; RUSSETT, Bruce M. *Peace between Participatory Polities: a cross-cultural test of the 'democracies rarely fight each other' hypothesis*. World Politics, 44, 4, julio de 1992. Esto ha sido tratado en nuestro trabajo, *Paralelismo de las democracias: encuentros y desencuentros (1958-1966)*. En: Joaquín Fermandois et al, *Nueva mirada a la historia*. Santiago: Ver, 1996. Un cuadro general del tratamiento que se ha dado a la hipótesis está en Juan Carlos Salgado, *Ensayo sobre las causas de la guerra*. Santiago: Biblioteca Militar, 1998.
3. Diversas interpretaciones acerca del predominio de la "razón arbitral" para dirimir los conflictos en América Latina, está en Kalevi Holsti, *War, the State, and the State of War*. Cambridge, UK: Cambridge University Press, 1995.
4. El embajador norteamericano en Chile, Claude G. Bowers, dice que esto es más importante para los dirigentes y militares sudamericanos, que la "Doctrina Monroe". De Embajador Bowers a Secretario de Estado, 26 de julio de 1946. *FRUS*, 1945, IX, pp. 746-751.
5. Lacoste, Pablo. *Fronteras e imagen del vecino: Argentina y Chile (1534-2000)*. Santiago: Universidad de Santiago, Tesis doctoral, 2001. Para el tema, esp. pp. 302-324.
6. La idea de "país asediado", está en VIAL, Gonzalo, *Historia de Chile (1891-1973). La sociedad chilena en el cambio de siglo (1891-1920)*. Santiago: Editorial Santillana, 1981, vol. I, tomo I, pp. 303-345.
7. DE IMAZ, José Luis. *Perón e Ibáñez: el tratado económico argentino-chileno*. En: Joaquín Fermandois et al., *Op. cit.*, pp. 168-187.
8. Gran tiraje tuvo la recopilación de artículos de Alejandro Magnet, *Nuestros vecinos justicialistas*. Santiago: Editorial del Pacífico, 1953, que recibió un nuevo título, *Nuestros vecinos argentinos*. Santiago: Editorial del Pacífico, 1956.
9. MARDONES, Rodrigo. *Chile y su comercio con Argentina 1930-1960*, Historia, 29, 1995/96.
10. *El Mercurio*, 1 de junio de 1955.

11 De Embajador a Ministro de Relaciones Exteriores (MRE), 14 de octubre de 1955. *Archivo Ministerio de Relaciones Exteriores de Chile (ARREE)*, Fondo Conrado Ríos Gallardo (FCRG), Caja 1.
12 De Embajador a MRE, 28 de diciembre de 1955. *ARREE*, FA, oficio confidencial.
13 DE LA CUADRA, Sergio; HACHETTE, Dominique. *Apertura comercial: experiencia chilena*. Santiago: Facultad de Ciencias Económicas y Administrativas, Universidad de Chile, 1990.
14 De Embajador a MRE, 28 de setiembre de 1955. *ARREE*, Fondo Argentina (FA). También memorando de Embajador a MRE, 8 de enero de 1956. *ARREE*, FCRG, Caja 1. Nuevamente en abril, se le dice al Embajador que la abrogación del Tratado converge con las nuevas medidas que estaba tomando Chile. De Embajador a MRE, 17 de abril de 1956. *ARREE*, FA.
15 TOPAZE, 17 de junio de 1955.
16 De Embajador a MRE, 8 de setiembre de 1955. *ARREE*, FA, 1955.
17 *El Mercurio*, 19 de junio de 1955.
18 *Clarín*, artículo editorial de Manuel de Lima, 19 de junio de 1955. Este diario todavía no caía en lo más negro de la prensa amarilla, que después simbolizaría en Chile.
19 De Conrado Ríos a MRE, 27 de setiembre de 1955, *ARREE*, FA, aerograma confidencial.
20 De Embajador a MRE, 29 de setiembre de 1955, *ARREE*, FA, aerograma confidencial.
21 *El Mercurio*, 19 de julio de 1955.
22 De Embajador a MRE, 26 de enero de 1956, *ARREE*, FCRG, Caja 1. Sobre el informe de Florencio Galleguillos en la Cámara, *El Mercurio*, 6 de julio de 1956.
23 Oficios confidenciales de Embajador a MRE, 23 y 25 de abril de 1956. *ARREE*, FA, donde se tiene un cuadro de la situación. El testimonio de Conrado Ríos, en su libro *Las relaciones con Chile y Argentina. Consolidación de sus fronteras*. Santiago: Editorial del Pacífico, 1960.
24 Se deja ver esto en oficio Confidencial, de Embajador a MRE, 18 de julio de 1956. *ARREE*, FA.
25 *La Nación*, 16 de junio de 1956.
26 *La Prensa* (Buenos Aires), 6 de octubre de 1957. También, de Embajada a MRE, 4 de octubre de 1957. *ARREE*, FA, Cable Confidencial.
27 *El Mercurio*, 12 de agosto de 1958, Editorial.

28 *Ultima Hora*, 4 de febrero de 1959.
29 *Ultima Hora*, 15 de agosto de 1958.
30 De Embajador a MRE, 11 de agosto de 1958. *ARREE*, FA, oficio confidencial.
31 *MMRE*, 1958, p. 27.
32 De Embajador a MRE, 23 de abril de 1958. *ARREE*, FA, oficios confidenciales, 1958.
33 De Encargado de Negocios a MRE, 30 de enero de 1959. *ARREE*, FA, oficios confidenciales.
34 *MMRE*, 1959, p. 29.
35 De MRE, a Embajador, 14 de febrero de 1959. *ARREE*, FA, oficios confidenciales, 1959
36 *Ibid.*
37 *Ibid.*
38 *Ibid.*
39 *Ultima Hora*, 30 de enero de 1959.
40 *Ultima Hora*, 4 de febrero de 1959.
41 *Ultima Hora*, 3 de febrero de 1959.
42 *La Unión*, 3 de julio de 1960. La visión clásica del "despojo", muy viva en este sentimiento expresado por el diario, estaba en un libro que se publicaría poco después, Guillermo Lagos Carmona, *Historia de las fronteras de Chile. Los Tratados de límites con Argentina*. Santiago: Andrés Bello, 1980; original, 1965. Para los protocolos, pp. 253-260.
43 De Embajador a MRE, 23 de febrero de 1960.
44 El papel de la "cuestión cubana" en las relaciones de Chile con EE.UU. y con Argentina en estos años, en Joaquín Fermandois, *Chile y la 'cuestión cubana' 1959-1964*, Historia, 17, 1982.
45 De Embajador a MRE, 10 de noviembre de 1961. *ARREE*, FA, oficios confidenciales.
46 De Embajador a MRE, 6 de julio de 1961. *ARREE*, FA, oficios confidenciales. El énfasis es nuestro.
47 El Embajador no olvida de consignar las palabras del senador socialista Raúl Ampuero, pronunciadas en Buenos Aires: "la democracia chilena está montada sobre un fabuloso fraude legalista (...)   en mi país hay medio millón de campesinos (...) que se encontraban al margen de la vida nacional (...) Ellos inclinarán la balanza e impondrán, como en Cuba, la revolución socialista". De Embajador a MRE, 4 de agosto de 1961. *ARREE*, FA, oficios confidenciales.

48 De Encargado de negocios Raúl Elgueta a MRE, 20 de marzo de 1962. *ARREE*, FA, oficios confidenciales.
49 *Ultima Hora*, 14 de marzo de 1961.
50 Joaquín Fermandois, *¿Peón o actor? Chile en la Guerra Fría (1962-1973)*, Estudios Públicos, 72, 1998.
51 De MRE a Embajador, 12 de junio de 1963. *ARREE*, FA, oficios confidenciales.
52 De MRE a Embajador, 22 de abril y 5 de mayo de 1964. *ARREE*, FA, oficios confidenciales.
53 De Embajador a MRE, 20 de enero de 1964. *ARREE*, FA, oficios confidenciales.
54 *La Unión*, 29 de marzo de 1962.
55 *La Nación*, 12 de agosto de 1964.
56 De Embajador a MRE, 20 de julio de 1964. *ARREE*, FA, oficios confidenciales.
57 Ambas citas en *MMRE*, 1965, discurso del Canciller ante el Senado, 6 de enero de 1965, pp. 10-25.
58 De Embajador a MRE, 31 de agosto de 1965. *ARREE*, FA, oficio confidencial.
59 De Embajador a MRE, 8 de setiembre de 1965. *ARREE*, FA, oficio confidencial
60 De Embajador a MRE, 10 de setiembre de 1965. *ARREE*, FA, oficio confidencial.
61 *MMRE*, 1965, p. 149. El incidente de Laguna del Desierto y la tensión diplomática están expuestos por Mario Valenzuela Lafourcade, *El enigma de la Laguna del Desierto. Una memoria diplomática*. Santiago: Lom, 1997.
62 Cit. en de Embajador a MRE, 17 de diciembre de 1965. *ARREE*, FA, oficio confidencial.
63 De Embajador a MRE, 15 de diciembre de 1965. *ARREE*, FA, oficio confidencial.
64 De Embajador a MRE, 28 de junio de 1966. *ARREE*, FA, oficio confidencial.
65 De Embajador a MRE, 7 de junio de 1966. *ARREE*, FA, oficio confidencial.
66 *El Mercurio*, Valparaíso, 29 de junio de 1966.
67 *Ultima Hora*, 3 de julio de 1966. Artículo editorial de Manuel Cabieses.
68 De MRE a Embajador, 29 de agosto de 1967.
69 De Embajador a MRE, 18 de julio de 1969. *ARREE*, FA, oficio confidencial.
70 De Encargado de Negocios Javier Vergara a MRE, 3 de marzo de 1969. *ARREE*, FA, oficio confidencial.
71 Por ejemplo, se manifiesta cuando el senador Salvador Allende asume la jefatura de OLAS, una organización continental pro castrista. De MRE a Embajador, 1 de setiembre de 1967. *ARREE*, FA, oficio confidencial.
72 De Embajador a MRE, 19 de mayo de 1967. *ARREE*, FA, oficio confidencial.
73 En *Primera Plana*, 23 de mayo de 1967.

74 Para todo este tema, Joaquín Fermandois, *Chile y el Mundo 1970-1973. La política exterior del gobierno de la Unidad Popular y el sistema internacional.* (Santiago: Ediciones Universidad Católica de Chile, 1985). Para el caso de Argentina, pp. 123-134.

75 Esto se deja adivinar en un libro sobre la estadía en Chile del embajador de Argentina, Javier Teodoro Gallac, Juan Bautista Yofre, *Misión Argentina en Chile (1970-1973). Los registros de una difícil gestión diplomática.* Santiago: Sudamericana, 2000.

76 Cit. en GODOY URZÚA, Hernán. *Estructura social de Chile.* Santiago: Universitaria, 1971, p. 580.

77 HUIDOBRO, Ramón. *Allende y Cámpora: la última semana de felicidad en la tierra*, en Carolina Barros, ed., *Argentina-Chile. 100 años de encuentros presidenciales.* Buenos Aires: Editorial Centro de Estudios para una Nueva Mayoría, 1999.

78 De Encargado de Negocios Javier Illanes a MRE, 21 de setiembre de 1973, en donde se refiere a las declaraciones de Perón del 8 de setiembre, tres días "antes". *ARREE,*, FA, oficio confidencial.

79 De Embajador a MRE, 14 de mayo de 1973. *ARREE,* FA, oficio confidencial.

LA POLÍTICA EXTERIOR VECINAL DE CHILE DURANTE LOS '90

Ivan Witker

Nada mejor que examinar la política exterior de un país con economía abierta durante la década de los noventa que a la luz del periodismo económico. La razón de tan categórico aserto radica en que Chile ha buscado mejorar sus relaciones, especialmente con el vecindario, a través de la introducción de una agenda nueva, dominada por temas económicos, con el propósito de dar un salto cualitativo en las relaciones vecinales. Ello se ha logrado a plenitud con Argentina. En el caso de las relaciones con Perú, sólo a finales de la década se lograron superar temas históricos pendientes. Bolivia permanece como el gran desafío de comienzos de siglo.

Por estas razones, el presente trabajo indaga sobre los aspectos fundamentales que exhibe el tratamiento informativo brindado por la prensa económica especializada a los temas bilaterales y multilaterales que forman parte de la agenda vecinal de nuestro país, centrándose, para el análisis cuantitativo, en el período 1995-2000.

Se ha escogido el período por dos razones. Por un lado, corresponde a un lapso en que las relaciones de Chile con sus tres países vecinos adquiere definitivamente un carácter cualitativo distinto, marcado por la centralidad de los asuntos económicos. Por otro lado, en este período, la prensa económica chilena alcanza un interesante grado de madurez, expresado esencialmente en la frecuencia diaria y la gravitación alcanzada por los dos medios en estudio. En efecto, si bien el periodismo especializado chileno no tiene la tradición del argentino y de otros países latinoamericanos, nace a comienzos de la década de los ochenta con *Estrategia* y toma vigor ya avanzados los noventa.

Estrategia no tuvo inicialmente, y durante varios años, el carácter de diario, y recién en 1989, tras la aparición de *El Diario* (llamado originalmente *El Diario Financiero* y único con el peculiar papel color damasco que caracteriza a gran parte de la prensa económica mundial), la editorial Gestión, empresa editora de *Estrategia*, se planteó salir a los kioscos todos los días hábiles. Este proceso da inicio a una rivalidad interesante entre ambos medios, la que impacta en el resto de la prensa escrita. Este fenómeno mediático, inédito en el país pero consecuente con una tendencia mundial, deriva en una maduración del periodismo económico general, reflejada en el mejoramiento gradual de los suplementos de economía de los demás periódicos nacionales, con espacios más amplios y elaborados en radio y TV.

En cuanto a la gravitación que tienen los dos principales medios escritos nacionales en temas económicos existe el antecedente de que mientras *El Diario* alcanza en el 2000 una lectoría de 30.800, *Estrategia* llega a los 24.800[1], cifras que reflejan la gestación de una masa lectora especializada.

Los asuntos vecinales y la política exterior chilena

La búsqueda de un *modus vivendi* con sus vecinos, y la reflexión sobre la misma, han sido componentes de especial importancia del trabajo diplomático chileno, y, por lo mismo, una de las constantes de su política exterior. Las razones que motivan esta peculiaridad chilena radican en el peso político incontrarrestable de la tradición de defensa diplomática del territorio, como agudamente señalan Wilhelmy e Infante[2]. Esta tradición diplomática chilena es atribuible al pensamiento portaliano y tuvo su origen en lo que Barros van Buren denomina cuatro actitudes básicas del pensamiento internacional de Portales y Bello: *"políticamente nacionalista, económicamente integracionista, militarmente defensiva y navalmente hegemónica"*, criterios que impregnaron tempranamente el quehacer diplomático chileno y que buscaron, ante todo, eludir conflictos vecinales[3]. Para Chile, los temas vecinales han adquirido preponderancia también por la particularidad de tener vecinos tan disímiles en cuanto a su peso internacional, a sus características étnicas y a su desarrollo político-institucional, además de estar separados con ellos por fronteras naturales de envergadura poco usual. Por ello, temas como colaboración y tensión, comercio abierto y cerrado, paz y guerra, cooperación y tirantez, han cruzado la historia de las relaciones de Chile con Argentina, Perú y Bolivia de manera intermitente y severa durante los casi 200 años de vida independiente.

En la última década, con el advenimiento de la democracia y el estado de derecho, nuestro país inauguró una nueva etapa de su Política Exterior Vecinal (PEV). En términos generales, las administraciones Aylwin y Frei Ruiz-Tagle procuraron diseñar los vínculos internacionales de Chile desde una óptica distinta a la observada hasta 1989, bajo el lema de avanzar en la reinserción internacional del país (uno de los cinco objetivos fundamentales del programa de gobierno de la Concertación) y bajo la premisa de retornar al estilo "civil-pragmático", dejando de lado el estilo "pretoriano-ideológico", en palabras de Heraldo Muñoz[4]. Durante ambas administraciones, el tema vecinal se convirtió en un *issue* mayor, superando lo observado en décadas pasadas tanto en gravitación dentro de esquema exterior general, cuanto en grado de elaboración. Ello, porque por esta vía se podía marcar un rasgo diferenciador con la administración militar, caracterizada por el recelo y amenazas mutuas con los vecinos, sin que ello significase un giro dramático en la historia de las relaciones exteriores de Chile.

La apuesta de las administraciones Aylwin y Frei de situar la agenda externa vecinal como punto central de su política exterior recibió el estímulo complementario de un factor exógeno vital, como es aquel que deriva de las singularidades del tránsito argentino a la democracia, marcado por la triple derrota de los militares: 1-política, por la cuestión de los derechos humanos; 2-económica, por la mala administración económica y por la astronómica deuda externa que dejaron tras su abandono del poder; y 3-militar, por su derrota en las Malvinas. Ello los inhibió como fuerza condicionadora de la política interna y externa argentina y aminoró cualquier intento aventurero y armamentista contra sus vecinos. De ahí entonces la excelente acogida que brindó la administración Menem a las iniciativas de los gobiernos post-Pinochet.

Lo obrado en materia de PEV durante los 90 llevó la relación con los tres países vecinos a un estadio cualitativamente superior, dominado por lógicas nuevas, de tipo cooperativo, pacífico y con proyección extrarregional. En concreto, la agenda externa vecinal tuvo un fuerte énfasis en Argentina. Con el país trasandino se solucionaron 22 diferendos limítrofes pendientes y se le dio cauce de arreglo jurídico a otros dos. En este caso, la relación bilateral representa el mayor cambio cualitativo y cuantitativo que registra la PEV, pudiendo sostenerse incluso que es la variable que mayor cambio ha experimentado en todo el esquema de trabajo exterior impuesto tras 1990. Los gobiernos chileno y argentino han impulsado una gran variedad de protocolos y acuerdos sectoriales (ciencia, tecnología, culturales, turísticos, marina mercante, etc.), así como un Acuerdo de Complementación Económica que se fundió luego en la asociación Chile/Mercosur, a la vez que han alimentado la multiplicación de las cumbres presidenciales. A partir de 1990, la relación bilateral fluye nítidamente por dos grandes carriles: el privado y el estatal. El primero vinculado a inversiones directas e indirectas de y en ambos países. El segundo referido al fomento del intercambio por parte de los gobiernos de turno. Estos dos carriles forman la denominada "complejización de la agenda bilateral". A diferencia de lo que ocurre en los casos peruano y boliviano, con Argentina el estrechamiento de vínculos empresariales es mucho mayor en volúmenes y sectores (inversiones productivas, financieras, *know how* empresarial, proyectos binacionales de carácter estratégico, como los gasoductos, etc.). Se observa también un fuerte aumento del comercio bilateral, el que muestra curvas tan pronunciadas que aquí sí estaríamos en condiciones de hablar de un efectivo nivel de interdependencia. Las relaciones bilaterales con Argentina se vieron positivamente estimuladas también por el llamado "proceso de institucionalización de la política de Defensa", propugnado por la administración Frei, desde 1994 en adelante, y que se planteó: consolidar la idea de la Defensa Nacional como un compromiso de toda la ciudadanía, alcanzar una mayor coordinación y coherencia a la función estatal de la Defensa, promover medidas que fortalezcan la paz en la región y armonizar una política de Defensa acorde con las nuevas realidades mundiales. Pese a la poca precisión de tales postulados, la publicación de un Libro de la Defensa Nacional (1997) y el efectivo estímulo a medidas de confianza mutua con Argentina (que avanzan en tres direcciones: protocolares, de ejercicios y maniobras conjuntas), han tenido un impacto irrebatible en la consolidación de la nueva PEV respecto a Argentina. Estos antecedentes, unidos a la firma de otros, relativos a no proliferación de armas (Tlatelolco, Mendoza) han generado transparencia, por lo que la percepción mutua de amenaza tiende, paulatinamente, a desaparecer. Pocos son los ruidos que se visualizan hacia el mediano plazo, y estos quizás se desprendan de alguna disparidad de opiniones respecto a cuestiones hemisféricas (relaciones con EE.UU., requerimientos multilaterales frente a fenómenos de grave inestabilidad regional, verbigracia, Colombia, etc.), más que a asuntos relativos a diferendos de carácter binacional. El creciente comercio bilateral, el auge del turismo en ambas direcciones, la transparencia en materias estratégicas y el mejor conocimiento mutuo de las elites políticas gobernantes, obligan a mirar positivamente el desarrollo de la relación bilateral y a evaluar la PEV focalizada hacia Argentina como uno de los más importantes logros en materia de política exterior[5].

Esta orientación básica se fortaleció de manera muy visible bajo la administración de Eduardo Frei Ruiz-Tagle, es decir de 1995 en adelante, mediante dos vectores, uno de carácter bilateral y otro multilateral (vía MERCOSUR), con lo que se dio señales claras de que se buscaba darle a la PEV efectivamente mayor consistencia y perdurabilidad. En este marco, se pusieron en práctica de manera casi simultánea una profundización de la relación con Buenos Aires, un entendimiento sustantivamente mejor con Perú y un abierto pragmatismo en el vínculo con Bolivia, a la vez que se negoció el tratado de asociación con Mercosur. Resumiendo, el presidente Frei apuntó en materia de PEV hacia cinco cuestiones básicas y directas: mayor integración física del país con sus vecinos y proyección como puente y plataforma de servicios para la interconexión de las cuencas del Pacífico y el Atlántico, aprobación parlamentaria en Chile y Argentina del Acuerdo limítrofe entre ambos países sobre Campos de Hielo, perfeccionamiento de la demarcación de la frontera con Argentina, Perú y Bolivia, continuación del diálogo diplomático conducente a la aprobación del Tratado del 29 y su Protocolo Complementario, y búsqueda de una solución al problema del Chinchorro[6]. La sustentación teórica de este nuevo diseño fue obra del ex-canciller José Miguel Insulza, quien planteó el acercamiento vecinal como parte de una estrategia antiaislacionista y de una vinculación más cercana con América Latina, que supere las tradicionales cuestiones limítrofes y que tenga la integración y la cooperación como ejes de su accionar[7]. Insulza pone de relieve la idea de que con los tres países se está en proceso de paulatino reemplazo de la "agenda histórica" por otra que denomina "agenda de integración". Apuesta a que la nueva densidad conduce a la estabilidad y destaca el papel del comercio para el éxito de tal agenda[8].

En este mismo sentido, pone énfasis en que la infraestructura es el principal desafío que tiene ante sí el Cono Sur. Desde el punto de vista político, el desafío mayor, a su juicio, pasa por alcanzar una estabilidad perdurable, condición *sine qua non* para una oferta integrada que pueda hacer el Cono Sur al resto del mundo.

Por otro lado, con Perú, durante los años 90, se produjo un cambio cualitativo, especialmente en lo referido a la definición y conformación de la nueva agenda. Se comenzó a dejar atrás la "agenda histórica", para dar paso a una nueva, cuyos componentes son esencialmente económicos. Esta situación la visualizó ya en 1988, Eduardo Ferrero Costa, quien más tarde ocupó el cargo de Canciller de Perú, señalando que "ni Chile ni Perú tendrían nada que ganar en una opción de carácter de suma cero vinculada a recuperar territorios o a la expansión territorial, más bien sería algo irracional y sin sentido"[9]. Durante los 90 el esfuerzo diplomático avanzó entonces en la dirección de superar la "agenda histórica" entendiéndose que la puesta en marcha del tratado de 1929 constituía el hito central en tal perspectiva. Sin embargo, ello fue posible sólo en la segunda mitad de esa década, aún cuando cuestiones marginales, como la administración de las obras contempladas en dicho tratado o el destino de una propiedad urbana que posee el Fisco peruano en la ciudad de Arica (El Chinchorro), pudieran causar algún ruido posterior. En tanto, la "agenda nueva", compuesta por asuntos de inversiones y comerciales, tiene buenas perspectivas de afiatarse al estar dotada de un soporte jurídico de la mayor relevancia como es el Acuerdo de Complementación Económica, lo mismo que debería avanzar en el mediano plazo hacia un Tratado de Libre Comercio, que permita una mayor complementariedad entre ambas economías. Dada la persistente tendencia al alza del comercio bilateral y de las inversiones chilenas en Perú y peruanas en Chile, esta línea de trabajo bilateral se visualiza como el principal pilar que tendrá la PEV al comenzar el siglo XXI. En tanto, en el campo social se avizora también una mayor vinculación debido a la afluencia de inmigrantes peruanos, aunque huelga ahondar en que los temas migratorios siempre han constituido un capítulo difícil en las relaciones internacionales contemporáneas debido a la cantidad de elementos conexos que surgen con el paso de los años. Por su parte, la agenda militar también avanza hacia lo que pudiera denominarse una "distensión histórica". El punto de partida en la materia fue el diálogo binacional establecido por los Estados Mayores de la Defensa Nacional de ambos países en 1986, el que se vio fortalecido con las sucesivas medidas de confianza mutua (visitas recíprocas de altos mandos militares ocurridas básicamente durante los noventa, que permiten hablar de un período de transición hacia una fase de distensión). Cabe recordar que los primeros ejercicios navales fueron llevados a cabo durante el año 2000.

En el caso boliviano, tanto Aylwin como Frei Ruiz Tagle, procuraron diseñar una agenda externa vecinal que apuntase a distender el ambiente bilateral y armonizar el atrasado diálogo político-gubernamental con los crecientes contactos comerciales entre ambos países y alcanzar una solución al problema del enclaustramiento boliviano que no implicase cesión territorial. Este direccionamiento de la agenda con Bolivia exhibió mayor fuerza y claridad en el período 1994-1999. Empero, la demanda boliviana de una salida soberana al mar y la falta de consenso interno en Chile sobre la materia impidieron un cambio definitivo de agendas. Cabe destacar que en el segundo proceso de diálogo (durante el mandato en La Paz de Gonzalo Sánchez de Losada) se generó una mayor expectativa en esferas del gobierno chileno, producto del pragmatismo con que aquel abordó la mayor parte de los problemas álgidos heredados, así como por su cercanía familiar y comercial privada con Chile. Sin embargo, estas expectativas se eclipsaron al no prosperar alternativas al enclaustramiento sin cesión de soberanía (facilidades de acceso a carreteras y puertos chilenos) y al surgir protestas en Bolivia en contra de la participación de chilenos en privatizaciones (principalmente a lo largo de 1997). Simultáneamente emergieron otros puntos de divergencia mediana: el diferendo por la utilización de aguas del río Silala, la demanda boliviana de desminar la región limítrofe y las denuncias chilenas de acopio de materiales contaminantes en ciudades del norte chileno y destinados originalmente a Bolivia. Estos tres puntos han engrosado, sin duda, la "agenda histórica" aún no resuelta entre ambos países y, por lo tanto, su solución no tendrá lugar de manera aislada, sino comprendida en un marco mayor dominado por el tema de la mediterraneidad boliviana[10]. Dado que el clima regional obliga a despejar esta cuestión centenaria, y a que Bolivia es el eslabón más débil de la PEV, es altamente probable que las relaciones con La Paz constituyan un importante punto de inflexión durante la administración Lagos (2000-2006).

Así parece sugerirlo la reunión entre los presidentes Banzer y Lagos en el marco de la Cumbre Sudamericana de Brasilia (agosto, 2000) y de la que se desprende la voluntad de superar la "agenda histórica", mediante la aplicación de una fórmula semejante a "Tiwinza", que permitió encontrar un arreglo al conflicto peruano-ecuatoriano de 1995 (reconocimiento explícito de integridad y soberanía territoriales y acceso terrestre a enclave de un kilómetro cuadrado cedido gratuitamente y a título privado al gobierno ecuatoriano en la emblemática zona de Tiwinza)[11]. Una dilatación mayor terminará involucrando necesariamente a otros países latinoamericanos, eventualidad que ya fue preanunciada por Venezuela (agosto, 2000), cuyo Presidente Hugo Chávez abogó explícitamente por una salida soberana de Bolivia al mar. Esta eventualidad tendrá para Chile costos mayores, al menos en cuanto a imagen.

Este conjunto de antecedentes históricos y factores emergentes están configurando un nuevo cuadro en el espacio subregional del Cono Sur. Se ha arribado a un punto de complejidad renovada, donde no sólo se deben atender las demandas que plantea el flujo de actividades económicas entre uno y otro país. También es enteramente nueva la posición proactiva asumida por los privados en la tarea de explorar la inversión y la complementariedad económica, exportando *know how* empresarial. Este punto de complejidad nuevo está impactando fuertemente en la opinión pública de la región y en la imagen de unos respecto a otros. Simultáneamente, crecen las expectativas (básicamente en ámbitos políticos) en torno a Mercosur, e incluso Perú y Bolivia se miran a sí mismos como posibles bisagras entre Mercosur y la Comunidad Andina. Ello en el marco de la propuesta de instaurar una zona de libre comercio junto al Pacto Andino. También, asistimos a una densificación de los contactos bilaterales y multilaterales; a una ebullente actividad diplomática en torno a la agenda externa vecinal y a un crecimiento exponencial de las frecuencias con que se realizan encuentros a niveles presidencial, ministerial, parlamentario y de mandos medios. Finalmente, la presencia de actores no estatales en el relacionamiento de Chile con sus vecinos, especialmente con Argentina, es un fenómeno tan evidente como creciente, que queda ilustrado con el elemental antecedente de la frecuencia de vuelos entre Santiago y las principales ciudades argentinas.

Modelo de análisis

En este trabajo se procuró establecer hasta qué punto la prensa económica especializada se ha hecho eco tanto del proceso de creciente intensidad y complejidad por el que atraviesan las relaciones de Chile con sus vecinos, como del tipo de cobertura; vale decir las prioridades y énfasis puestos en el tratamiento de los diversos hechos noticiosos acaecidos en el período 1995-2000.

En cuanto a lo metodológico, se tuvo en cuenta la definición de variables desarrolladas por Claudia Mast[12], por estimar que los niveles de protagonismo en la redacción de una nota están íntimamente vinculados con las fuentes utilizadas por el reportero y el editor en el momento de elaboración. Mast ha desarrollado un modelo específico de análisis de la prensa económica, que tiene que ver esencialmente con una categorización de ítems en directa conexión con el texto de cada nota estudiada, de esta manera se identifican las fuentes consideradas y los géneros seleccionados para darle forma periodística a los antecedentes recopilados.

Los hallazgos e inferencias que se hicieron con esta metodología basada en las fuentes son plenamente contrastables, así como conceptualizables también a partir de las definiciones de Krippendorff[13] y de Wimmer y Dominick[14]. Para ello basta con remitirse a la tipología de procedimientos de validación desarrollada por Krippendorff y a los de categorización elaborados por Wimmer y Dominick. Finalmente, las afirmaciones relativas a los criterios de calidad informativa en materia de prensa económica están fundamentados en el soporte conceptual desarrollado por el Centro de Estudios Mediáticos de la Pontificia Universidad Católica de Chile[15].

Siguiendo a Mast, se procedió a desagregar los géneros periodísticos utilizados, para obtener un cuadro más acabado de la jerarquización editorial adoptada por los dos medios estudiados. En función de ello, se identificaron los siguientes géneros presentes en ambos medios: editoriales (E), columnas de opinión (CO), reportajes (R), Temas (T, crónicas analíticas), entrevistas (E), artículos informativos extendidos (AIE) y notas informativas (NI). Esta clasificación está determinada no sólo por la naturaleza del material periodístico analizado –los dos últimos son exclusivamente descriptivos, toda vez que se limitan a dar cuenta de un hecho, acción o actividad desarrollada por un personero–, sino también a la extensión de cada uno de los géneros estudiados. En consecuencia, un material clasificado como AIE tiene menor extensión que otro categorizado como Tema, y éste, a su vez que otro rotulado como Reportaje. En la categoría Temas han sido ubicados también aquellos materiales que van acompañados de gráficos preponderantes, y tratan un asunto con cierta profundidad, aunque menor a la de un reportaje. Finalmente, las notas clasificadas como NI son, por lo general, noticias breves o de tipo marginal tanto desde el punto de vista periodístico como de la composición de la página donde se encuentra.

Con la finalidad de dar cuenta correctamente de una evaluación cualitativa de los materiales periodísticos concernientes a los asuntos vecinales, se ha seleccionado una vasta gama de ellos, comprendiendo una noción amplia de agenda vecinal. Esto significa que se recopilaron y analizaron notas periodísticas que cubren cuestiones bilaterales, de política exterior de Chile y de comercio con cada uno de sus vecinos, así como también aquéllas de carácter contextualizador que, sin tener relación directa y ostensible con asuntos de Estado a Estado o con expectativas inmediatas de inversión chilena, sí tienen interés para el gobierno chileno o para actores no estatales de nuestro país, como son los agentes económicos de cada país vecino. Verbigracia: clasificadoras internacionales de riesgo, comportamiento de actores vinculados a la estabilidad política interna, a la evolución macroeconómica, a las posturas respecto a Mercosur, a la política monetaria, a los planes de privatizaciones, al clima empresarial, a los sindicatos y otros. Fueron excluidos del análisis los recuadros con los movimientos diarios de las bolsas, por tratarse de material informativo sin elaboración periodística. A fin de esquematizar mejor las diferencias en el tratamiento informativo, la clasificación se ha separado por países. En cuanto a los protagonistas o fuentes identificadas, se lograron establecer doce categorías: (G) Gobierno, comprendiendo al Sector Público y a decisores en materia de política económica; (B) Bolsa y mercado de capitales; (P) Partidos políticos, Legislativo, procesos electorales; (BC) Bancos Centrales y política monetaria; (BCom) Banca comercial; (EP) Empresas y corporaciones privadas, tanto nacionales como transnacionales; (OI) Organismos Internacionales (Banco Interamericano de Desarrollo, FMI, Club de París, agencias clasificadoras de riesgo); ONG: Organizaciones no gubernamentales; (S) Sindicatos; (GE) Gremios Empresariales; (U) Universidades.

Los temas vecinales vistos por *El Diario*

En términos generales, *El Diario* es el medio económico que menor cobertura brindó a los asuntos vecinales en el período estudiado, con un total de 1.056 notas. Al indagar de manera particularizada en la cobertura, se obtienen resultados bastante nítidos, tanto respecto a las fuentes como al tipo de texto utilizados. También se observan características bastante nítidas respecto a los énfasis editoriales.

Así, por ejemplo, *El Diario* ofrece una cobertura con amplio sesgo favorable a Argentina, la que prácticamente triplica en número absoluto de notas a la de Perú y Bolivia juntos.

Respecto al tipo de texto utilizado, prevalecen los Artículos Informativos Extendidos (AIE) y las Notas Informativas, los cuales equivalen a un tipo de texto meramente descriptivo (es decir sólo da cuenta de un hecho). Los tipos de texto narrativos (que contextualizan y analizan) o argumentativos (que opinan) están claramente representados en menor cantidad.

Las fuentes privilegiadas por *El Diario* en materia de asuntos vecinales están situadas en esferas gubernativas en los tres países. Alguna disparidad se observa en la segunda fuente privilegiada. En los casos peruano y boliviano son las Empresas Privadas; en el argentino las denominadas Fuentes Externas (vale decir información generada en las clasificadoras internacionales de riesgo-país o en organismos multilaterales). Cabe consignar también que *El Diario* se nutre esencialmente vía agencia informativa, Reuters, EFE y Bloomberg. Ello explicaría, en parte, el carácter fundamentalmente descriptivo que se observa en su cobertura. Revelador resulta que las escasas veces en que aparecen notas firmadas por un enviado especial, se registra un aumento de las notas de tipo narrativo o argumentativo. Ello indicaría que *El Diario* buscó maximizar los resultados cuando puso en práctica un esfuerzo económico-administrativo importante, como fue el envío de un periodista propio a Argentina. En ese caso, se privilegiaron las notas de tipo narrativo o argumentativo. Se trata del viaje del enviado especial Iván Rothkegel (mayo, 1995) a Buenos Aires para cubrir el seminario "ABC del Crecimiento", circunstancia aprovechada para cubrir la elección presidencial (impacto en la bolsa de dichos comicios, reportaje a los entornos de los candidatos). Una síntesis de la cobertura realizada por Rothkegel fue publicada como editorial el 17 de mayo de 1995.

Los temas vecinales vistos por *Estrategia*

A grosso modo se puede señalar que *Estrategia* ha ido a la delantera en cuanto al tratamiento informativo de asuntos de relevancia vecinal se refiere, aunque, al igual que en *El Diario*, cada año aparecen más notas referidas a esta materia, lo que revela un interés creciente en el acontecer de los países vecinos. El número total de notas publicadas en el período y analizadas cualitativamente, asciende a 2.879.

Al particularizar la cobertura brindada por Estrategia a los países vecinos –que en promedio alcanza tres notas diarias– se pone de relieve lo siguiente: *Estrategia* ofrece una cobertura con amplio sesgo favorable a Argentina, la que prácticamente dobla en número absoluto de notas a la de Perú y Bolivia juntos.

Respecto al tipo de texto utilizado, prevalecen los Artículos Informativos Extendidos (AIE) y las Notas Informativas (NI). Esto significa que *Estrategia* privilegia los textos descriptivos. Los tipos de texto narrativos o argumentativo están representados en cantidad ínfima, aunque la mayoría de los reportajes son extensos (una página), cuentan con abundante material de apoyo gráfico (fotos, tablas estadísticas, etc.), analizan cuestiones de actualidad y van al fondo de los temas estudiados.

Las fuentes privilegiadas por *Estrategia* en materia de asuntos vecinales están situadas, al igual que *El Diario*, en esferas gubernativas, aunque de manera menos acentuada. Incluso en el caso boliviano, la fuente principal radica en empresas privadas; en segundo lugar el gobierno y seguido muy de cerca por gremios Empresariales. En el caso de Argentina, la principal fuente es el gobierno, pero luego aparecen en orden descendente y con poca diferencia: Bolsa, banca comercial, política y empresas privadas. En el caso de Perú, la principal fuente es el Gobierno y en un claro segundo lugar la bolsa a mucha diferencia del resto de los protagonistas o fuentes identificadas.

Cabe consignar que *estrategia*, al igual que *El Diario*, se nutre esencialmente vía agencia informativa, Reuters, EFE y Bloomberg. Ello explica, parcialmente desde luego, el carácter descriptivo que se observa en su cobertura.

Una característica de *Estrategia*, reproducida a partir de un esquema que busca eludir totalmente el tratamiento interpretativo de los asuntos internacionales, es la publicación de un editorial sobre un tema vecinal justo al día siguiente de haberse publicado una nota narrativa o argumentativa. Esta tendencia es observable a lo largo de todo el período estudiado.

Otra característica de *Estrategia* es su decisión editorial de publicar las notas sobre asuntos vecinales distribuida entre las diversas secciones del periódico (Ámbito Empresarial, Economía Internacional, Economía Nacional, etc.). Ello deja al descubierto las dificultades para clasificar –principalmente subordinar– el material periodístico diario acorde al esquema de secciones utilizado.

Finalmente, el bajo valor que le otorga a la cobertura internacional en general y de países vecinales en lo particular cobra fuerte reflejo en su ubicación; por lo general, en la última página, y no pocas veces acompañada de un importante espacio publicitario, con lo cual la sensación de que las noticias sobre la actualidad internacional constituyen "relleno", es fuerte.

Algunas conclusiones

En términos generales, tanto *El Diario* como *Estrategia* brindan una cobertura limitada a la actualidad internacional, y por ende a lo vecinal, con lo cual se concluye una severa disparidad entre la citada cobertura y la importancia que asume la Política Exterior Vecinal en el contexto de la política exterior del país durante los años 90.

Los llamados temas medulares de la Política Exterior Vecinal de Chile, constituidos por la díada acercamiento político/vínculos comerciales bilaterales vía tratados, tienen escasa repercusión en la prensa económica escrita.

En directa relación con el punto anterior, *El Diario* y *Estrategia* priorizan aquella información interna de los tres países vecinos que pudiere ser útil principalmente para los inversionistas y sólo fragmentariamente para los políticos. Por ejemplo, la firma de un Acuerdo de Complementación Económica Chile/Perú (agosto, 1998), pese a ser un hito de envergadura en la relación bilateral, mereció escasa atención. Por lo tanto, el tratamiento general de la llamada PEV en la prensa económica nacional no está enfocada a servir de guía analítico o a proporcionar insumos informativos a los decisores en materias políticas, sino que se orienta de manera primordial a brindar información a los potenciales inversionistas nacionales en los países limítrofes.

Una grave debilidad, observable en el tratamiento informativo de la política exterior vecinal, es que el periodismo económico chileno no supera lo que se pudiera denominar "efecto ascensor". Esto es limitar el análisis al movimiento ascendente o descendente de las principales variables macroeconómicas. Ello apunta a una grave falencia en materia de contextualización.

En cuanto a la diferenciación por países, *El Diario* exhibió en el período 1995-2000 un mayor interés general por los temas vecinales que *Estrategia*, aunque ambos coinciden de manera muy visible en otorgar un tratamiento más relevante a lo que ocurre en Argentina en claro detrimento de Perú y Bolivia. Una fundamentación de tal tendencia jerarquizadora no es explícita en ninguno de los dos medios estudiados y es explicable sólo en la medida de que los flujos informativos de las agencias internacionales desde Buenos Aires son mayores, toda vez que la capital argentina es una plaza generadora de mayores volúmenes de información que Lima y La Paz.

Ambos medios privilegian géneros que no implican mayores esfuerzos interpretativos o investigativos; es decir basan su cobertura periodística en los temas vecinales esencialmente a través de Artículos Informativos Extendidos y las Notas Informativas.

El tratamiento informativo de los temas vecinales es, comparativamente con otras áreas de interés informativo de ambos medios, superficial, pues no llega a cubrir el 33% de toda la información internacional. Esta cobertura no logra superar de manera estable el ámbito de la descripción de hechos, acciones o circunstancias, por lo que no tiene características contextualizadoras. La afirmación de Silvia Pellegrini en su Medición de la Calidad de la Prensa en Chile, la información suele basarse en fuentes identificadas, principalmente de carácter oficial. No hay continuidad ni proyección. No se busca contraparte. En el caso de que se trate de economía internacional, no se la vincula con el país[16], adquiere, en este caso, un elevado nivel de asertividad. El tratamiento de la información sobre temas vecinales si bien puede parecer a primera vista bien dotada de datos y cifras, no tiene una vinculación directa con los intereses políticos establecidos a nivel de Estado –reflejados en una agenda vecinal con contornos bastante definidos–, por lo que ambos medios están lejos de brindar una cobertura analítica integral.

El periodismo económico chileno, pese a haber alcanzado un importante grado de madurez como vertiente especializada dentro de la comunicación masiva, conserva aún aspectos específicos –especialmente de tipo analítico– que evidencian un menor desarrollo. Ejemplo de lo anterior, es la cobertura general a temas internacionales, y, dentro de ésta, a los aspectos centrales de la Política Exterior Vecinal llevada adelante por el Gobierno. Dicha cobertura no supera, la mayoría de las veces, las cuestiones meramente descriptivas.

NOTAS

1. El período de medición corresponde a los meses julio-setiembre; la encuesta fue realizada por la empresa Search. Ver: *El Diario*, líder de la prensa económica chilena, *El Diario*, 29/12/2000.
2. WILHELMY, Manfred e INFANTE, María Teresa. La política exterior chilena en los años 90: el gobierno del presidente Aylwin y algunas proyecciones, *Estudios Sociales* N° 75. CPU, Santiago, 1993, pág. 100.
3. BARROS VAN BUREN, Mario *Historia diplomática de Chile*, Andrés Bello, Santiago, 1990, pág. 109. Ver también: Alamos, Pilar Algunas fuentes históricas de la política exterior de Chile *Estudios Internacionales*. Año XXXII, mayo-agosto, 1999, Universidad de Chile, Santiago de Chile, N° 126, págs. 3-39.
4. MUÑOZ, Heraldo. *Las relaciones exteriores del gobierno militar chileno*. Ediciones del Ornitorrinco, PROSPEL-CERC, Santiago, 1985. Sobre temas generales de la política exterior chilena post-Pinochet ver: Gaspar, Gabriel y Milet, Paz, *Política exterior: ya nos reinsertamos, ¿y ahora qué?*, FLACSO, Santiago, 1997; FERMANDOIS, Joaquín De una inserción a otra: la política exterior de Chile, 1966-1991, *Estudios Internacionales*, Universidad de Chile, Santiago, N° 96, año 24, oct.-dic., 1991, pág. 433-455 y Tressler, Frank Bases de la política exterior chilena en la década de los noventa, *Diplomacia* N° 77, Santiago, octubre-diciembre, 1998.
5. Sobre política exterior argentina y sus relaciones bilaterales con Chile ver: BRAGAGNOLO, Jorgelina Chile, el nuevo rumbo de las relaciones bilaterales, in: *Política exterior argentina 1994/1997*, CERIR, Rosario, 1998, pp.245-260; Reficco, Ezequiel Argentina como aliado extra-OTAN de los EE.UU.: los factores detrás de la alianza, *Revista Afers Internacionals* N° 42, Fundación CIDOB, Barcelona, septiembre, 1998, pp. 79-97; Escudé, Carlos La Argentina y sus alianzas estratégicas, *Archivos del Presente* N° 13, año IV, Buenos Aires, 1998; Fuentes, Carlos Chile-Argentina: lo que faltaba para ser socios, *Revista Fuerzas Armadas y Sociedad*, N° 2, FLACSO, Santiago, 1996, pp. 29-37; Fuentes, Claudio, *Chile-Argentina El proceso de construir confianza, Working paper* N° 30, FLACSO, Santiago, 1996.
6. FREI, Eduardo, *Mensaje Presidencial,* 21 de mayo de 1996. http://www.civila.com/chile/diplomacia.

7   Insulza, José Miguel, *Ensayos sobre política exterior de Chile*, Los Andes, Santiago, 1998, pág. 86.
8   Idem, pág. 88.
9   Rojas Aravena, Francisco Chile-Perú: revisando las agendas con una mirada de futuro. In *Entre la II Cumbre y la detención de Pinochet, Chile 1998*, FLACSO, Santiago, 1999, pág. 313.
10 Sobre este punto ver: Seoane, Alfredo et. al. *Bolivia y Chile. Complementación económica y asimetrías*. Udapex-CAF, La Paz, 1997; Fuentes, Claudio y Milet, Paz, *Chile, Bolivia, Perú: los nuevos desafíos de la integración*. FLACSO, Santiago, 1997; Fuentes, Claudio y Milet, Paz *Chile, Bolivia, Perú: los nuevos desafíos de la integración*. FLACSO, Santiago, 1997; Fundación Hanns-Seidel *El régimen de los países sin litoral en el derecho del mar y las perspectivas para Bolivia*. Fundemos, La Paz, 1998; Ministerio de Relaciones exteriores de Chile, DIRECON *Relaciones económicas entre Chile y los países de la comunidad andina*. Documento de Trabajo N° 39, mayo, 1999; Arriagada, Genaro Intereses Nacionales contrapuestos de Chile y sus vecinos e hipótesis de conflicto del país, *Fuerzas Armadas y Sociedad*. FLACSO, vol.6, N° 2, abril-junio 1991, págs. 42-47 y Winter, Luis El entorno internacional y lo vecinal, *Diplomacia* N° 62, diciembre, 1993, págs. 45-48.
11 Un análisis crítico de esta eventualidad en: Instituto Libertad y Desarrollo Relaciones con Bolivia, *Temas Públicos*, N° 497, 15, septiembre, 2000. Aquí se recuerdan otros momentos en que autoridades de gobierno chilenas han creído posible un acuerdo con Bolivia sobre la base de cesión territorial: 1950, 1985.
12 MAST, Claudia, *Wirtschaftsjournalismus. Grundlage und neue Konzepte für die Presse*. Westdeutscher Verlag, Wiesbaden, 1999. Claudia Mast sostiene que por proceso de selección de material periodístico debemos entender un conjunto de decisiones que atingen la selección de temas y presentación del material. Los productos periodísticos son el resultado de un proceso de selección que tiene lugar bajo condiciones donde se conjugan intereses mediales generales con intereses específicos de cada medio. Analíticamente deben diferenciarse tres estrategias para la presentación del material seleccionado: la orientada a los hechos, donde el periodista sólo se pregunta qué pasó (*ereignisorientierte Darstellung*), la que pone énfasis en cuestiones emocionales donde las preferencias del público-meta son definitorias (*gefühlsbetonten Strategie*) y la estrategia centrada en el accionar (*handlungszentrierte Strategie*), que pone relieve en el impacto que la nota tendrá en un grupo-meta específico. En consecuencia, los tres puntos de análisis fundamental son: la correcta evaluación del papel de los actores, la gravitación de

los temas y las características formales asumidas en la elaboración periodística, es decir el género elegido.
13 KRIPPENDORF, Klaus. *Metodología de análisis de contenido.* Paidós Comunicación, Barcelona, 1997.
14 WIMMER, Roger y DOMINICK, Joseph. *La investigación científica de los medios de comunicación,* Bosch Casa Editorial, Barcelona, 1996.
15 ALESSANDRI, Francisca et. al. *Calidad de la Información de la Prensa Económica en Chile.* Asociación Interamericana de Periodistas de Economía y Finanzas/ Pontificia Universidad Católica de Chile, Santiago, noviembre, 1999. Un estudio de esta naturaleza también es susceptible de ser efectuado aplicando las pautas metodológicas desarrolladas por Silvia Pellegrini en su obra Medición de la Calidad de la Prensa en Chile, publicada por *Cuadernos de Información* N° 13, Pontificia Universidad Católica de Chile, 1999. Ella lo denomina Base Teórica Mínima de una Metodología Cuantificadora, misma que consta de los siguientes ámbitos analíticos: La aproximación desde el periodista (elementos presentes en la noticia, uso de fuentes, presencia del periodista en el artículo, uso del lenguaje), La calidad informativa de la noticia (naturaleza del hecho, naturaleza de la noticia), Responsabilidad del medio (importancia del tema, enfoque), Mirada desde el público (interés extrainformativo, presencia de elementos necesarios para formación de opinión propia.
16 PELLEGRINI, Silvia. *Medición de la calidad de la prensa en Chile.* Cuadernos de Información, n° 13, 1999, Pontificia Universidad Católica de Chile, op. cit. pp. 49-55.

EL CONO SUR,
UNA REGIÓN EN EL MUNDO

Edmundo Heredia

En este capítulo alientan dos propósitos. El primero es presentar una propuesta metodológica para el estudio de la historia de las relaciones entre las naciones de América Latina, basada en el multilateralismo de esas relaciones.

Esta puede ser una alternativa válida en relación a los estudios que hoy predominan en la historiografía, cual es el estudio de estas relaciones desde la perspectiva de los tratos entre dos naciones, esto es desde las relaciones bilaterales. De esa propuesta se ha escogido una de las variables posibles, que consiste en la consideración del espacio como dimensión fundamental para el abordaje de esas relaciones multilaterales.

El segundo propósito es presentar algunas muy acotadas reflexiones acerca de la formación y del reconocimiento de los actores específicos que participan de la trama de las relaciones entre estos países, identificables a su vez por algunas de las particularidades con que estas relaciones se distinguen con respecto a las que se producen en otras partes del planeta, y por tanto singulares y merecedoras de un análisis diferente al que proponen las teorías de las relaciones que están en boga para el orden mundial, predominantemente las denominadas realistas y neo-realistas. En estas reflexiones está presente asimismo, el valor de la dimensión espacial para el reconocimiento y relieve que adquieren determinados actores de estas relaciones.

El nombre y la idea

Gurchuk, el guía que nos muestra el paisaje y los testimonios de la historia de la Meseta de Anatolia, en el centro de Turquía, contestó de la siguiente manera a nuestra pregunta acerca de cuáles eran los países vecinos que consideraba amigos del suyo: "Ninguno –me dijo–, debemos desconfiar y cuidarnos de todos". Ante esta rotunda respuesta, pensé en la que daríamos si él revertía hacia nosotros la pregunta en relación a este sector del mundo que llamamos Cono Sur.

La respuesta, ciertamente, está condicionada a la actitud y a la posición o ubicación del observador; por tanto, es muy probable que ello gravite en el tipo de respuesta, y que por ese motivo no alcance una aceptable ecuanimidad. En cierto modo, tanto la pregunta como la respuesta estaban formuladas desde una perspectiva de análisis, que podemos llamar de polaridad, por cuanto lo que se quería saber era la posición de uno de los elementos que se presentaba como el polo o punto de observación –Turquía–, hacia los vecinos que lo rodean. Si bien la pregunta estaba formulada en base a una perspectiva de análisis, en ella no estaba exenta la actitud y la ubicación –la permanente, no la ocasional de ese momento– del propio interrogador.

Tanto como de una actitud y de una ubicación del observador, y aún con la conciencia de la imposibilidad de alcanzar una relativa objetividad, también se trata de establecer una perspectiva de análisis, considerada como una manera de acceder al conocimiento de la realidad, en este caso la historia del Cono Sur. Una metodología, para decirlo en términos más o menos científicos. ¿Cuál puede ser esa metodología? Actitud (como producto de percepciones –usando un término y un concepto agradable a los analistas de las relaciones internacionales–), ubicación (la posición o situación del observador en el planeta), perspectiva de análisis (la metodología científica adoptada). Veamos.

Hasta aquí, la historia de las relaciones entre las naciones latinoamericanas ha sido preferentemente estudiada, analizada y presentada como el conjunto de las relaciones entre una nación y otra nación, esto es como relaciones bilaterales; por lo general, esta forma de estudiar y presentar las relaciones ha sido elaborada por personas pertenecientes a una de las dos naciones tratadas, esto es desde uno de los dos puntos. Esta ubicación, como es obvio, condiciona ostensiblemente los resultados, a veces hasta poner en duda una explicación plausible o creíble. En estos casos, esta bilateralidad suele a menudo estar complementada y condimentada por la presencia de una tercera nación, que aparece como una incentivadora del calor o intensidad puestos en esas relaciones bilaterales, lo que puede aún hacer más compleja la ubicación del observador. A veces el estudio se deriva hacia una confrontación, o como una comparación de las situaciones homólogas de una y otra parte. Sin duda, todos estos estudios constituyen una aproximación valiosa para entender las relaciones entre las naciones, y de más está decir que hasta hoy ese caudal historiográfico constituye la base y sustancia principal e insoslayable para el conocimiento de las relaciones entre las naciones latinoamericanas.

Los trabajos precedentes presentados en el libro que el lector tiene ahora en sus manos –y que hemos tenido la ventaja de leer antes de escribir estas notas– son una demostración del estimable aporte que este método representa para el conocimiento de la materia. El valor más notable que tienen los otros capítulos de este libro es que –según lo que es de nuestro conocimiento– se trata del esfuerzo más logrado hasta ahora en el camino de la disciplina histórica para superar las desviaciones que estos estudios bilaterales solían presentar –sobre todo en un pasado no demasiado lejano, cuando las cuestiones de límites territoriales empañaban seriamente la ecuanimidad de los estudios–, sin duda porque a los autores precedentes los anima un noble y encomiable afán por comprender a sus vecinos y por acercarse a ellos con una actitud comprensiva y respetuosa.

Una alternativa a esos avances es el que nos planteamos proponer ahora en algunos de sus aspectos metodológicos, porque entendemos que también puede ayudar a esclarecer la comprensión del tema, contando con la base que implica el conocimiento de las relaciones bilaterales, que han sido presentadas precedentemente con riqueza de información y con amplitud de miras. Este conocimiento de las piezas del juego, que se agrega a la ya extensa bibliografía existente, nos da la posibilidad de una visión más amplia y comprensiva. En esencia, de lo que tratamos es de un método que coloca su atención en la multilateralidad de las relaciones. Ambas formas –la bilateral y la multilateral– son legítimas, pero una puede ser más eficiente y esclarecedora en algunos aspectos, y la otra puede serlo en otros. Pensamos que una visión multilateral permite apreciar con bastante perfección la red o trama que conforman las relaciones internacionales, y también comprender las posiciones y las actitudes que las naciones adoptan en el trato bilateral. Ambas son válidas porque los tratos entre las naciones –al igual que entre los individuos– son mayoritariamente de una nación con otra, y también de una nación con el conjunto, pero también son un *tejido conformado por la totalidad, la su-*

ma, el conjunto y la combinación de todos los actos y hechos que tienen una dimensión internacional, que es lo que entendemos por la *multilateralidad de las relaciones*; y cuando decimos actos y hechos nos referimos tanto a los públicos como a los privados, a los gubernamentales como a los particulares, así como a los de orden político, social, económico o cultural.

Esta última forma de apreciar la materia es la que desearíamos intentar para comprender este espacio y este universo que constituye el Cono Sur. Es posible que esta forma o método de acercarnos a la historia pueda proporcionarnos apreciaciones más exactas, y sobre todo más comprensivas, –en el sentido de entender al otro, y no tratar sólo de explicarse a sí mismo– de los entendimientos y los desentendimientos, de las amistades y de las enemistades, de las rivalidades y de las alianzas entre las naciones. Creemos también que después de este esfuerzo –bastante azaroso, en términos de intelección– deberíamos retornar a la observación de las relaciones bilaterales, con lo que lograríamos enriquecer recíprocamente el conocimiento general de la materia que estudiamos.

En fin, luego de la pregunta a Gurchuk pensé que la misma pregunta debía formularla a personas instaladas en cada una de las otras naciones vecinas, para de esa manera tener una idea más completa y más certera, y sobre todo para comprender mejor a cada uno de ellos en sus demandas y en sus actitudes hacia los otros. Aunque sin la real posibilidad de haber llegado a satisfacer totalmente el interrogante, a partir de cada testimonio podría haber llegado a elaborar mis propias reflexiones, con lo que me habría aproximado a una visión multilateral de las relaciones entre los países de ese sector del mundo.

El espacio y la multilateralidad

Una de las perspectivas de análisis que hacen posible acercarnos a la multilateralidad de las relaciones es la consideración del espacio en que esas relaciones se desenvuelven, incorporando esta dimensión como variable fundamental dentro del análisis general. Así, las tendencias propias de las actitudes y de las ubicaciones podrían ser mejor apreciadas y evaluadas, en beneficio de la obtención de una explicación más plausible. En efecto, el espacio presenta regularidades, continuidades, discontinuidades y rupturas diferentes a las de las naciones, y por tanto nos permite una perspectiva de análisis que va más allá de las relaciones entre los Estados nacionales. El espacio es medido, categorizado y clasificado en cuanto contenedor de las naciones, pero también como la dimensión en que se encuentran regiones, sean éstas consideradas por sus características naturales, culturales, económicas, sociales, etc., y por tanto pasibles de ser consideradas por encima o al menos de manera diferente a los territorios que componen una nación. También presenta características propias, a veces inmodificables por el hombre, en virtud de sus accidentes y fenómenos naturales.

Por lo demás, la visión del espacio nos aproxima a la consideración de los territorios de una manera más completa que la que se nos presenta en su condición de ámbitos basales de los Estados nacionales, por cuanto nos permite mejor entenderlos en tanto son el escenario donde se desarrolla la vida de los pueblos en sus interrelaciones y en sus desplazamientos. Estos, a su vez, no responden necesariamente a los dictados o previsiones de las políticas de los gobiernos nacionales ni aún a los programas de sus políticas exteriores. Por otra parte, la tarea de la elaboración del concepto de espacio nos coloca en una posición intelectual intermedia entre las distintas disciplinas que atañen a las relaciones internacionales, tales como la diplomacia, la economía, la antropología, la geografía, el derecho o la ciencia política, de todas y de cada una de las cuales pueden extraerse enseñanzas valiosas para la mejor elaboración de ese concepto.

La pregunta al guía turco provocó luego otras reflexiones en función de nuestro centro de atención, esto es el Cono Sur, pues en aquel caso se trataba de una región clave en la historia mundial pero al mismo tiempo muy distante y aparentemente muy distinta a la nuestra. En efecto, la gran región a la que pertenece Turquía ha sido frontera y ligazón de Europa con Asia y viceversa, y también encuentro entre cristianos y musulmanes, confluencia de innúmeras culturas y de varias civilizaciones, confrontación y choque de numerosas etnias y razas. Esta sola enunciación nos ayuda a abrir hipótesis para comprender por qué ninguno de los países que lindan con Turquía –que son Bulgaria y Grecia en Europa; Armenia, Irak, Irán, Georgia y Siria en Asia– puedan ser consideradas totalmente amigas o confiables; a eso se agrega que Turquía posee el estrecho del Bósforo y el de Dardanelos, que comunican marítimamente a Europa y Asia (unidas frente a Estambul por un magnífico pero a la vez elemental puente de cemento y acero).

Ocurre que el Cono Sur es otra de las regiones claves en el sistema mundial, fundamentalmente por su posición geográfica (no de otro modo se explica que una de las potencias mundiales detente con empecinamiento unas islas casi estériles allá en el Mar Austral, a miles de kilómetros de su metrópoli). En efecto, aquella pregunta a Gurchuk aún escondía otra inquietud que nacía del hecho de que durante gran parte de la historia, el paso entre los océanos Pacífico y Atlántico ubicado en el confín de este Cono Sur ha sido –hasta que en 1914 fuera habilitado el Canal de Panamá– la única vía marítima que comunicaba entre sí a Europa y Asia por el occidente y a ambas costas del propio continente americano. Aunque algo desordenada, la afluencia de imágenes se agolpaba en nuestra mente creando inquietudes e ideas, como por ejemplo que la conquista de Constantinopla por los turcos en 1453 –la actual Estambul bicontinental– y el llamado "descubrimiento" de América, en 1492, son considerados como los acontecimientos trascendentales que marcaron el comienzo de la Edad Moderna.

Esta comparación nos llevó a advertir que en ambos casos se trataba de hechos que han sido señales evidentes de la afirmación del hombre en el planeta; del perfeccionamiento de las comunicaciones entre los continentes a través de los mares, de la ambiciosa ocupación de espacios desconocidos o de riquezas presentidas; del incontenible e interminable afán del hombre por conocer, por expandirse, por dominar tierras y por llevar sus ideas y sus creencias, ya fuese por la persuasión o por la fuerza. Aún podríamos añadir que el descubrimiento del estrecho austral en el confín de este Cono Sur por Hernando de Magallanes, en 1520, fue la culminación del proceso de los descubrimientos, y el mayor desafío que el hombre había enfrentado hasta entonces en el conocimiento y conquista de los espacios. En efecto, el paso del estrecho hizo realidad el sueño de Colón de llegar a Oriente por Occidente, y a su vez permitió la primera vuelta al mundo, corroborando así con los hechos las presunciones científicas de la época. Toda esta sucesión de noticias, de hechos y de imágenes, aunque desordenada y confusa, nos confirman en la idea de que la historia es una, que todo está relacionado y que aún la visión multilateral de las relaciones entre los países de este Cono Sur es una reducción convencional y en cierto modo arbitraria de los acontecimientos y de los procesos a lo largo de la historia, y que por tanto tampoco supera todas las limitaciones que encierra la visión bilateral de las relaciones entre las naciones.

El espacio y las imágenes

Se ha dicho que aquella conquista de Constantinopla por los turcos cambió la historia de Europa, tanto como unos decenios después lo haría el llamado "descubrimiento" de América, que se continúa y completa con el cruce del paso interoceánico en el extremo de este Cono Sur, quizá tan riesgoso y audaz como el mismo viaje colombino a través del Atlántico. Pero este acontecimiento se distingue de todos los otros porque tuvo aún la trascendental y decisiva consecuencia de que con la circunvalación que hace posible el tránsito por el estrecho de Magallanes ya no hubo más una *finis terrae*, idea que no sólo provocaba las elucubraciones más encendidas de los geógrafos y astrónomos de la época, sino que también calentaba la imaginación de la gente hacia construcciones fantásticas sin límites. Además, debe recordarse que según la tradición cristiana, Jesús envió al apóstol Santiago a la *finis terrae* de ese entonces –la actual Galicia–, consagrando así su religión como católica, esto es como universal o comprensiva de todo el planeta. El fin del *finis terrae*, o lo que es lo mismo su universalización en tanto cada punto del planeta, al poder ser circunvalado, se convierte en comienzo y fin de un itinerario, es una idea que ciertamente revolucionó no sólo a la ciencia de aquellos tiempos sino también a la imaginación humana, y éste debe ser considerado un acontecimiento de los más notables en la historia de la humanidad, que tuvo como objeto y campo a esta región del mundo, el Cono Sur.

Continuando con las referencias a los aspectos espaciales del Cono Sur, la imponente y decisiva presencia de una de las cordilleras más colosales de la tierra es otra de las características que lo singularizan y le dan una identidad en el mapa del mundo. Se trata de un conjunto de cadenas montañosas que estrechan al hombre hacia el océano Pacífico, que traban y dificultan su comunicación hacia el oriente, y que a su vez determinan torrentes de agua, en gran parte producto de los deshielos cordilleranos, que se convierten en corrientes y redes fluviales que riegan y alimentan la región verde más extensa del planeta, el Amazonas, compartido por varias naciones sudamericanas. La cordillera es en unos casos el ámbito singular de vida y de concentración humana de países que son atravesados por ella, marcando con fuerza formas de vida y de supervivencia –como ocurre en Bolivia, Perú, Ecuador, Colombia–, tanto como el elemento prácticamente deshabitado que sirve para demarcar las fronteras entre naciones, como es el caso de Chile y Argentina. La mole colosal podría ser declarada infranqueable barrera para marcar contundentemente el fin y el comienzo de las soberanías territoriales de cada nación, pero la fuerza de los pueblos es más poderosa y así predomina la voluntad de vencer esa barrera creando caminos y concertando formas de relacionamiento, de cooperación y de intercambio.

Creando, en fin, formas de relacionamiento particulares entre los pueblos y entre las naciones.

La Amazonia constituye el tercer fenómeno natural decisivo en la conformación espacial de este Cono Sur, con la notable connotación de pertenecer a varias naciones sudamericanas, lo que implica a su vez una responsabilidad que todas ellas deben compartir en resguardo de las condiciones ambientales necesarias para la vida del hombre. Paradójicamente, es un territorio que no acoge al hombre, sino que por lo contrario limita las posibilidades de una vida sana; pero por otra parte es extraordinariamente pródiga en proveer a todo el planeta de condiciones ambientales favorables, por medio de la oxigenación de la atmósfera. Esto crea también la singularidad de que su posesión por las naciones no se hace a través del poblamiento –como fue la práctica común de estas naciones para afirmar la soberanía– sino con un recurso aún más noble, como es el de la preservación de su naturaleza, lo que origina una responsabilidad a nivel internacional.

Por fin, la gran cuenca del Plata constituye el cuarto fenómeno decisivo en la conformación espacial de este Cono Sur, igualmente compartido por varias naciones, y que es fuente de extraordinarias riquezas como factor eficiente de fertilización del suelo, de recipiente de una gran riqueza ictícola, de comunicación de bienes y de personas por sus vías fluviales y de fuente de energía con el aporte de la tecnología. Es, además, inspiradora de culturas y de formas de vida, y también la mayor receptora en el Cono Sur de inmigraciones colectivas de pueblos y etnias provenientes de diversas partes del planeta, que han traído sus propias improntas culturales, fundidas a su vez con las originarias o más antiguas y todas ellas armonizadas o asociadas entre sí por la imponente presencia del paisaje fluvial. Esta confluencia de grupos étnicos y culturales exige una mirada dispuesta a comprender su complejidad y también el derecho de esta región a ser reconocida por estos valores esenciales. Al mismo tiempo esta valoración debe alcanzar a los gabinetes de las cancillerías, en donde se decide su destino en función de las políticas exteriores de las naciones, como así también debe remover la posición intelectual de los analistas de las relaciones internacionales cuando elaboran sus especulaciones.

Paso interoceánico, Cordillera de los Andes, Amazonia y Cuenca del Plata han sido y son, en efecto, poderosos determinantes y condicionantes de las relaciones entre los pueblos y entre las naciones de la gran región, y también han sido y son factores eficientes que marcaron su inserción en el orden mundial y despertaron el interés de las potencias por la explotación y usufructo de sus riquezas naturales y por la colocación de sus producciones industriales, desde el siglo XVI hasta el presente.

Por todo ello, estos espacios fueron en algunos casos un desafío y en otros un estímulo para la instalación del hombre y para el establecimiento de las relaciones entre los pueblos. A través de los tiempos, y considerando la larga duración, hubo primero pueblos originarios que ocuparon sitios menores distanciados entre sí por inhóspitos desiertos; luego hubo conquistas y colonizaciones llevadas a cabo por las potencias europeas que ampliaron la ocupación, sometida a explotación; finalmente, territorios nacionales de demarcación azarosa y conflictiva. Todas ellas fueron etapas prolongadas de este proceso de instalación humana y de los consecuentes modos de vinculación entre regiones, entre pueblos y entre naciones. Fue en esta última etapa que la ocupación se amplió incorporando nuevos espacios por habitar, tales como selvas, desiertos de piedra, de roca, de arena o de hielo, hasta completar el mapa político de las naciones, y hasta hacer realidad el encuentro de unos y de otros en fronteras vivas, y no sólo en los gabinetes y en las representaciones cartográficas.

Esta rápida mirada al espacio del Cono Sur conduce a un inevitable y obvio interrogante, en relación con su ocupación y utilización: ¿cuál es la etapa que aún falta cumplir, toda vez que están afirmadas las soberanías nacionales sobre los territorios que lo componen? Parece que la respuesta más lógica es que trabajen concertadamente para que estos espacios puedan ser racionalmente utilizados, conciliando los intereses propios y los intereses comunes.

Espacio e identidades nacionales

Así como se ha sostenido que la formación de la nación estadounidense en América del Norte se forjó en la conquista del oeste, y que el sentimiento de la nacionalidad y por ende la conciencia ciudadana de sus habitantes fue el resultado de esa hazaña protagonizada por los "pioneros", también pueden encontrarse ciertos paralelos y semejanzas con acciones producidas en el Cono Sur como parte del proceso de la formación de sus naciones. Tal como lo señala José Antonio González Pizarro en un capítulo precedente, la Guerra del Pacífico puede ser vista desde la perspectiva chilena como la afirmación de su nacionalidad fundamentada en una conquista espacial que a su vez marca el triunfo de la ideología de la época, basada esa ideología en el triunfo de unos hombres sobre otros, triunfo pretendidamente legitimado por la superioridad racial.

Más clara aún es esta connotación en la llamada "Conquista del Desierto" emprendida por la dirigencia argentina para ocupar la Patagonia en desmedro de su población originaria, lo que también representó en su momento la consagración de la nacionalidad argentina con el supuesto de que esa misma superioridad daba el derecho al despojo, al sometimiento y hasta al exterminio. Otro caso que puede agregarse es el del avance de los "bandeirantes" lusitanos hacia el Mato Grosso, lo cual no sólo respondía al propósito ostensible de cazar indígenas sino también al afianzamiento de la posesión de territorios, para lo cual era remarcable el carácter de dominación propio de la empresa de expansión.

En estas conquistas y afirmaciones de identidades y nacionalidades es donde se ve con más nitidez la estrecha vinculación entre el hombre y el suelo.

Podríamos afirmar –y éste es un tema que requiere mayor meditación– que a medida que el hombre va avanzando, poseyendo y conquistando espacios, también va convirtiendo al suelo en territorio, en tanto este último término es el preferido para significar la soberanía de una nación sobre la superficie; de todos modos, la tierra sigue siendo también el suelo, en tanto esta voz connota a la superficie como el ámbito de vida del hombre y el elemento vital para el desarrollo de una cultura y de un grupo humano.

Esta vinculación del hombre con la tierra constituye el germen esencial del nacimiento de las nacionalidades, y también el del encuentro entre comunidades regionales y entre sociedades nacionales en una específica manera de entablar relaciones internacionales.

Los actores emergentes
de las relaciones internacionales

Una de las preguntas claves para entender las relaciones entre estos países es acerca de quiénes son los actores que las protagonizan, entendidos estos actores tanto personas como instituciones. Es necesaria una mirada profunda e introspectiva para detectarlos, yendo así más allá de los estereotipos determinados por las teorías que engloban las relaciones internacionales a nivel mundial. En efecto, las relaciones interregionales, no obstante formar parte de las relaciones ecuménicas, han tenido y tienen su propia dinámica y su propia especificidad, y por tanto sus propios y singulares actores. Así, es necesario reconocer que cuando un chileno cruza la frontera patagónica y trabaja como minero en territorio argentino, por ese solo hecho se ha convertido en un actor de las relaciones entre las dos naciones; lo mismo ocurre cuando un argentino contrae matrimonio con una mujer chilena, fundando así ambos una familia.

Es preciso, pues, conocer las expectativas, los sentimientos y los pensamientos de estos actores para saber cómo son y a partir de ello tener una idea de lo que esperan y desean de estas relaciones entre nuestros países. Los eruditos especialistas en estas relaciones se ocupan de las percepciones, como un elemento clave para entender la naturaleza de las relaciones. Estas percepciones pueden referirse a la opinión pública, a los sectores dirigentes o empresariales, a la ciudadanía colectiva, a los intelectuales, a los académicos y a los medios de información masiva. Tratándose de la gente, y entendida ésta como la gran protagonista colectiva y comunitaria de las relaciones internacionales, quizá haya que hablar de la sensibilidad, que es el resultado de algo más profundo que la percepción. En efecto, percepción significa recibir imágenes, impresiones o sensaciones externas, y también comprender o conocer una cosa. La sensibilidad, en tanto, se refiere a la facultad de sentir. En tanto la percepción es la capacidad de recibir una imagen y conocerla –lo que a su vez origina una actitud frente a lo percibido–, la sensibilidad denota un estado anímico y consciente, que es resultado no sólo de las percepciones sino también de las modalidades, de los temperamentos y de las formas de pensar y sentir de una persona o de una comunidad. En tanto las percepciones parecen actos racionales de sectores involucrados en las tomas de decisiones y en la formación deliberada de posiciones a adoptar en el sistema internacional, las sensibilidades parecen más bien ser producto de la espontaneidad común, aunque también fuertemente condicionada y nutrida por la presión de los medios de comunicación y de la formación histórica introducida desde los sistemas formales de educación.

En la ya larga historia del Cono Sur se han ido formando sensibilidades con respecto a los vecinos, o si se quiere percepciones profundas y permanentes, a las que quedan subordinadas las imágenes que se reciben cotidianamente ante los acontecimientos y vicisitudes que impregnan la vida cotidiana de las relaciones internacionales. Las identidades nacionales en estos países, en lo que se refiere a las vecindades, han sido en buena medida el producto de sensibilidades y de percepciones que, aunque bebidas en fuentes intelectuales pretendidamente académicas y estrictamente racionales, han tenido un alto grado de emotividad. Los modelos adoptados para marcar valores paradigmáticos, con fuerte énfasis en las culturas y la civilización europeas, han determinado también una visión peyorativa y descalificadora de las culturas originarias, que en distinto grado conforman la verdadera y más genuina realidad socio-cultural de las naciones del Cono Sur.

En otro orden, una de las constantes o tendencias observables desde los estudios bilaterales es la "tercerización" de las relaciones bilaterales, fenómeno que se presenta cuando un vecino común despierta recelos de otros países, moviéndolos a concertar entre sí acciones en su contra o en prevención de las que puede ejercer en perjuicio de alguna de ellas.

Así, el momento más feliz de las relaciones entre Argentina y Chile fue en los años en que ambos tenían como vecino inmediato a un enemigo común, el Mariscal Santa Cruz, tanto durante la existencia de la Confederación Peruano-boliviana como en los años posteriores en que desarrolló una actividad itinerante que inquietaba por igual a Chile y a Argentina. En los casos en que los conflictos se agudizaban los rivales buscaban aliados fuera del sector, interesados a su vez en una causa común contra un común rival.

En este aspecto, Perú, Ecuador y Colombia han sido piezas importantes en este juego de influencias, presiones y amenazas, actuando como terceros a favor o en contra de países pertenecientes al Cono Sur en sus disputas vecinales, y por tanto participando en el mismo como factores móviles y circunstanciales. Esta característica se presentó de manera muy notable durante la guerra que provocó España con la ocupación de las Islas Chincha, en la que pueden observarse posiciones diferentes de las naciones latinoamericanas, oscilantes entre la solidaridad, la indiferencia o la neutralidad; en estas actitudes no obraron sólo las fórmulas sobre la política exterior de estos países con respecto a España y a Europa en general, sino también las posiciones especulativas con respecto a los países agredidos, esto es Chile y Perú[1].

Pues bien, en estos complejos casos se formaron y crecieron numerosos personajes que de algún modo fueron protagonistas de estas singulares relaciones internacionales; que actuaron a veces de manera solapada, a veces medrosa, siempre con algún grado de clandestinidad. Estos individuos transitaban de unos países a otros en calidad de asilados o exiliados, de agentes a menudo autodenominados representantes de sectores políticos o de grupos de influencia. Llevaban y traían proyectos propios y ajenos, obrando a manera de cancillerías ambulantes, de todo lo cual los documentos oficiales recogen algunas referencias, para nada suficientes en la complicada tarea de desentrañar la trama de estas relaciones.

Los trabajos precedentes muestran palmariamente que el centro de las relaciones entre nuestros países está en las zonas fronterizas, y esto al menos por dos motivos: las cuestiones de límites y los desplazamientos de la población limítrofe. Esto indica que los demás temas de la agenda internacional, en términos históricos, han estado supeditados, ensombrecidos y hasta sometidos a las decisiones y vicisitudes propias de aquellas cuestiones fronterizas. Así, el capítulo que este libro dedica a las relaciones entre Bolivia y Argentina es casi monotemático: los Tratados entre ambos países celebrados en el siglo XIX están referidos a problemas directamente vinculados a los derivados de la vecindad territorial. Una situación semejante se presenta en las relaciones entre Argentina y Paraguay, entre Chile y Bolivia. En menor medida pero también de manera significativa esto ocurre también en las demás relaciones bilaterales. Esto ha determinado –y esta característica es también manifiesta en los capítulos de este libro– que la mayor intensidad de las relaciones y por ende los factores decisivos han derivado de las cuestiones planteadas en las fronteras o con relación a ellas.

Estas relaciones fronterizas conforman también un tipo de vínculos interregionales, que son otra característica de las relaciones entre los países del Cono Sur. En efecto, las zonas aledañas entre estos países mantienen comunicaciones e intercambios dinámicos comunitarios, especialmente en las actividades comerciales y sociales. Esto se da entre sectores del Norte de Argentina y del Sur de Bolivia, del Sur de Chile y de Argentina, del Sur de Brasil y del Norte de Uruguay, del Sur del Paraguay y del Norte de Argentina y Sur de Brasil. Estos contactos no han respondido a programas nacionales de los gobiernos, ni a sus políticas exteriores: han sido más bien manifestaciones con un alto grado de espontaneidad y genuinidad, nacidas en las propias comunidades y en todo caso sostenidos y auspiciados por los gobiernos locales e instituciones sectoriales[2]. Por lo contrario, los gobiernos nacionales han elaborado políticas de prevención y de fortalecimiento de las barreras fronterizas, creando al efecto aparatos de control y seguridad que sólo en años bastante recientes vienen siendo modificadas.

Estas relaciones interregionales pueden entenderse también como intra-regionales, en tanto el espacio comprendido, si bien pertenece a dos naciones, puede considerarse también como una única región desde el punto de vista cultural y geográfico. He aquí otra de las singularidades que es preciso considerar para determinar los actores reales de estas relaciones, que podríamos resumir bajo el rótulo de *poblaciones de frontera o de regiones fronterizas*. Así lo muestran las autoras Pérez y Torino cuando señalan que desde 1821 el comercio salteño se orientó hacia Potosí. *"Las ciudades norteñas –afirman– actuaron como productoras e intermediarias en este nuevo proceso mercantil, el que se caracterizó durante el siglo XIX por la subsistencia de rasgos coloniales".*

Uno de los aspectos más impactantes desde el punto de vista social es la intensa movilidad de las poblaciones en estas regiones fronterizas. Dos incentivos principales han motivado estos movimientos: la búsqueda de trabajo en medios más satisfactorios que los encontrados en el propio país y la explotación de fuentes de recursos no explotados aún. La emigración de bolivianos a Argentina como mano de obra es un ejemplo del primer tipo, y la de brasileños a territorios limítrofes del Paraguay para la explotación agrícola lo es del segundo[3]. Pero estos movimientos experimentan los vaivenes y las inestabilidades propios de la vida económica y política de las naciones latinoamericanas.

A veces estas relaciones regionales han tenido el signo de la penetración, la injerencia o el predominio, ejercido tanto por gobiernos como por personas o sectores poderosos. Uno de los casos más notables ha sido la injerencia brasileña sobre el litoral argentino que tuvo un estímulo y justificativo en la rivalidad con Juan Manuel de Rosas. Como lo registra puntualmente Eduardo Madrid en su capítulo, las relaciones entre el banquero Mauá y Urquiza como gobernador de Entre Ríos caracterizaron una etapa de las relaciones entre Brasil y Argentina, basada en la influencia financiera y política del primero. El gran escenario presidido por el sistema fluvial platense fue un marco condicionante y hasta determinante de estas relaciones. En efecto, como el mismo Madrid lo señala, *"los ríos de la región eran considerados como vías de comunicación y de transporte por quienes eran sus pobladores. Para las auto-*

ridades de los Estados y para sus instituciones en cambio, se trataba de límites jurisdiccionales."

En resumen, la historia que precede nos ofrece con riqueza de datos una historia que bien puede integrarse a partir de elementos homólogos o coincidentes en unos y otros sectores de esta gran región que es el Cono Sur. El beneficio será, según creemos, una mejor comprensión y un mejor conocimiento de las relaciones entre estas naciones y entre las regiones particulares que lo componen. Esa comprensión y ese conocimiento deberían ser puestos al servicio de un mayor entendimiento entre los gobiernos y entre los pueblos y con el objeto de lograr una mayor armonía entre estas naciones. Para alcanzar esos objetivos una condición previa fundamental es el convencimiento de que se trata en la totalidad de su espacio de una región que ha cumplido un rol identificable y esencial en el sistema mundial y en la historia de las relaciones entre los espacios, las regiones y las naciones del planeta.

NOTAS

1 Hemos estudiado la reacción de las naciones latinoamericanas frente a esta guerra en *El Imperio del Guano. América Latina ante la Guerra de España en el Pacífico*. Córdoba, Alción, 1998.

2 Un cuarto de siglo atrás se creó FERINOA, feria internacional de Bolivia y de provincias del Norte argentino, destinada a promover los intercambios comerciales y la industrialización regional. También debe destacarse la misión del Grupo Interregional del Centro Oeste Sudamericano (GEICOS), grupo de empresarios que promueve el intercambio comercial entre el Norte de Argentina y Chile, Paraguay, Perú, el sur-oriente de Bolivia y el centro-oeste de Brasil.

3 Pérez y Torino destacan la masiva emigración de bolivianos a Argentina en las últimas décadas, hasta totalizar un millón y medio de personas, magnitud que aparece como de gran relevancia si se considera que Bolivia tiene una población de siete millones.

AMÉRICA DEL SUR EN EL SISTEMA MUNDIAL HACIA EL SIGLO XXI

Raúl Bernal Meza

En un libro de hace unos años, Pope Atkins señalaba que América del Sur, más allá del Caribe, era una entidad coherente, denominada por muchos como "el Cono Sur de Sudamérica" (Atkins, 1991:54 ss:). Este subsistema internacional incluía a Argentina, Brasil, Chile, Uruguay, Paraguay, Bolivia, Perú y, a veces, Ecuador. Según el autor, el Cono Sur era un subsistema regional que se distinguía por una serie de características. En cierta forma coincidente, Wayne Selcher identificaba también al Cono Sur como un subsistema regional, aunque excluía del mismo a Perú y Ecuador, a quienes consideraba parte de la subregión andina (Selcher; 1984).

El MERCOSUR integra hoy a todos los países señalados por Selcher, pero, además –a través de iniciativas diplomáticas brasileñas– se ha buscado acercar a otros países del "Grupo Andino" a este nucleamiento.

Siguiendo estos análisis y por las características que pasamos a describir, el MERCOSUR debe identificarse como un subsistema, es decir, el espacio de interacción de un grupo de unidades distintas de cuya acción se derivan consecuencias de orden político y/o económico. Siguiendo las interpretaciones más difundidas sobre la identificación de un subsistema (Atkins, 1991; Thompson, 1973), el MERCOSUR se caracteriza por diferenciación, es decir la presencia y accionar de unidades separadas (cada país) y por la interacción entre ellas, con el objetivo de llevar a cabo las funciones de un sistema, en una integración con regularidad de relaciones, dependencia mutua y cierto grado de coordinación, en el cual coinciden una cercanía geográfica, una identificación interna y externa distintiva e interacciones regulares de cierta identidad.

Por las características de agrupamiento político-económico distintivo y por las acciones de política externa, el MERCOSUR es así un espacio extendible a una amplia región sudamericana y, por tanto, es válido considerarlo como sinónimo de "América del Sur", al menos para los efectos de la identificación de un subsistema regional en el contexto del sistema social mundial. Por la dinámica de relacionamiento internacional y el reconocimiento político del que ha venido siendo objeto, el MERCOSUR es hoy el eje de un subsistema que podría muy bien transformarse en el eje de un futuro sistema regional.

Sin embargo, la permanencia y funcionalidad de este subsistema, desde la perspectiva que constituya un instrumento para mejorar la inserción de sus miembros en un sistema mundial, derivan de un conjunto de condiciones sistémicas estructurales así como de su propia naturaleza como "modelo de regionalización".

Pero, junto a esta cuestión estructural, el MERCOSUR debe ser analizado teniendo como telón de fondo a las políticas exteriores de los Estados-miembros. Siendo la política exterior una e indivisible, el MERCOSUR debe ser analizado y seguido en el marco de las políticas externas. Esta es la línea de investigación que hemos venido desarrollando en nuestras investigaciones de los últimos años y que ha sido expuesta en estudios y libros recientes (Bernal-Meza, 1998;1999; 2000).

Abordar las condiciones para la inserción internacional del sistema regional América del Sur y, en particular de los países miembros del MERCOSUR, de los desafíos y perspectivas al comenzar el siglo XXI implica identificar éstas en sus características sistémicas. Es decir, se deben analizar los procesos políticos y económicos mundiales, especificar los determinantes ideológicos e interpretativos sobre la naturaleza del sistema mundial e identificar sus efectos sobre el diseño de escenarios prospectivos y la formulación de políticas de inserción.

Dos temas concentran el núcleo de condicionalidades sistémicas: las características del orden mundial y los procesos de la economía política mundial. Además de ello, la permanencia y funcionalidad de este subsistema, desde la perspectiva que constituya un instrumento para mejorar la inserción de sus miembros en un sistema mundial, se relacionan con las características del MERCOSUR como "modelo de regionalización". No obstante, como podrá advertirse, identificar aquello que da coherencia estructural y unidad al sistema mundial –de lo cual derivan estructuras y subsistemas– así como definir cuáles debieran ser las características del MERCOSUR, son cuestiones muy complejas, en la medida que éstos son temas esencialmente ideológicos, en el sentido más puro y amplio, es decir como concepción del mundo.

Desde este punto de vista, la hipótesis que subyace al presente capítulo es que en sus condiciones actuales (concepción de la integración, agenda, institucionalidad y cooperación política), el MERCOSUR no es un instrumento funcional a esas estrategias, frente a la dimensión de los desafíos sistémicos. Para revertir esta situación, en las "Conclusiones", proponemos algunos criterios de cambio en el modelo.

La naturaleza del orden mundial en transición

Desde una perspectiva sistémica, el "orden internacional" (reflejando sólo el sub-sistema político) pasó de una configuración bipolar a otra de carácter unipolar en el ámbito de la hegemonía global, con segmentos de multipolaridad en el subsistema económico. Esta transición se operó como consecuencia de la caída del muro de Berlín, la desintegración del bloque soviético y, posteriormente, con la desintegración de la URSS. Sin embargo, en términos del subsistema económico, fue la desaparición de un modelo de acumulación contestatario del capitalismo el que dio a este último una nueva dinámica de expansión, bajo el fenómeno de la globalización.

En un libro de 1991, en el cual reflexionábamos acerca de la naturaleza del "nuevo orden mundial", anticipábamos que "estamos en presencia de un sistema mundial en transición; la globalización de la economía-mundo o la constitución de un sistema económico imperial, a partir de la desaparición gradual, pero progresiva, de los sistemas políticos y económicos contestatarios, en el cual aparecen nuevos elementos dominantes, vinculados con el poder del capital financiero transnacional, la coordinación de políticas macroeconómicas por parte de las siete naciones más industrializadas con los organismos financieros multilaterales y por la interacción creciente de políticas entre los miembros de la OTAN y la CEE"[1]. Las más importantes características de este "orden" es que la hegemonía militar-estratégica sería nuevamente una manifestación del poder unipolar y que el mismo carecería de grandes fracturas ideológicas. Es decir, sería esencialmente más homogéneo.

Pero, como todo es según el perfil ideológico –es decir, como visión de mundo– con que las cosas se miren, podríamos señalar que esta interpretación no es dominante.

Como han señalado diversos autores (Bernal-Meza, 1991, 1994, 1999, 2000; Russell, 1992; Camargo, 1998), acerca de la singularidad del orden internacional existen, al menos, cuatro grandes líneas interpretativas: 1-la del pensamiento económico liberal, según la cual estamos en presencia de un cambio estructural y funcional del sistema de Estados, a partir de lo cual el actual orden internacional sería la expresión de un intenso proceso de globalización del capital, de las inversiones, de la producción y de la tecnología de la información que –regido por fuerzas incontrolables de mercado– tendería a disolver las economías nacionales, las instituciones políticas, las formas sociales, las culturas y las fronteras nacionales; 2-el pensamiento de tradición marxista (neo-marxismo), que considera que no hay nada nuevo respecto de lo conocido en el pasado; que las transformaciones no son inéditas en la historia, en el sentido que la expansión capitalista tendió siempre a subsumir en él a los otros modos de producción existentes, y que –al contrario– la naturaleza globalizadora del orden capitalista o economía-mundo constituye una tendencia inherente a la propia estructura de poder del capitalismo y de su régimen de acumulación, claramente demostrado a lo largo de los últimos cinco siglos; 3-el pensamiento realista y neo-realista, que sostiene la permanencia de los mismos fundamentos básicos del sistema de Estados del siglo XVII, bajo los cuales la persistencia de condiciones de anarquía llevaría al sistema interestatal a la reproducción permanente de una política de poder entre los actores excluyentes de un sistema Estado-céntrico, por lo tanto, la seguridad, el poder relativo y la supervivencia del sistema siguen siendo los determinantes principales del comportamiento de los Estados; 4-los regionalistas, que, desde una perspectiva centrada en la economía identifican una etapa de hegemonía de "bloques regionales", según la cual el hecho de que toda actividad económica (comercio, inversiones, finanzas, producción) esté concentrada en manos de la "tríada" (EE.UU., Japón, Europa) da a esas potencias la capacidad de ejercer poderosas presiones sobre los mercados y las actividades económicas, colocándolas bajo su control.

Cada una de estas grandes macro-visiones se sostiene en un conjunto esencial de fundamentos básicos o paradigmas interpretativos, que hacen referencia a cuestiones de orden político y económico global. Estas "visiones de mundo" son esencialmente opuestas entre sí y manifiestan escasas coincidencias, de lo cual se desprende la existencia de paradigmas que expresan una significativa variedad de conceptos y categorías analíticas, así como imágenes e interpretaciones diversas, que derivan de las principales líneas interpretativas.

Desde nuestra perspectiva, estamos en presencia de un "nuevo orden mundial" o, más bien "orden en transición" que representa una estructura histórica, que se caracteriza porque ahora la globalización se contrapone a bipolaridad y, en ese sentido, el nuevo orden mundial representa un triunfo de una alianza de poder, basado en tres factores: una alianza ideológica en la esencia del capitalismo, entre el orden doméstico (derechos individuales y políticos) y los principios económicos (economía de mercado); una alianza militar-estratégica, en la cual los Estados Unidos representan el papel conductor y subordina a sus socios (OTAN, Japón); y la capacidad del capitalismo de superar sus tradicionales crisis cíclicas, a través de estrategias globales de ajuste económico, reasignación de factores (capital, tecnología), industrialización y –a la vez– desindustrialización y monopolización; es decir, la difusión de un nuevo paradigma tecno-productivo.

Aplicando la interpretación de Cox (1986), quien considera que en las estructuras históricas interactúan tres categorías de fuerzas –atributos materiales de poder, ideas e instituciones– señalo que en el presente los atributos de poder están representados por la relación estratégica EE.UU.-OTAN; las ideas por la globalización, y las instituciones por organismos o agrupamientos más o menos institucionalizados: el Banco Mundial, el FMI, la OMC y el Grupo de los 7. El neoliberalismo sería la ideología de la globalización y el capitalismo, en fase de globalización/mundialización, su orden.

Esta nueva configuración de fuerzas, en un contexto de hegemonía militar-estratégica, implicó la difusión de un conjunto de políticas, que se transformaron en "valores hegemónicos universalmente aceptados" y que pasarían a ser predominantes en la agenda internacional, como derechos humanos, no proliferación nuclear, medio ambiente y participación en las *Peace Keeping*, en el ámbito de la política, así como liberación de las importaciones (y dentro de los servicios apertura del área informática), desregulación de los sectores financieros, privatización de empresas estatales y otras, en el ámbito de la economía y el comercio; determinando asimismo una activa participación de los países en los organismos y regímenes internacionales impulsados por la hegemonía, desestimándose aquéllos que obedecieran a una agenda "norte-sur".

Globalización/Mundialización

Los procesos que caracterizan la actual etapa de la economía política mundial son los de globalización/mundialización y regionalización.

Coincidimos con diversos autores que, desde un enfoque teórico sistémico-estructural, sustentan la idea esencial de que la globalización es parte de un largo proceso histórico[2]. Sin embargo, desde nuestra perspectiva, la actual etapa del capitalismo global tiene profundas y significativas diferencias con las del pasado. Existen, desde nuestro punto de vista, singulares diferencias que marcan un cambio significativo en la dimensión e identificación del proceso.

En nuestra interpretación, esta actual etapa no podría considerarse como un mero retorno a la integración de las distintas economías industrializadas y de las economías periféricas a éstas, como ocurrió durante la vigencia del liberalismo victoriano, dados la profundización de los flujos de comercio e inversiones desde la recuperación económica iniciada con la segunda posguerra y el aumento de la proporción de las actividades privadas de la economía expuesta a la competencia internacional de los últimos lustros (Baldwin & Martin, 1999; Cepal, 1999), sino también como una aceleración del mismo.

Los grandes cambios ocurridos en las formas de organización empresaria, institucional y en los regímenes internacionales, en la organización de la producción; el papel de las empresas y corporaciones transnacionales en la inducción e inhibición del desarrollo en las economías en proceso de industrialización; la limitación relativa del poder regulatorio de los Estados, la pérdida de autonomía nacional en la definición de las políticas públicas, de comercio e inversiones, en particular en los países en desarrollo, y las crecientes exigencias hacia una mayor convergencia entre políticas, instituciones, regímenes regulatorios externos y estrategias de las grandes corporaciones transnacionales, no hubieran sido posible sin que importantes cambios mundiales no hubiesen generado las nuevas dinámicas de expansión al capitalismo global. Entre estos últimos, fue de singular importancia la desintegración del bloque soviético y de la ex URSS y la desaparición del imaginario socialista como modelo alternativo y contestatario del nuevo liberalismo (Bernal-Meza, 1991; 1994; 2000).

Según nuestra interpretación, fue, sin embargo, la adición a este proceso de un sistema de ideas y una concepción del mundo que no existían en las etapas anteriores, lo que dio a esta etapa del proceso histórico de mundialización capitalista su extraordinaria capacidad dinámica, a través de la construcción ideológica que ha acompañado a la globalización[3]. Gracias a ella, la convergencia, la profundización de las asimetrías entre capital y trabajo, la profundización de la precariedad y la exclusión social –consecuencias de la implementación de políticas favorables a una particular y errónea interpretación sobre las nuevas condicionalidades de la inserción internacional– han hecho del mundo de hoy un escenario en el cual los impactos socialmente desestabilizadores que ha provocado la globalización y su ideología, han afectado negativamente el presente y futuro de los sectores más desfavorecidos en las sociedades desarrolladas y de las grandes masas de los países en desarrollo. Desintegración social, concentración monopólica, integración y a la vez fragmentación de los espacios nacionales, caracterizan el panorama socio-político de nuestros países[4].

La globalización, tanto como proceso (mundialización) e ideología, es la manifestación de una profunda crisis de la acumulación capitalista, paradojalmente expresada en una coyuntura histórica en la cual han desaparecido los modelos constestatarios. Dicha crisis, derivada de los años de regulación de los modelos de desarrollo de posguerra (welfare-state, socialismo y el desarrollismo latinoamericano), se expresa hoy en la nueva etapa de expansión financiera. En efecto, tal como señalaron Hilferding (1981) y Arrighi (1994), la expansión financiera ha sido la "señal de otoño" del capitalismo, reflejando cada etapa terminal de las crisis cíclicas del capitalismo. Así, a continuación de transformaciones aparentemente revolucionarias por las que pasó el capitalismo mundial desde los años 1970, la expansión financiera parece ser la tendencia predominante de los procesos de acumulación de capital a escala mundial del período posterior. Pero en términos de "orden mundial", la globalización, contrapuesta al orden bipolar, ha sido el instrumento extraordinario de las nuevas formas de colonialismo que comenzaron a llevar a una crisis sin precedentes a los procesos inconclusos de construcción del Estado y de la modernidad de la periferia. Al mismo tiempo, a través de la implementación de políticas basadas en su ideología, se desmantelaron las estructuras estatales semi-periféricas y periféricas, quitándoles a éstas sus capacidades de regulación, cumplimiento de demandas por garantías sociales y protección de los capitalismos nacionales. Tal como ha reconocido el FMI (1997), ni los mercados de productos, ni mucho menos los de trabajo pueden hoy caracterizarse como "globales" y el proceso de configuración de mercados globales está lejos de ser una realidad, con excepción de los mercados financieros. No obstante, la globalización, como proceso y como ideología, ha incidido de tal manera en la reformulación de las estrategias externas de nuestros países, cambiando con ello también las concepciones y el papel asignado a los procesos de integración económica como los del cono sur.

Siguiendo el análisis anterior, la globalización ha tenido gran incidencia sobre la economía política, con un extraordinario impacto sobre el funcionamiento de los mercados y la eficacia de las políticas públicas; asimismo, con efectos sobre la formulación de diagnósticos respecto del cambiante equilibrio de la relación entre Estado y mercado y para hacer recomendaciones sobre la orientación deseable de las políticas públicas. Pero, al mismo tiempo, es un fenómeno multidimensional y complejo, aún en estado de flujo, es decir, no consolidado, por tanto, con capacidad para continuar y profundizar diversas tendencias ya manifiestas de fragmentación/integración.

Como proceso ha llevado implícita la expansión de los flujos de bienes y servicios, la expansión de los mercados financieros y, como consecuencia de las profundas transformaciones tecnológicas, institucionales y de orientación de las políticas (nacionales y de los organismos y regímenes internacionales), una tendencia a la homogeneización de las pautas culturales y de consumo.

Las transformaciones tecnológicas que han acompañado el proceso, manifestación del cambio del paradigma tecno-productivo, han provocado un nuevo proceso de relocalización productiva, profundizando el papel de las corporaciones multinacionales y sus efectos como impulsoras e inhibidoras de desarrollo en las economías periféricas.

Por efecto de las políticas neoliberales implementadas, aún cuando las consecuencias del proceso se distribuyen muy desigualmente entre países y sociedades, las economías y actividades productivas nacionales, en particular en los países en desarrollo, han sufrido una gran exposición a la competencia externa. Todos estos cambios han provocado un conjunto de nuevas situaciones, entre las cuales merecen destacarse: impactos socialmente desestabilizadores por el desempleo y la fragmentación social; una profundización de las asimetrías entre capital y trabajo; una integración y, a la vez, desintegración social a nivel nacional e internacional; una profundización de la brecha entre grupos sociales con distintos niveles de ingreso dentro del mismo país, tanto a nivel de los PED como de los mismo PD (países desarrollados); una desigualdad profunda y manifiesta en la distribución de los costos y beneficios entre ambos segmentos de países, como consecuencia del proceso de liberalización comercial.

Como señalamos, una de las consecuencias institucionalizadas de la globalización/mundialización ha sido el nuevo y acelerado proceso de liberalización comercial, resultado de los Acuerdos Multilaterales de Comercio (1994). Para los países latinoamericanos y caribeños, así como para el conjunto de países en desarrollo, el movimiento de liberalización comercial, bajo la OMC, lleva implícitos nuevos riesgos y desafíos (Bernal-Meza, 2000). El resultado de la apertura unilateral de las economías latinoamericanas y de la implementación de las medidas acordadas en el marco de la OMC señalan que los países latinoamericanos no se han beneficiado del mismo. La experiencia indica que toda liberalización de mercados implica poner en competencia la producción nacional con la internacional, en condiciones que las economías más atrasadas no pueden enfrentar sin una estrategia integral de desarrollo, porque conducen al desmantelamiento del parque industrial, con sus graves consecuencias sobre el empleo. Numerosas evaluaciones académicas de los efectos de la Ronda Uruguay han respaldado el convencimiento de que la instrumentación de las obligaciones, por parte de los países en desarrollo entraña costos superiores a los beneficios que obtendrán del pleno cumplimiento de los compromisos por parte de los países industrializados y han demostrado que los mayores beneficiarios del proceso de liberalización comercial de bienes y servicios han sido los países industrializados (CEPAL, 1999:7-8).

Globalización/Mundialización, cambio del modelo socio-económico y las políticas públicas

En tanto proceso e ideología, la globalización, siendo expresión de una etapa de profunda crisis del capitalismo global, está induciendo un cambio en los modelos económicos, tecnológicos y sociales, provocando un cambio en las políticas de desarrollo y del Estado.

Cada cambio en el modelo de sociedad y economía ha llevado implícito en la historia un cambio en el modelo de Estado, en sus instituciones, en el carácter de la inserción internacional y en la relación entre Estado y sociedad, entre otros aspectos (Bernal-Meza, 2000[a]). El Estado es un producto histórico que se da cada sociedad en cada etapa de su desarrollo, para conducir sus asuntos públicos. Así, cada vez que el modelo socio-económico de una comunidad nacional cambia, es necesario adecuar el Estado y sus políticas públicas a una nueva estructura, nuevos valores y comportamientos de esa sociedad (Tomassini, 1994).

La crisis capitalista y del paradigma fordista, expresión este último del modelo de Estado (en sus diversas expresiones: welfare-state, keynesianismo, desarrollismo, etc.) en proceso de cambio actual, está afectando profundamente las capacidades y estructuras del Estado que conocimos. El nuevo paradigma científico-tecnológico ha desplazado a países proveedores del anterior paradigma y promovido otros, creando nuevas empresas y formas de organización empresaria. En América Latina, el cuestionamiento del Estado (este Estado especialmente "intervencionista" y "regulador" del desarrollismo latinoamericano), que se refleja en la pérdida relativa de la capacidad de gobernabilidad, de control y de gestión sobre el ámbito de la economía y lo social, ha deteriorado también su papel como organizador y regulador de la actividad económica, incluyendo su gestión clave para mantener el predominio de unos factores de la producción sobre otros. Este cuestionamiento podría ser considerado también como el paso necesario hacia la configuración de un nuevo régimen de acumulación, que obviamente podría llegar a prescindir de él, acabando así con la vinculación histórica entre Estado y mercado. Con matices, según los países y el nivel de profundización de las políticas implementadas, bajo el impulso del "Consenso de Washington", el proceso derivó en: políticas de descentralización: provincias y municipios pasaron a asumir responsabilidades que antes cubría el Estado nacional (salud, educación, promoción del desarrollo, gestión de políticas de crecimiento); desregulación: que generó aumento del desempleo por reducción de la estructura productiva y por cambio en los componentes de inversión (incorporación de tecnología); privatizaciones: con el aumento de la oferta de servicios y el mejoramiento de la calidad, pero, al mismo tiempo, provocaron aumento del costo de éstos y pérdida de servicios en sectores y regiones menos rentables; reducción del papel del Estado, especialmente en las políticas de subsidiaridad empresaria, social (previsión, salud, educación, vivienda) y en las políticas de desempleo.

Las nuevas estrategias de desarrollo adoptadas (reestructuración productiva, modernización tecnológica, apertura externa y desregulación) se han basado en un papel enormemente más relevante del sector privado. Sus actores ya no dependen ni son dirigidos, como ocurría antes, por las distintas agencias, ministerios, organismos del sector público o las empresas estatales, tampoco se benefician, con la dimensión de antes, de políticas diferenciadas (impuestos, subsidios, tipos de cambio, tasas de interés), ni tampoco dependen de las autoridades provinciales o municipales para la formulación e implementación de sus estrategias. Por tanto, el sector privado es ahora mucho más fuerte y más autónomo que antes y tiene distintas formas de asociación con el capital extranjero.

Las nuevas condicionalidades de la inserción externa

Los procesos de globalización/mundialización y el cambio de paradigma tecnológico implícito en éstos, asociado a la crisis del capitalismo, generaron un conjunto no homogéneo de nuevas condicionalidades para la inserción internacional de las economías en desarrollo, que afectarán la búsqueda de respuestas positivas para enfrentar los desafíos del desarrollo en un mundo global. Uno de los aspectos más significativos derivados de los efectos de la mundialización de la economía ha sido su impacto sobre los determinantes de la división internacional del trabajo, de lo cual se derivan hoy tendencias objetivas para la división internacional del trabajo, cuyos efectos son de enorme importancia para las economías, en particular aquellas "tomadoras de precios". Entre estas tendencias merecen señalarse:

La predominancia del comercio Norte-Norte y NIC's de Asia: comercio intrasectorial e intra-firma.

La profundización de los patrones de especialización intrasectorial entre las economías más desarrolladas.

Óptima asignación de recursos y de división de mercados entre las grandes corporaciones.

Acelerada erosión del paradigma sobre el ciclo del producto.

Creciente papel de la tecnología, la investigación aplicada y la información en la adquisición de las ventajas comparativas.

Especialización y sustitución productiva en los sectores de mayor valor agregado.

Creciente rol discriminatorio de la investigación científica/desarrollo en la configuración de la división internacional del trabajo.

Control y restricción del acceso a sistemas de transferencia de tecnología hacia los países en desarrollo, tendiente a congelar las ventajas comparativas ya existentes.

En el ámbito financiero, las inversiones directas siguen las corrientes de los principales flujos de comercio y servicios.

Todo esto en un mundo donde 39 mil corporaciones transnacionales que cuentan con 270 mil filiales dominan el ciclo I&D, generan un producto superior a los 2 billones de dólares anuales[5], de las cuales sólo participan 13 empresas latinoamericanas

(6 mexicanas, 4 brasileñas, una venezolana, una argentina y una chilena)[6], diferencia que pone de manifiesto el grado desigual de productividad a nivel mundial.

Como consecuencia de lo anterior, se han acelerado seis procesos que refuerzan la predominancia absoluta de las economías más industrializadas: 1-crecimiento constante de la movilidad internacional de dos de los factores de la producción (capital y tecnología); del comercio de bienes y crecimiento acelerado de la movilidad del capital financiero; 2-desplazamiento relativo de los productos básicos, dentro de ese crecimiento constante y acelerado del comercio mundial; 3-extraordinario crecimiento del número de empresas multinacionales autóctonas, de filiales y subsidiarias, pertenecientes a los países desarrollados, que pasaron de 7.000 en 1969 a más de 39.000 en 1996; 4-acelerada expansión y concentración de la IED Norte-Norte; 5-expansión sin precedentes de las telecomunicaciones y los sistemas de manejo y transferencia de información; 6-creciente homogeneización de las pautas y hábitos de consumo, sobre la base de la difusión de las mismas, provenientes de las sociedades de altos ingresos, ligada también a lo anterior.

Sin embargo, y a pesar de la creciente mundialización de la economía, no todos los países ni todos los sectores de ella pueden ser considerados "globales" (reales o potenciales), desde el punto de vista de un "mercado mundial".

Si entendemos este último como el escenario en el cual se cristalizan condiciones significativas de interdependencia entre los distintos mercados nacionales y entre éstos y los mercados locales (al interior de los países), la situación antes señalada es claramente comprensible de un fenómeno que aún está lejos de abarcar "el mundo". En este sentido, es importante comprender que así como no todos los países están en condiciones de integrarse a esa "economía mundial" o tienen las condiciones para transformarse en espacios de interés para sus agentes dinámicos, tampoco todas las actividades empresarias –aún de aquéllas que se realizan en economías altamente desarrolladas– pueden o deben ser "globales". En efecto, muchas actividades y empresas sólo tienen viabilidad en el marco de mercados locales, un aspecto muy importante a tener en cuenta no sólo por pequeñas y medianas empresas, sino aún por grandes corporaciones, como las de almacenes, servicios puerta a puerta y otros, cuya ventaja comparativa es el conocimiento y la relación estrecha con sus destinatarios o consumidores.

Existen grandes diferencias de productividad entre los países altamente industrializados y los países de América Latina, que tienen su fundamento en las desigualdades en torno a las capacidades para crear condiciones de competitividad, lo que determina distintos grados de potencialidad para integrarse de manera activa a una economía más interconectada.

De igual manera, la diferenciación entre países incorporados al proceso de globalización/mundialización parece ir concentrándose en segmentos donde se mantienen altos salarios (al mismo tiempo que aumentan en esos países las desigualdades sociales) y otros de bajos salarios pero que han alcanzado ciertas capacidades tecnológicas, como China, Brasil, Europa del Este, y entre los cuales podría situarse en un futuro cercano la Argentina.

Siguiendo la referencia a los cambios ocurridos en la economía mundial, de la síntesis expuesta por Coutinho (1996), podemos señalar entre las principales:

Una etapa de acelerada transformación tecnológica, caracterizada por la intensa difusión de las innovaciones telemáticas e informáticas y por la organización y gestión en la industria y los servicios (como los modelos *just in time* y *over night*), que minimizan los stocks y los tiempos de respuesta; con modelos adaptados a las peculiaridades nacionales.

La rápida difusión de este nuevo patrón de organización de la producción y de la gestión acentúa el peso del comercio regional intra-industria e intra-firma, en la medida que las demandas de mercados específicos exigen una proximidad física de los productores con sus abastecedores y clientes o consumidores.

De esta forma, las grandes corporaciones y empresas oligopólicas se transforman en agentes activos de los procesos regionales de integración comercial, en la medida que sus estrategias de producción y mercado son preferentemente regionales o macro-regionales, mientras que sus estrategias tecnológicas y financieras siguen siendo globales o mundiales.

Por lo tanto, las Ets. continúan siendo los agentes clave del proceso de internacionalización-transnacionalización y simultáneamente, líderes de los procesos de formación de bloques comerciales. Esto explica que entre mundialización y regionalización haya más complementariedad que contradicción.

Sin embargo, la formación de estos oligopolios no es una novedad histórica; sí lo es la aceleración de las inversiones directas. Pero esto tampoco implica que no hayan podido surgir actores contestatarios y competidores, como los provenientes de los NIC's, en algunos segmentos de la electrónica de consumo (televisores, videocaseteras, minicomponentes, aparatos de fax, etc.) y de la industria automovilística (Corea).

La difusión desigual de los cambios tecnológicos entre los países centrales, caracterizada por la fuerte erosión del liderazgo industrial norteamericano, por la unificación europea y por la pujanza industrial japonesa, que condujo a un cuadro de policentrismo económico tripolar, en sustitución de la desaparecida bipolaridad nuclear-militar. Este policentrismo se caracteriza tanto por el surgimiento de los grandes bloques comerciales como también por la pluripresencia de bancos y empresas transnacionales originarias de las principales economías y a través de la fragmentación del sistema monetario internacional, en que junto al dólar aparecen el yen y el marco alemán como monedas de reserva.

A nivel del sistema, estos desequilibrios revirtieron la posición de Estados Unidos como polo principal, transformándola de nación acreedora a nación deudora. La transnacionalización financiera, el surgimiento de nuevos mercados y el aumento del giro corriente de transacciones en el mercado de cambio disponible (spot) global –que es de más de 1 trillón de dólares por día– se acompaña de una gran volatilidad de las tasas de cambio.

Una notable intensificación de las inversiones directas en el exterior por los bancos y corporaciones transnacionales de los países centrales, que ha contribuido a aumentar la interpenetración patrimonial de los sistemas capitalistas nacionales; con la emergencia en los años 80 de los inversores "institucionales" en los mercados de capitales (fondos de pensión; compañías de seguros), aumentando el volumen y la diversificación de los portafolios (en mercados de cambio, mercados de títulos públicos, bolsas de valores, etc.). Estas características tienden a integrar más estrechamente los mercados de capitales en los países desarrollados.

Una intensa y desigual transformación y cambio tecnológico,

con diferenciación de las estructuras industriales y empresarias entre los países avanzados, resultando en grandes y persistentes desequilibrios comerciales, erosión de anteriores hegemonías y la afirmación de nuevos competidores dinámicos mundiales (Japón, Alemania), que caracterizan un escenario policéntrico (tríada), complejo e interdependiente, cada vez más integrado en el campo de las transacciones cambiarias y financieras.

Un segundo nivel de condicionalidades resultó del nuevo período de crisis que vivieron las economías latinoamericanas, como consecuencia de los efectos de las crisis cíclicas del capitalismo global, durante los años 90.

La crisis asiática demostró que los factores que inciden en la inserción internacional de los países latinoamericanos escapan en gran medida a la voluntad de los gobiernos, dado que las reacciones desencadenadas por las crisis sistémicas imponen a todos los países percibidos como "mercados emergentes" los mismos costos de acceso a los mercados de capitales, independientemente de que muestren condiciones estructurales distintas, una buena inserción internacional y una macroeconomía sólida, factores que no son suficientes para impedir los efectos devastadores de los choques externos. La mayor interdependencia existente entre las economías nacionales, la ilimitada movilidad del capital y los desequilibrios y debilidades de la economía mundial amplifican las perturbaciones de modo que éstas, inicialmente localizadas en algunos países, se propagan a través de los canales comerciales y financieros a otros países y regiones (CEPAL, 1998b). Según la CEPAL, la crisis asiática, a partir del segundo semestre de 1997, afectó a América Latina en tres aspectos:

1-Provocando cortes radicales en los flujos de capital internacional de corto plazo y la elevación de los costos del financiamiento externo.

2-Generó fuertes bajas de los precios de los productos básicos, entre fines de 1997 y noviembre de 1998, los que bajaron un 13%, aunque este promedio incluye grandes variaciones entre productos, los que oscilan entre un 3% y un 141%.

3-Provocó una desaceleración del crecimiento mundial y, por tanto, de la demanda del comercio exportado de origen latinoamericano (CEPAL,1999[a]).

Las consecuencias de estos factores generaron en la región una fuerte desaceleración de la actividad económica, aumento del desempleo y aumento del défict público. A su vez, la crisis asiática de 1998-1999 produjo una desaceleración del crecimiento del comercio mundial, que, según estimaciones de la OMC, crecerá muy por debajo del promedio de los cuatro años anteriores. Asia se había convertido, en cierta forma, en la locomotora de la economía mundial, desplazando otras regiones y países. Todas las regiones habían aumentado la proporción de sus exportaciones hacia dicha región. Esta crisis, que afectó las economías más exitosas del mundo en desarrollo, demostró que:

Los factores que inciden en la inserción internacional de los países en desarrollo de América Latina escapan a la voluntad de sus gobiernos, ya que las reacciones desencadenadas por las crisis sistémicas imponen a todos los países por igual los mismos costos de acceso a los mercados de capital sin diferencias.

Una buena inserción internacional y la aplicación de políticas macroeconómicas exitosas y sólidas no son suficientes para impedir el efecto adverso de los choques externos.

En conclusión, resulta evidente que la crisis del capitalismo global, los procesos político-económicos mundiales y los efectos del cambio del paradigma tecno-productivo y societal, requieren de nuevas estrategias, por parte de los países en desarrollo, para hacer frente a los desafíos. Es en esta perspectiva que consideramos necesaria una nueva visión sobre el Mercosur como instrumento que, a través de la integración y cooperación entre los miembros, ayude a enfrentar las nuevas condicionalidades en el camino al desarrollo.

La regionalización como proceso

La regionalización es el otro proceso que ha caracterizado la economía política mundial en las últimas décadas; un fenómeno que adquirió también una nueva y fuerte dinámica con la transición del orden mundial (post guerra fría). Como configuración de grandes espacios económicos regionales, que movilizan importantes fuerzas económicas, sociales y políticas, ha tenido una importante extensión −desde el punto de vista de la dimensión geográfica que cubren sus ejemplos− durante los últimos quince años y representa una fuerza central en la transformación actual del sistema social mundial (Bernal-Meza, 1999 b: 35-36).

Como argumentamos en estudios de hace unos años (Bernal-Meza 1994; 1994a), la regionalización de la economía mundial es, paradójicamente, un corolario de la mundialización. Es dentro del contexto general de reacción a la crisis de la acumulación capitalista de los 70 y 80 y a partir de sus centros (Estados Unidos, CEE, Japón) y en su propia dinámica, que debe ser entendida la tendencia contemporánea a la formación de grandes bloques comerciales, que asumen un peso geo-económico y estratégico como las nuevas áreas clave de la expansión capitalista.

En un estudio de hace unos años[7], compartiendo la opinión de diversos autores[8], expresábamos que la regionalización es un concepto cuya utilización se ha extendido en la medida que ella aparece, en forma cada vez más creciente, como un fenómeno que acompaña a la mundialización desde un proceso que tiende a fragmentarla, y que se basa en la idea de que la economía mundial se está concentrando en núcleos regionales, centrados en torno a un núcleo más dinámico, de carácter nacional o Estado-nacional que es el generador clave, estratégico, de los flujos de comercio, inversión y tecnología, en dirección al racimo de países que componen su entorno de economías integradas. Desde este punto de vista, representa uno de los grandes desafíos a las estrategias que buscan promover una economía más abierta y multilateralizada.

La regionalización expresa el tránsito de las "nuevas lealtades". Es el paso de un sistema internacional de Estados con diversos grados de autonomía en la formulación y aplicación de políticas internas y externas, a un nuevo sistema más amplio que cada uno de ellos. A través de los bloques y esquemas regionales, la regulación económico-social estatal está transitando desde los Estados-nacionales a las regiones y bloques, transfiriendo a éstos la autonomía de la política, que antes era puramente estatal. En este sentido, la regionalización es un corolario de la globalización, y sería un paso importante hacia la configuración de un sistema económico de imperio-mundo (Bernal-Meza, 2000).

La formación de bloques regionales pasó a ser un instrumento, un recurso de economía política en el camino hacia la inserción en una economía mundializada, independientemente del nivel de industrialización de los miembros que componían cada agrupamiento y de las propias dimensiones de cada país (ibid).

La "globalización" –en tanto ideología– influyó decisivamente sobre la formulación de la política pública y sobre el papel del Estado. Influyó también en la política exterior, restringiendo la visión acerca de las opciones posibles dentro de la redefinición de las estrategias políticas y económicas de inserción internacional. Todas estas cuestiones se reflejarían en el modelo de integración e institucional del MERCOSUR, un modelo cuyo paradigma fue el "regionalismo abierto", el que se basó en la interrelación entre dos procesos: 1-la integración impulsada por "políticas de Estado", que se advirtió en la proliferación de acuerdos preferenciales de comercio y en las iniciativas para crear zonas de libre comercio –en particular las conducentes a uniones aduaneras– y 2-la "integración de hecho", generada a partir de la común aplicación de políticas comerciales no preferenciales y de coincidencias en la adopción de políticas macroeconómicas nacionales.

El MERCOSUR como modelo de regionalización

"El desarrollo económico es probablemente la dimensión esencial de las relaciones internacionales de los países subdesarrollados"[9]. Esta afirmación de Luciano Tomassini nos permite situar el debate sobre el MERCOSUR (y en general sobre la integración económica latinoamericana) en el nivel de importancia fundamental que éste tiene, como estrategia internacional, tanto económica como política. Coincidiendo entonces en que la estrategia de vinculaciones internacionales debe tener, como objetivo esencial, cambiar positivamente esa condición de atraso económico, es que revisamos el papel del MERCOSUR como una instancia que, desde la política, formula una estrategia de integración económica, como instrumento para cambiar las condiciones de la inserción internacional.

Para imaginar un programa de integración que sea funcional al objetivo antes señalado, es necesario contar con: -un modelo de integración que no se agote en un proyecto puramente comercial, sino que apunte a esa función estructural, que tiene que ver con el diseño e implementación de una estrategia de desarrollo científico-tecnológica e industrial; -una agenda que incorpore los aspectos necesarios desde una perspectiva social y económica del desarrollo integral y una estructura institucional adecuada, es decir, que permita el diseño e implementación de las políticas; -una institucionalidad que permita el avance estratégico; -una coincidencia de las políticas exteriores de los países miembros, respecto de la visión estratégica, de la agenda y de la estructura institucional adecuadas para ese objetivo.

Estrategia de "regionalización"

Como hemos señalado en estudios recientes, los modelos y estrategias de integración económica han estado signados en la historia de la economía política mundial por dos elementos esenciales: las características de la estructura de las relaciones económicas internacionales y la predominancia de determinados marcos teóricos y paradigmas sobre los cuales se han construido los proyectos. Esta coincidencia de elementos esenciales se ha dado en cada tiempo histórico. Así, al modelo integrador del MER-

COSUR le corresponde hoy una etapa de mundialización y regionalización de la economía con un marco teórico sustentado en el paradigma del regionalismo abierto, que se diferencia en gran medida de la tradición predominante en el pasado, aquélla de sustitución de importaciones y proteccionismo (Bernal-Meza, 2000). No obstante estas tendencias, sigue siendo esencial comprender que los procesos de integración y cooperación económica entre países en desarrollo constituyen herramientas fundamentales, que facilitan el mejoramiento de la inserción internacional, tanto porque aumentan la capacidad relativa de negociación y poder externos, como por el hecho que potencian las capacidades económicas nacionales asociadas.

Así, desde nuestra perspectiva, la regionalización de América del Sur debería ser planteada como una estrategia dirigida a contrarrestar los factores y tendencias negativas que la globalización-/mundialización están generando en las economías y sociedades en desarrollo[10]. Se trata del diseño de modelos que contribuyan a contrarrestar los nuevos efectos negativos de la globalización, que se derivan de las tendencias objetivas provenientes de la mundialización en lo que se refiere a la división internacional del trabajo y al carácter tecno-productivo de la inserción de las economías en desarrollo dentro de la economía mundial. Esta interpretación de la regionalización es la que aplicamos al MERCOSUR, pues, de hecho, tanto los cambios inducidos por las políticas comerciales de las empresas multinacionales como la concertación institucional de las prácticas comerciales (Ronda Uruguay), han dejado a los países en desarrollo sin la capacidad de combatir o enfrentar adecuadamente las prácticas desleales de los grandes competidores internacionales.

Cuatro son los grandes desafíos de la "regionalización" latinoamericana: limitar la erosión a la que está siendo sometido el Estado, mediante la recuperación de la capacidad de regulación; recuperar el papel de la acumulación capitalista nacional (privada y estatal), *vis-à-vis* la acumulación mundializada (corporación transnacional), en la configuración de los determinantes (y las estrategias) para el desarrollo nacional; fortalecer el papel del sector privado nacional, con el propósito de que éste se convierta en el actor modernizador, dinámico y transformador, a través de la incorporación del cambio y la innovación y su voluntad para proceder al diseño de nuevas estrategias empresariales; revertir las condiciones estructurales de subdesarrollo y enfrentar las tendencias objetivas negativas de la mundialización.

Agenda

El MERCOSUR fue diseñado como un ambicioso proyecto de integración y cooperación que iba mucho más allá de la simple profundización de las relaciones comerciales, pero que sin embargo se quedó en el tiempo en una agenda restringida al ámbito comercial.

No obstante, un análisis de diversas iniciativas y de propuestas en curso de negociación, permiten justificar la necesaria profundización institucional, en la medida que el MERCOSUR ha ido sobrepasando los temas de naturaleza puramente económico-comerciales. Muchos de ellos corresponden a una agenda de "alta política", en particular en el marco de las relaciones bilaterales argentino-brasileñas.

Vistos los desafíos a enfrentar, se requiere una "nueva" agenda, en la cual se deben incluir la planificación y ejecución de nuevos sectores productivos, que se sustenten sobre políticas regionales/locales de desarrollo, que permitan la complementación de recursos humanos de alta calificación tecnológica y científica, y la discusión de políticas sectoriales de promoción del desarrollo regional.

Aquí se advierten dos cuestiones distintas; en primer lugar la cooperación económica-científica-tecnológica dentro de la estrategia de desarrollo integral; la segunda, ampliar –a través del efecto multiplicador de la planificación sectorial y regional– el entorno dinámico del MERCOSUR. En efecto, existe en el MERCOSUR un eje (San Pablo-Montevideo-Buenos Aires) que es un núcleo territorial eficiente, más transnacionalizado y en proceso de inserción global creciente que el resto del espacio geográfico; más dinámico que el resto de las regiones de cada uno de esos países e, incluso, más dinámico y eficiente que un país completo (Paraguay)[11]. Lo que se demanda al MERCOSUR es, justamente, formular e implementar las estrategias necesarias para revertir la situación. No podrá imaginarse un desarrollo equilibrado perpetuando un espacio integrado en el cual coexistan un polo dinámico con otros donde no haya una modernización de las instituciones y de las estructuras económicas y sociales. Cambiar esta situación estructural permitirá impedir la reproducción, al interior del MERCOSUR, de un subsistema centro-periferia. Para ello hay que diseñar esa agenda de desarrollo regional que promueva la interconexión de espacios modernos y no-modernos (incluso arcaicos); de espacios transnacionalizados con aquellos "provincianos"; de los intensivos con los extensivos, donde todos sean dominados por el mismo sentido de ciudadanía, pertenencia y democracia. No puede haber crecimiento económico sin una sociedad integrada socialmente y estable políticamente. En este sentido, uno de los objetivos de la institucionalización del MERCOSUR debería ser la profundización de instancias de participación y representación de las regiones, cuya conveniencia ha quedado demostrada en la experiencia de la Comisión Europea, como un mecanismo de equilibrio en el desarrollo integral, a través del Consejo de Regiones.

Con ese propósito, podemos sugerir una agenda de trabajo e investigación sobre temas específicos, que se derivan del diagnóstico que hemos hecho en las páginas precedentes.

En primer lugar, es necesario retomar y recuperar el debate sobre el desarrollo y su relación con la integración económica y social.

En segundo lugar, profundizar la concertación de políticas exteriores, pues si la integración no es dirigida hacia el esfuerzo por cambiar las "reglas del juego" de la economía política mundial (tendencias de la mundialización, consecuencias para la división internacional del trabajo, etc.), se correrá el riesgo de que el poder acumulado con el proceso integrador se diluya o se agote, tal como sucedió con otros esquemas en el pasado.

En tercer lugar, el fortalecimiento de la institucionalidad, en la medida que ella puede asegurar la participación más equitativa de los países, profundizando así el compromiso político y la complementación económica de los mismos con su entorno; de sus respectivas sociedades nacionales y sus regiones, dentro de un todo integrado.

Todos estos aspectos deben ser volcados en una matriz que defina el tipo de posicionamiento político al que aspira llegar el MERCOSUR o a representar en tanto bloque subregional, puesto que en corto plazo deberá enfrentar negociaciones simultáneas y en distintos frentes: a nivel interregional, bilateral y multilateral.

De los compromisos (voluntad política más el papel del MERCOSUR en la estrategia nacional de desarrollo) resultará un diseño de los pasos a seguir en relación al proceso de integración: unión aduanera o un mercado común integral, que implique armonización de políticas económicas y una institucionalidad supranacional.

La institucionalidad

El debate y las discusiones sobre la institucionalidad del MERCOSUR –entendiendo éstos como una profundización del proceso de integración– tienen dos componentes, uno macro y otro micro. El primero es de orden esencialmente político, sin el cual el segundo (el debate por la institucionalidad en sí) tiene poco sentido. Desde esta perspectiva es fundamental abordar la cuestión en su sentido estratégico y de largo plazo, tema que tiene que ver con el papel que el Brasil le asigne al MERCOSUR en el contexto de su política internacional (Bernal-Meza, 1998; 1999). No puede escapar a la racionalidad política el hecho de que la cuestión de la supranacionalidad es un tema extremadamente complejo, que marcará la evolución política del MERCOSUR. Sin embargo, este "salto hacia delante" significa que se ha preservado la naturaleza política del proyecto integrador y ésta se sustenta en los avances alcanzados en el campo económico-comercial y sociocultural, única forma de aglutinar los distintos sectores nacionales tras el renunciamiento a la acción unilateral (soberana). Para muchos especialistas la adopción integral de instituciones comunitarias de tipo supranacional es una transición que se adoptará tarde o temprano, ya que se considera que el MERCOSUR es efectivamente el embrión de etapas superiores de integración.

Para abordar políticamente el problema de la institucionalidad del MERCOSUR es necesario, como primera cuestión, ratificar la existencia de una voluntad societaria de los países miembros. Sin embargo, desde el punto de vista de lo que el MERCOSUR significa, en tanto proceso consolidado y en etapas de consolidación, la visión que tienen los actores nacionales no es en absoluto coincidente y en esto radica, a nuestro juicio, una de las primeras dificultades que la diplomacia de presidentes, en la cual se ha enmarcado la construcción por etapas del MERCOSUR, debe abocarse de manera urgente.

Las instituciones son recursos fundamentales, pero no los únicos en el proceso de integración. Pero existe sobre ellas un grado de condicionalidad, que está dado por cuatro factores: los intereses (nacionales, sectoriales); las ideas que subyacen y sustentan dichos intereses; la información (tanto el acceso a ella como su manejo) y las instituciones en sí mismas que reflejan los consensos alcanzados.

Existen dos visiones sobre el MERCOSUR: una pragmática (predominante en Brasil) y otra más idealista (predominante en Argentina). La primera ve al MERCOSUR como un proyecto comercial con ventajas políticas y estratégicas. La segunda lo ve como proyecto de integración más profundo e institucionalizado. No obstante, el problema se presenta cuando se habla de "más MERCOSUR", en el sentido de cómo y en qué progresar, porque tampoco hay uniformidad de criterios.

Así, mientras para Brasil es "más de lo mismo", para Argentina debería ser "más de lo que aún no se logró" (CARI,1999). No obstante lo anterior, existe un cierto consenso en que los problemas actuales del MERCOSUR son de orden estratégico y de corto plazo o inmediatos. Entre los primeros está el cumplimiento de los objetivos, el desarrollo de una estructura institucional acorde y la implementación de mecanismos para aplicar controles en el cumplimiento de los acuerdos. De lo segundo se rescatan, más inmediatamente, desarrollar un sistema de información, que actualmente no funciona de manera adecuada y la revisión o formulación de mecanismos de incorporación y vigencia de las normas MERCOSUR[12].

Las políticas exteriores hacia el Mercosur

La implicancia del proceso de "cooperación entre Estados" impulsado por los gobiernos tampoco tiene una visión unánime. Desde una perspectiva restrictiva, el hecho de que los Estados tomaran por base la cooperación entre ellos de modelo dio como resultado natural que el órgano superior fuese el Consejo Mercado Común[13], como instancia de vinculación y negociación entre Estados; mientras que, para otros analistas, que ven una perspectiva más amplia y progresiva de lo que se entiende por cooperación política, el compromiso de los Estados-Parte fue justamente el de la construcción progresiva de un proyecto político más amplio, que invariablemente iría requiriendo de instancias institucionales cada vez más complejas, cuya prueba lo constituyen los ajustes incorporados en el Protocolo de Ouro Preto.

No hay una posición "oficial" al respecto en ningún país. Sin embargo, se pueden extraer algunas indicaciones a partir de la lectura de documentos y publicaciones de funcionarios gubernamentales, académicos y diplomáticos. Como puede advertirse a partir de la lectura de las diversas posiciones u opiniones públicas de los países, reflejadas en publicaciones, disertaciones o exposiciones en distintos eventos, hay tres posiciones respecto de la profundización de la institucionalización o la creación de órganos supranacionales en el MERCOSUR. La primera es la del país mayor, que quiere mantener su autonomía de decisión y ejercer el peso de su poder relativo (económico, demográfico y político) sobre el destino del MERCOSUR, proyecto al que consideran como "su" punto de arranque de una política continental.

La segunda corresponde a los países menores, Paraguay y Uruguay (donde también hay que incluir Chile y Bolivia), que ven en las instancias supranacionales un mecanismo que les proteja de medidas y políticas unilaterales aplicadas por sus socios más grandes, pero que también pueda garantizarles el ejercicio de derechos en tanto socios.

La tercera es la posición de Argentina, en la cual puede advertirse que hay, entre quienes se han ocupado del tema de la integración (políticos, diplomáticos, académicos) una opinión predominante en el sentido de que sin instituciones supranacionales no es posible avanzar en la profundización de la integración y el cumplimiento de sus compromisos.

Individualmente, se pueden señalar los siguientes puntos de vista más específicos de cada país:

Brasil

Se puede advertir que la posición de los especialistas (académicos, diplomáticos, funcionarios) expone tanto argumentaciones políticas como jurídicas en contra de una profundización de la institucionalidad en la forma que lo ve el resto de países miembros. Brasil es el más claro opositor a cualquier "renuncia de soberanía"[14]. Desde su punto de vista político-diplomático-gubernamental, el MERCOSUR tiene la institucionalidad que requiere en esta etapa[15].

Como lo han expresado en diversas oportunidades especialistas, académicos y diplomáticos brasileños, su país considera que el MERCOSUR no ha avanzado aún lo suficiente como para que sea necesario constituir un tribunal de justicia, y que los mecanismos que deben ser utilizados para resolver los problemas controversiales deben ser el Grupo Mercado Común o la Secretaría.

No se cree que sea necesario ni oportuno convocar a la conferencia prevista en el Protocolo de Ouro Preto para revisar la estructura institucional del MERCOSUR en estos momentos. Hoy es prioritario resolver los problemas políticos y económicos internos de cada país, para luego poder profundizar el proceso de integración[16]. En lo específico, se considera que la Secretaría debe ser fortalecida, haciendo de ella una "secretaría general", más ágil para actuar junto a los gobiernos, pero no con capacidad de decisión.

Argentina

A pesar que la decisión política no ha sido lo suficientemente explícita sobre la cuestión y al hecho de que los vaivenes de su política exterior (entre optar por ALCA o por MERCOSUR) pueden haber desdibujado su propio poder a los ojos de su interlocutor esencial, el Brasil, la posición argentina parece acercarse más a un *mix* entre instituciones intergubernamentales y comunitarias. Sin embargo, desde los análisis jurídicos y tomando en consideración algunas dificultades concretas que han surgido en el plano comercial con su socio brasileño, la preferencia por impulsar las discusiones en torno a la creación de un tribunal arbitral señalan claramente una opción por iniciar el camino hacia la supranacionalidad. Si bien puede señalarse que hay una predominancia de visiones "idealistas" sobre la integración, que impulsan hacia el fortalecimiento de los mecanismos de supranacionalidad –tal como se adelantó antes– también los empresarios ven que el MERCOSUR político (es decir, más institucionalizado) es una garantía mayor para el fortalecimiento de la integración económica y para protegerlos de medidas unilaterales. Los empresarios en general consideran que la seguridad jurídica, la configuración de una "zona de paz", la armonización jurídica, el cumplimiento de los compromisos, etc., generan condiciones que facilitan los negocios, pero que esto es sólo posible de alcanzar si hay un compromiso político para profundizar (institucionalmente) la integración regional.

Paraguay

Este país y el Uruguay son los más claros exponentes de las posiciones decididamente "supranacionales", que se explican también por la dimensión de su peso relativo, en un contexto donde la *realpolitik* les dejaría escaso margen de acción unilateral. Según han expresado altos funcionarios y ex ministros de ese país, para el Paraguay la existencia de un organismo supranacional es indispensable, ya que la experiencia les ha demostrado que la tratativa bilateral es un camino difícil, por lo cual una instancia supranacional facilitaría la resolución de problemas que se susciten. Se considera que un MERCOSUR seguro, solidario, es difícilmente posible sin órganos ni leyes que sean obligatorias, permanentes y coercitivas.

Uruguay

Consideran que la incerteza jurídica, producto de la ausencia de estructuras de control comunitario de la legalidad, funciona de manera perversa, porque beneficia a los socios grandes y perjudica a los chicos. En esa perspectiva, son también decididamente "supranacionales".

Chile

Existen tres elementos para la interpretación de la posición chilena: 1-las características de apertura y de *global trader* de la economía chilena, que la hacen no tener socios preferenciales. El acercamiento al MERCOSUR ha tenido componentes políticos significativos, además de económicos, pero hay una tendencia predominante hacia un "regionalismo abierto", que obviamente pone menos atención sobre cuestiones formales o institucionalizadas que pueden restringir su acceso a otros bloques ; 2-una preocupación por el efecto que las políticas unilaterales de los gobiernos (devaluaciones sin consulta; adopción de nuevas barreras aduaneras y otros mecanismos discriminatorios, etc.) tienen sobre los procesos de integración –incluyendo el MERCOSUR– frente a lo cual es inimaginable una integración sin autoridades supranacionales que puedan determinar sobre estos asuntos; 3-que los procesos de integración deben llevarse con sus ritmos naturales, sin intentar institucionalizarlos forzada o prematuramente.

Hay un cierto consenso en que deben darse mayores condiciones de estabilidad macroeconómica, sobre todo en los dos grandes (Argentina y Brasil), como requisito para profundizar la institucionalidad. Chile estaría de acuerdo en lograr una estructura de supranacionalidad ya que esto le daría mayor credibilidad y solidez al bloque y, por ende, mayor previsibilidad al esquema. Todo esto es posible sólo si se cumplen dichos requisitos de estabilidad. Algunos analistas sugieren que la actual Unión Aduanera imperfecta es, tal vez, una figura de integración que supera la integración económica real existente actualmente entre los países del bloque.

Para el país, el principal obstáculo –de duración imposible de prever– es la incompatibilidad entre los sistemas arancelarios chileno y el negociado en el MERCOSUR. No obstante, en los gobiernos de la Concertación ha habido una clara voluntad política por profundizar la integración y la cooperación con el MERCOSUR, cuestión que ha sido ratificada por el nuevo presidente, Ricardo Lagos.

Sin embargo, la opción por la apertura unilateral de la economía que han seguido estos gobiernos marca un punto de difícil coincidencia –al menos hasta no antes de 2006– entre el país y el MERCOSUR, debido a que con la ley 19.589, promulgada el 28 de octubre de 1998, el arancel chileno vigente, del 11%, deberá bajar a 6% en el año 2003, mediante una rebaja gradual que comenzó a aplicarse el 1 de enero de 1999.

Argentina y Brasil: políticas exteriores comparadas hacia el MERCOSUR

Argentina y Brasil iniciaron el lanzamiento del MERCOSUR con una creciente coincidencia en las políticas económicas; pero, luego de la renuncia de Collor, se comenzarían a advertir crecientes divergencias en materia de política exterior (Bernal-Meza,1999; 2000).

Coincidente con las aproximaciones en política económica y una similar visión "positiva" (diríamos hasta benéfica) sobre la globalización, el modelo elegido por los gobiernos de Menem y Collor para diseñar el MERCOSUR, y del que participarían también los gobiernos de Uruguay y Paraguay, se caracterizaría por tres elementos: -el regionalismo abierto como paradigma de integración, es decir, "regionalización hacia la globalización"; 2- institucionalidad intergubernamental; 3-concepción predominantemente Estado-céntrica, con poca profundización institucional.

Mas, a medida que el comercio comenzó a acercar cada vez más a ambas economías, luego de la renuncia del presidente Collor, comenzaron a evidenciarse las diferencias en política exterior entre ambos países, lo que tendría su impacto sobre la evolución del MERCOSUR.

De manera muy sintetizada podríamos señalar que esas diferencias se centraron en cinco grandes núcleos: 1-las interpretaciones sobre el "orden mundial emergente o en transición" y sobre la "globalización"; 2-el papel que cada uno de estos países aspiraba a jugar en esos contextos; 3-los paradigmas dominantes sobre política externa; 4-las relaciones con Estados Unidos; 5-las políticas de seguridad[17]. En este contexto, ¿qué papel tenía o jugaba el MERCOSUR en las respectivas políticas exteriores?

Para Argentina, el MERCOSUR –dada la predominancia por el enfoque comercialista y el desinterés por profundizar otras agendas bilaterales, fuera de la vinculada con la seguridad-pasó a ser un instrumento coyuntural, táctico, de expansión comercial y una instancia hacia la formación de ALCA. Sin embargo, aquí surgía una gran contradicción –tanto respecto de las preferencias por los socios externos, así como por el carácter coyuntural del intercambio– en la medida que el Brasil pasaba a ser el destino de más del 30% de su comercio de exportación. Por su parte, para Brasil –en teoría– el MERCOSUR había sido (al menos hasta la crisis de 1999) un instrumento estratégico de su política global.

Este carácter estratégico se fundaba en cuatro sustentos: 1-era una pieza intermedia de apertura; el tránsito menos traumático entre una economía cerrada hacia otra economía más en la línea predominante de las exigencias internacionales de apertura; 2-era un instrumento que le permitía beneficiarse económicamente del nuevo espacio, dado el considerable peso de su estructura productiva, para hacer ésta más competitiva; 3-políticamente era el instrumento para la construcción de un subsistema económico y político (ALCSA), que le sirviera de plataforma para asegurar su reconocimiento como "potencia media mundial"; 4-un MERCOSUR exitoso fortalecía el liderazgo brasileño en el Cono Sur.

En síntesis, la política brasileña hacia el MERCOSUR habría tenido así tres objetivos: permitirle abrir gradualmente su economía; enfrentar los desafíos económicos y políticos de la hegemonía norteamericana y alcanzar un reconocimiento mundial. Por lo tanto, el MERCOSUR, para Brasil, era, efectivamente, un instrumento de *realpolitik* (Bernal-Meza, 1999; 2000).

Si bien en ambos países se percibió la necesidad de adoptar un nuevo patrón de desarrollo, la adecuación o el cambio de los marcos conceptuales de la política exterior, para que coincidieran con los esfuerzos de reinserción y las tendencias "globales", han sido más profundos en Argentina que en Brasil.

Desde el punto de vista de la existencia de articulaciones conceptuales específicas, en el eje o *continuum* autonomía-desarrollo, en el caso argentino hay una aceptación e incorporación de las ideas pro-mercado y primer-mundistas (orden mundial; globalización) y en el caso brasileño, un mayor *continuum* de ideas más desarrollistas y autonomistas.

En términos del *continuum*, continuidad-ruptura, en las orientaciones de la política externa, pocas veces se han visto cambios tan bruscos en un período tan corto de tiempo, como en el caso argentino (entre 1984-1989 y 1989-1999), mientras que, en el caso brasileño se advierten más tendencias a un *statu quo* de las orientaciones básicas ya identificadas desde mediados de los años 70.

Hubo una vinculación más estrecha entre reformas económicas y cambios conceptuales (ideas) en la política exterior en el caso argentino que en el caso brasileño. Desde el punto de vista del "estilo" con que cada país –hasta 1999- buscó realizar los objetivos e intereses de su agenda internacional, las estrategias fueron muy distintas. En el caso argentino, la hipótesis fue que la rápida adhesión a los regímenes propuestos por el mundo desarrollado era la condición previa para obtener beneficios concretos, en términos de préstamos, inversiones, etc.) y, por lo tanto, ese camino era la condición básica para el crecimiento económico. En cambio, en el caso del Brasil, la hipótesis ha sido más bien la de la preservación de espacios de autonomía, es decir, la necesidad de negociar los términos de ingreso a esos regímenes internacionales, entendiendo que esa autonomía maximizaba, en el largo plazo, las posibilidades de obtener esos mismos beneficios (Guilhon Albuquerque, 1999).

Sin embargo, la paradoja es que mientras Brasil ha buscado (o aspirado, al menos) un reconocimiento internacional como potencia media –en tanto objetivo definido, de Franco a Cardoso– y declara aspirar al liderazgo en el Cono Sur, cuestiones todas de alta política, ha privilegiado permanentemente la dimensión comercial como la forma de inserción internacional; mientras que la Argentina, que declaró, bajo Menem, su opción por el paradigma *trading state*, formulando a su vez su propio paradigma ciudadano-céntrico[18], cuestiones que remiten a una lectura más bien de baja política, privilegió la "dimensión política"en la inserción internacional (alianza con Estados Unidos y la OTAN; política de seguridad; conflicto con Brasil por el tema de la representación en el Consejo de Seguridad de la ONU, etc.).

El Cono Sur en el contexto del siglo XXI. Oportunidades y desafíos

La globalización es el fenómeno y proceso central del sistema mundial actual. Como proceso económico pone en evidencia las contradicciones entre la acumulación global –a través de la expansión mundializada del capital transnacional– y la acumulación a escalas nacionales. Se trata, por tanto, de un proceso que contrapone la acumulación impulsada por la corporación transnacional a aquella acumulación clásica a escala nacional (estatal y/o privada).

El profundo proceso de innovaciones tecnológicas de las dos últimas décadas afectó éste en sus manifestaciones institucionales y organizacionales de los diversos actores, tanto estatales como privados, nacionales y transnacionales, haciendo de esta etapa del capitalismo un estadio mucho más complejo y dinámico, en un contexto de crisis sistémica.

Fue, sin embargo, la adición a este proceso de un sistema de ideas y una concepción del mundo que no existían en las etapas anteriores, lo que dio a esta etapa del proceso histórico de mundialización capitalista su extraordinaria capacidad dinámica, a través de la construcción ideológica que ha acompañado la globalización. Como una manifestación más del fin de sus crisis cíclicas, nuevamente el capital financiero se ha transformado en la "señal de otoño" del capitalismo, ahora cerrando la etapa iniciada con el orden de Bretton Woods.

La globalización, como proceso y como ideología, ha incidido profundamente en la reformulación de las estrategias externas de nuestros países, cambiando con ello también las concepciones y el papel asignado a los procesos de integración económica como los del Cono Sur.

Una de las consecuencias institucionalizadas de la globalización/mundialización ha sido el nuevo y acelerado proceso de liberalización comercial, resultado de los Acuerdos Multilaterales de Comercio.

Como consecuencia de estas radicales transformaciones sigue siendo una asignatura pendiente, de la política pública y del MERCOSUR, la formulación de una nueva forma de regulación entre la economía mundial y los países.

Actualmente, bajo una percepción de que la integración regional estaría atravesando por un virtual estado de estancamiento", el futuro del MERCOSUR parece depender más de los resultados de las experiencias de crecimiento y estabilización de los países mayores (Brasil y Argentina) que de la voluntad política por revisar las líneas estratégicas fundamentales del MERCOSUR, como el carácter de su dinámica estructural de inserción y la profundización del proceso integrador. En este sentido, aparecen las diferencias sobre el contenido de ese proyecto político común.

A pesar de los aspectos antes mencionados, durante los años noventa las políticas exteriores de Argentina y Brasil tuvieron mucho más de similitudes y coincidencias que diferencias, como no se había apreciado en otros períodos históricos. Estas similitudes se evidenciaron respecto de la visión sobre la globalización y en relación a los desafíos y mecanismos para enfrentarlos. Esas sintonías permitirían imaginar que deberían abrirse mayores perspectivas para la integración y la cooperación bilaterales.

Así, si bien el proceso se alejó del "punto de no retorno", ese estadio donde quedarse tiene menos costos que retirarse del acuerdo: el reconocimiento de no encontrarse frente a divergencias insalvables –como consecuencia de la pérdida de elementos estructurales que ataran a ambos países a una estrategia común de desarrollo–, la convicción de no encontrarse frente a situaciones de grandes contradicciones de política externa, permite volver sobre la idea fundamental que hace de la integración un juego de suma positiva y un proceso que pueda transformase en irreversible.

Pero esto ocurrirá también cuando haya acuerdo político sobre el hecho que el camino hacia el logro de objetivos comunes de desarrollo, cooperación para la paz y bienestar, requiere de un nuevo nivel de decisiones.

En este sentido, la supranacionalidad es una dimensión necesaria en el proceso de consolidación de una integración económica que se dirige hacia los objetivos de una comunidad de naciones. Implicaría una vía intermedia entre una estructura internacional y un Estado Federal y un mecanismo para participar, desde la perspectiva común, del diseño de las estrategias de desarrollo industrial, científico, tecnológico, social y cultural.

En el interior de una organización supranacional los Estados aceptan una limitación de su soberanía y someterse –en ciertos ámbitos preestablecidos– a la autoridad de las instituciones centrales o comunes, las cuales pueden adoptar actos vinculantes no sólo en relación a los Estados miembros, sino también con respecto a los sujetos privados. En ese sentido, se evidencia una renuncia de los Estados miembros al ejercicio de ciertas competencias internas y externas y la consecuente transferencia de ellas a favor de la organización comunitaria, mientras las sociedades –y los propios grupos empresarios nacionales– ganan en seguridad jurídica y en la ampliación de las instancias e instituciones de política que guardan y garantizan sus derechos. Este es el sentido estratégico de la regionalización.

La estrategia del MERCOSUR se ha basado en tres soportes interrelacionados:

1-profundización, a través de la negociación e inclusión de nuevos temas;

2-consolidación, con el cumplimiento de los acuerdos y compromisos, que se vincula con la efectividad y que es una precondición de su existencia;

3-relaciones externas, es decir una inserción política en el sistema internacional, a través de la permanente negociación con bloques y países.

Esta perspectiva supuso un trabajo intergubernamental y estableció a futuro la necesidad de armonizar las políticas nacionales y la proyección internacional de la estrategia integrativa. A partir del Protocolo de Ouro Preto (15 de diciembre de 1995) el MER-

COSUR fue dotado de un nuevo marco institucional y posee personería jurídica internacional[19], pudiendo negociar acuerdos con terceros países o bloques de países, cosa que efectivamente ha venido ocurriendo cada vez en mayor medida.

Por tanto, es una organización, un organismo y un instrumento internacional con base política; una organización internacional con personería jurídica internacional[20], pero de carácter –hasta el momento– intergubernamental. Sin embargo, el destino de esas finalidades esencialmente de orden político, requieren de definiciones políticas y de instituciones que aseguren ese carácter. Esto remite, por tanto, a los intereses y a la voluntad de los países miembros –en particular del Brasil– en el sentido de definir hasta dónde se quiere llegar con el MERCOSUR. Una síntesis del estado actual del MERCOSUR permite tener un panorama de los progresos y de los desafíos pendientes.

Ubicando el MERCOSUR en el contexto de la economía política mundial se advierte: que éste es actualmente el cuarto bloque comercial del mundo; que el proceso de integración que el mismo representa es el más exitoso que ha conocido la región en su historia, dados los alcances de las interdependencias y los volúmenes de comercio obtenidos, con un crecimiento histórico de la inversión extranjera directa y de las inversiones intra-MERCOSUR, habiendo manifestado una creciente capacidad de atracción (ampliación a nuevos socios) y de negociación internacional (*vis-à-vis* la Unión Europea y Nafta).

Es evidente que el MERCOSUR cambió el grado de interés estratégico global por América del Sur, incrementando en mucho la capacidad de negociación hacia otros bloques y hacia terceros países[21].

No obstante, cuando se plantea el tema de cómo transformar en ganancias (desarrollo económico, comercio, inversión extranjera directa, acceso a nuevas tecnologías, etc.) el perfil político y económico alcanzado regional e internacionalmente, surgen las dudas. Frente a ellas, proponemos algunos aspectos que deberían modificarse: No habiéndose alcanzado aún el "punto de no retorno", debido esencialmente al bajo nivel de institucionalidad, complementariedad e interdependencias económico-productivas e industriales, los factores que hoy dan continuidad al MERCOSUR son una mezcla –en sí mismos– de incógnitas políticas: 1-el papel de significativa o relativa importancia que juega el MERCOSUR en la política exterior y en las relaciones internacionales del Brasil; 2-la dependencia comercial argentina de Brasil. Allí también radican los intereses para que los dos socios principales sigan profundizando el mercado común.

Atendiendo al primer punto, visto que Brasil no ha abandonado la idea de hacer del MERCOSUR el núcleo endógeno de un acuerdo de libre comercio sudamericano (ALCSA), hay que reconocer que éste aumentaría la capacidad negociadora y el potencial económico de América del Sur, pero, al mismo tiempo, profundizaría el liderazgo de Brasil y su posición como eje central de la integración sudamericana. Es cierto que la conclusión de un acuerdo marco de liberalización del comercio entre los países miembros plenos del MERCOSUR y la Comunidad Andina, firmado el 16 de abril de 1998, representa un paso de gran relevancia en los intentos por consolidar una zona de libre comercio de alcances sudamericanos y que ALCSA serviría para reforzar el esquema liberalizador en el ámbito geográfico de América del Sur (de Almeida, 1998). Sin embargo, los países miembros del MER-

COSUR (excluyendo Brasil) ven en esta expansión una generalización de preferencias sobre el mercado brasileño que no justificarían la necesidad de profundizar el propio proyecto original. Pero el problema más importante es el efecto a largo plazo de una ampliación de la "sub-regionalización", en la medida que ALCSA aparece como el proyecto brasileño que compite con el proyecto norteamericano ALCA. Los riesgos eventuales que se podrían derivar de tal situación pueden ser muy bien contenidos por una eficiente estructura institucional supranacional previa del MERCOSUR que fortalezca a éste como la piedra fundamental de sucesivas ampliaciones de zonas de libre comercio. Siendo para Brasil importante la construcción de un entorno económico-comercial más amplio (MERCOSUR-ALCSA), debería aceptar ciertos marcos de equilibrio, entre los cuales se encuentra justamente el fortalecimiento de la institucionalidad del MERCOSUR, algo que otorgaría mayores seguridades político-económicas a los socios medianos y pequeños. Y, en el corto plazo, tal como lo ha señalado un diplomático y académico brasileño, tampoco ningún esquema integracionista ampliado al continente sudamericano puede resolver los conflictos internos propios del MERCOSUR, tanto los de naturaleza económica como los de carácter político-institucional, ni eludir la necesidad intrínseca de lograr una mayor cohesión interna del bloque, frente a los desafíos que se proyectan a nivel hemisférico y en el marco de la economía política mundial[22].

Considerando al MERCOSUR como una estrategia de regionalismo abierto, frente a la globalización/mundialización, los objetivos de "profundización" y "ampliación" conducen a dos agendas que en sí mismas también presentan desafíos y riesgos: la profundización del proceso, porque al significar una mayor concentración en el mercado interno (como ocurrió con la Unión Europea) dificulta la inserción del bloque en una economía mundial supuestamente más multilateralizada y abierta, aspiraciones éstas permanentes de la política comercial externa de América Latina y la ampliación, porque puede diluir el proceso de integración y limitar el Mercosur a poco más que una zona de libre comercio.

Como ha advertido un especialista, el regionalismo abierto (o regionalismo multilateral) no es lo mismo que multilateralizar el regionalismo[23] y esa gran diferencia remite también a la concepción estratégica desde la cual se debe diseñar el MERCOSUR del siglo XXI.

NOTAS

1. BERNAL-MEZA, Raúl. *Claves del Nuevo Orden Mundial.* Buenos Aires, Grupo Editor Latinoamericano, 1991, p. 99.
2. Cfr. WALLERSTEIN, Immanuel. *Le système du monde du XVe siècle à nos jours. Capitalisme et Economie-monde 1450-1640 y Le Mercantilisme et la consolidation de l'économie-monde européenne 1600-1740.* Paris, Flammarion, 1980. También, *Le Capitalisme historique.* Paris, 1985, Éditions la Découverte. BRAUDEL, Fernand, *Civilisation matérielle, Économie et capitalisme.* Paris, 1979, Armand Colin, 3 vol.; H.J. Singer, "Inter-Nation influence: a Formal Model". En James N., Rosenau (comp.), *International Politics and Foreign Policy,* Nueva York, 1969 Free Press, 2a. edición rev., H.J. Singer & J Rosenau, *Sistema global, subsistemas y vinculaciones nacionales-internacionales.* Buenos Aires, 1973, Ediciones Nueva Visión. BRAUDEL, Fernand. "European expansion and capitalism: 1450-1650". En *Chapters in western civilization,* I, 3ª. de., Nueva York, Columbia University Press, 1961. AMIN, Samir. *La acumulación en escala mundial.* México D.F., 1971, Siglo XXI Editores. "Capitalisme et système-monde", *Sociologies et Sociétés,* Montreal, 1992. KRIPPENDORFF, E. *El sistema internacional como historia,* México D.F., Fondo de Cultura Económica, 1985. FERRER, Aldo. *La historia de la globalización. 1500-1800.* México D.F. FCE, 1995. Otros cuatro autores, Samir Amin, Giovanni Arrighi, André Gunder Frank, Immanuel Wallerstein, en las llamadas *las premisas compartidas,* señalan que "Creemos que existe un todo social que puede denominarse economía-mundo capitalista y que esta economía-mundo capitalista existe desde hace largo tiempo, probablemente desde el siglo XVI, y se expandió históricamente desde sus orígenes europeos hasta cubrir el globo hacia el siglo XIX", *Dinámica de la crisis global,* México D.F., Siglo XXI Editores, 1987, 2a. edición, pág. 11.
3. Es por ello que, desde nuestros primeros trabajos sobre el tema consideramos esencial diferenciar entre *proceso* (la mundialización capitalista) e *ideología.* La *globalización* es, por tanto, proceso más ideología. Cfr. BERNAL-MEZA, Raúl. "La Globalización: ¿Un proceso o una ideología?". En: *Realidad Económica.* Buenos Aires, N° 139, abril-mayo 1996, pp. 83-99. *"La Mundialización. Orígenes y fundamentos de la nueva organización capitalista mundial".* En: *Realidad Económica,* Buenos Aires, N° 150, agosto-septiembre 1997, pp. 33-52, y *"Los*

procesos de globalización: perspectivas y riesgos para América Latina". En: *Contribuciones,* Buenos Aires, CIEDLA-Konrad Adenauer Stiftung, N° 3/1998, pp. 117-157.
4   Distintos autores, desde diversas perspectivas, han abordado esta cuestión, cfr. Bernal-Meza (2000), Chomsky & Dieterich (1995), Dupas (2000), Ferrer (1998), Fonseca Gadelha (1997), Tomassini (1994;1996), etc.
5   UNCTAD, *World Investment Report 1996.* Ginebra y New York, 1996.
6   Conferencia de las Naciones Unidas sobre el Comercio y el Desarrollo, *Informe Mundial de Inversiones,* 1997, UNCTAD, Nueva York y Ginebra.
7   Ver, *América Latina en la Economía Política Mundial,* op. cit., y la bibliografía que apoya los capítulos correspondientes.
8   Cfr. NACIONES UNIDAS, *World Invstment Report 1992. Transnational Corporations as Engines of* Growth, Nueva York, 1992; Mikio Kuwayama, *"América Latina y la internacionalización de la economía mundial".* Revista de la Cepal, Santiago, Naciones Unidas, N° 46, abril de 1992; CEPAL, *Internacionalización y regionalización de la economía mundial: sus consecuencias para América* Latina, Santiago, Naciones Unidas, LC/L.644, septiembre de 1991. Fritsch, Winston. *Latin America in a Changing Global* Environment, Paris, OECD, Technical Papers N° 66, 1992. Lawrence, R.Z. *Scenarios for the World Trading System and their Implicationes for Developing Countries.* París, OECD, Reserch Programme on Globalisation and Regionalisation, Technical Paper 47, 1991. C.J. Moneta & C. Quenan, *Las reglas del juego. América Latina, globalización y regionalismo.* Buenos Aires, Ediciones Corregidor, 1994; etc. En nuestro caso, nos hemos ocupado del tema en Raúl Bernal-Meza, *América Latina en la Economía Política Mundial,* Buenos Aires, Grupo Editor Latinoamericano, 1994; Primera Parte; también en *"Globalización, regionalización y orden mundial: los nuevos marcos de inserción de los países en desarrollo"* en Mario Rapoport (Editor), *Globalización, Integración e Identidad Nacional,* Buenos Aires, Grupo Editor Latinoamericano, 1994.
9   TOMASSINI, Luciano (1992:73).
10 Ver capítulos I y II de la Primera Parte, *Sistema Mundial y Mercosur. Globalización, Regionalismo y políticas exteriores comparadas,* op. cit.
11 Como ha señalado Alfredo da Gama e Abreu Valladâo (1997), "trata-se de um núcleo territorial com vocaçâo transnacional onde vigora plenamente uma organizaçâo social *intensiva*: urbanizaçâo avançada, industrializaçâo, economia

moderna de serviços, intensidade das conexôes sociais e culturais, individualismo e formas de associação coletiva voluntárias, secularização, forte divisão do trabalho, democratização e expressão madura da cidadania..." (*Abreu Valladâo*, 1997:198).

12   Respecto de estos problemas, cfr. Bernal-Meza (1994;1999); de Almeida (1998); CARI (1997;1999), etc.

13   Aún cuando la UE tiene objetivos que van más allá de la cooperación –como es la *integración*– también mantiene como institución superior al Consejo de Ministros, que es el órgano que tiene mayores características "intergubernamentales".

14   Tal como reconoce, por ejemplo, Paulo Roberto de Almeida. (Cfr. Alemida,1998).

15   Recientemente, este diplomático brasileño señaló –a título personal que no necesariamente habría que promover avances significativos en el plano político e institucional del Mercosur, pues, una eventual *mercocracia* cómodamente instalada en Montevideo no sería necesariamente más eficiente que las burocracias nacionales coordinadas entre sí. Al contrario, ella hasta podría estar más *alienada* de las realidades nacionales, regionales o locales" (Roberto Paulo de Almeida, "*Mercosul: situação atual, cenários previsíveis, desenvolvimentos prováveis*" International Law Association-ramo brasileiro, 1999 Regional ILA Conference, São Paulo, 26 de julio de 1999).

16   Por ejemplo, uno de los coordinadores del Seminario "Brasil, Argentina e Mercosul, apôs a desvalorização do Real" (Universidade de São Paulo, 14 de mayo de 1999), el académico y especialista en relaciones internacionales José Augusto Guilhon Albuquerque, resaltó y reafirmó lo que de manera general todos los expositores (argentinos y brasileños) apuntaran como los riegos para el proceso de integración del Mercosur: el aspecto político ligado a la crisis económica.

17   Para un análisis comparativo, cfr. Raúl Bernal-Meza (1999).

18   Para la fundamentación de la construcción del paradigma, desde la perspectiva de su formulador argentino, ver, Carlos Escudé (1992; 1995). Para nuestra interpretación, Raúl Bernal-Meza (1994; 1999).

19   Aún cuando no están muy bien definidas las competencias del Mercosur, sobre la base de las cuales actuaría dicha personería jurídica.

20   Definición utilizada por uno de los cancilleres firmantes del Tratado, el Embajador Héctor Gros Espiell.

21   El IRELA ha puesto de manifiesto esta conclusión. Haciendo un análisis comparativo con otros mercados, para la primera mitad de los noventa se señalaba

que el PIB del Mercosur alcanzaba dimensiones similares a las del conjunto de los países de la Asociación de Naciones de Asia del Sudeste (ANASE) y las exportaciones de ambos grupos habían crecido a niveles comparables. En 1995, las exportaciones del Mercosur representaban el 18 % del PIB, similar a China, cuyas ventas alcanzaban el 21% del PIB (IRELA, 1997).

22 Cfr. DE ALMEIDA, Roberto Paulo. *"Brasil y el futuro del Mercosur. Dilemas y opciones"*, Buenos Aires, *Integración & Comercio*, INTAL, Nº 6, sep.-dic. 1998.

23 Como señala este economista, hay que evitar la "perforación de preferencias". Aunque el relacionamiento externo es parte esencial de la idea de regionalismo abierto, hay una tensión natural entre apertura y preferencias intra socios, la que debe ser evaluada con criterios dinámicos y hacer su seguimiento permanente, en especial cuando hay cambios exógenos al Mercosur. Cfr. Roberto Lavagna (1997).

BIBLIOGRAFÍA

ABREU VALLADÂO, Alfredo da gama (1997). " *Os dois triunfos do Mercosul: Soberania Compartilhada e Miscigenaçâo Cultural*". En: FUNAG, *O Mercosul e a Integraçâo Sul-Americana: Mais do que a Economia. Encontro de Culturas*. Brasília, Fundaçâo Alexandre de Gusmâo; pp. 197-209.

ALMEIDA, Roberto Paulo de (1998). *"Brasil y el futuro del Mercosur: Dilemas y opciones"*. En: *Integración & Comercio*. Buenos Aires, BID-INTAL, Vol. 2, N° 6, sep.-dic. 1998; pp. 65-81.

ARRIGHI, Giovanni (1994). *O Longo Século XX*. Rio de Janeiro, Contraponto Editora/ Sâo Paulo, Editora UNESP.

ATKINS, G. Pope (1991). *América Latina en el sistema político internacional*. Buenos Aires, Grupo Editor Latinoamericano.

BALDWIN, Richard & MARTIN, Philippe (1999). *"Two Waves of Globalization: Superficial Similarities, Fundamental Differences"*. Cambridge, Massachusetts, Working Paper, N° 6904.

BERNAL-MEZA, Raúl (1991). *Claves del Nuevo Orden Mundial*. Buenos Aires, Grupo Editor Latinoamericano.

- - -. (1994). *América Latina en la Economía Política Mundial*. Buenos Aires, Grupo Editor Latinoamericano.

- - -. (1994ª). *"Globalización, Regionalización y Orden Mundial: los nuevos marcos de inserción de los países en desarrollo"*. En: Mario Rapoport (editor). *Globalización, Integración e Identidad nacional*. Buenos Aires, Grupo Editor Latinoamericano, 1994; pp. 45-65.

- - -. (1996). *"La Globalización: ¿Un proceso y una ideología?"*. En: *Realidad Económica*. Buenos Aires, Instituto Argentino para el Desarrollo Económico (IADE), N° 139, abril-mayo 1996; pp. 83-99.

- - -. (1997). *"La Mundialización. Orígenes y fundamentos de la nueva organización capitalista mundial"*. En: *Realidad Económica*. N° 150, agosto-setiembre de 1997; pp. 33-52.

- - -. (1998). *"As relaçôes entre Argentina, Brasil, Chile e Estados Unidos: política exterior e Mercosul"*. En: *Revista Brasileira de Política Internacional*. Brasília, Instituto Brasileiro de Relaçôes Internacionais, Año 41, N° 1; pp. 89-107.

- - -. (1999). "Políticas exteriores comparadas de Argentina e Brasil rumo ao Mercosul". En: *Revista Brasileira de Política Internacional*. Brasília, Instituto Brasileiro de Política Internacional, Año 42, N° 2, pp. 40-51.
- - -. (1999ª). "América Latina hacia el nuevo milenio". En: *Diplomacia*, Santiago, Academia Diplomática de Chile, N° 81, octubre-diciembre 1999, pp. 53-57.
- - -. (1999b). "Mercosur: ¿regionalización o globalización? Tres aspectos para la decisión de políticas". En: *Realidad Económica*. Buenos Aires, Instituto Argentino para el Desarrollo Económico (IADE), N° 165, 1° de julio-15 de agosto de 1999, pp. 32-59.
- - -. (2000). *Sistema mundial y Mercosur. Globalización, Regionalismo y Políticas Exteriores Comparadas*. Buenos Aires, Grupo Editor Latinoamericano/Universidad Nacional del Centro.
- - -. (2000ª), *Impacto del proceso de globalización sobre las políticas públicas latinoamericanas*. ILPES-CEPAL, Doc. Dirección de Desarrollo y Gestión Local, Santiago de Chile, mayo 2000.
CAMARGO, Sonia de (1998), *"La economía y la política en el orden mundial contemporáneo"*. En: Revista *Ciclos*. Buenos Aires, IIHES, Universidad de Buenos Aires, Año VIII, Vol. VIII, N° especial 14-15, 1er. Sem. 1998; pp. 7-38.
CARI (1997). *Mercosur. Foro del futuro*. Buenos Aires, Consejo Argentino para las Relaciones Internacionales.
- - -. (1999). *"Los desafíos institucionales frente a la situación del Mercosur"* (Síntesis temática). Taller de Reflexión, La Posta del Pilar, Prov. de Buenos Aires, 15 de abril de 1999.
CEPAL (1998b). *Panorama de la inserción internacional de América Latina y el Caribe*. Santiago, Naciones Unidas.
- - -. (1999). *El desafío de las nuevas negociaciones comerciales multilaterales para América Latina y el Caribe*. Santiago de Chile, Naciones Unidas, LC/L.1277P, noviembre de 1999.
- - -. (1999ª). *Panorama de la inserción internacional de América Latina y el Caribe*. Santiago, Naciones Unidas, doc. preliminar.
COUTINHO, Luciano G. (1996). *"A Fragilidade do Brasil em face da Globalizaçâo"*, en Renato Baumann (organizador). *O Brasil e a Economia Global*. Rio de Janeiro, SOBEET/Editora Campus; pp. 219-237.
COX, Robert (1986). *"Social Forces, States and World Orders: Beyond International Relations Theory"*. En: Keohane, Robert O. (ed.), *Neorealism and its Critics*,

Columbia University Press, New York, pp. 218-249. Columbia University Press, New York, pp. 218-249.

CHOMSKY, Noam & DIETERICH, Heinz (1995). *La Sociedad Global. Educación, Mercado y Democracia.* México D.F., Editorial Joaquín Mortiz.

DUPAS, Gilberto (2000). *Economia Global e Exclusâo Social. Pobreza, Emprego, Estado e o Futuro do Capitalismo.* Sâo Paulo, Editora Paz e Terra.

ESCUDÉ, Carlos (1992). *Realismo Periférico. Fundamentos para la nueva política exterior argentina.* Buenos Aires, Planeta.

- - -. (1995). *El Realismo de los Estados débiles. La política exterior del primer gobierno Menem frente a la teoría de las relaciones internacionales.* Buenos Aires, Grupo Editor Latinoamericano.

FERRER, Aldo (1998). *Hechos y ficciones de la globalización. Argentina y el Mercosur en el sistema internacional.* México D.F., Fondo de Cultura Económica.

FMI (1997). *Perspectivas de la economía mundial.* Washington D.C., mayo.

FONSECA GADELHA, Regina Maria A. <organizadora> (1997). *Globalizaçâo, Metropolizaçâo e Políticas Neoliberais.* Sâo Paulo, Educ.

GUILHON ALBUQUERQUE, José Augusto (1999). *"A nova geometría do poder mundial nas visôes argentina e brasileira".* En: Seminário IPRI, Río de Janeiro; paper.

HILFERDING, Rudolf (1981). *Finance Capital. A study of the Latest Phase of capitalist Development.* Londres, Routledge & Kegan Paul.

IRELA (1997). *El MERCOSUR: perspectivas de un bloque emergente.* Madrid, Instituto de Relaciones Europeo-Latinoamericanas, Dossier N° 61, agosto de 1997.

LAVAGNA Roberto, (1997). *"MERCOSUR ¿Consistencia densa o leve?".* En: FUNAG, *O Mercosul e a Integraçâo Sul-Americana: Mais do que a Economia. Encontro de Culturas,* op. cit.; pp. 61-82.

RUSSELL, Roberto <editor> (1992). *La política exterior argentina en el nuevo orden mundial.* Buenos Aires, Grupo Editor Latinoamericano.

SELCHER, Wayne A. (1984). *"Problemas estratégicos y políticas exteriores en el Cono Sur latinoamericano".* En: Heraldo Muñoz & Joseph Tulchin (comps.). *Entre la Autonomía y la Subordinación. Política Exterior de los países latinoamericanos.* Buenos Aires, Grupo Editor Latinoamericano; Tomo II, pp. 297-328.

THOMPSON, William R. (1973). *"The Regional Subsistem: A Conceptual Explication and a Propositional Inventory".* International Studies Quarterly, 17, N° 1, marzo 1973.

TOMASSINI, Luciano (1992). *"Desarrollo económico e inserción externa en América Latina: un proyecto elusivo"*. En: *Estudios Internacionales*. Santiago, Instituto de Estudios Internacionales de la Universidad de Chile, Año XXV, N° 97, enero-marzo 1992; pp. 73-116.

- - -. (1994). *La Reforma del Estado y las Políticas Públicas*. Santiago, Universidad de Chile, Centro de Análisis de Políticas Públicas.

- - -. (1996). *"El proceso de globalización. Sus impactos políticos"*. En: *Estudios Internacionales*. Santiago, Instituto de Estudios Internacionales de la Universidad de Chile, Año XXIX, N° 115, julio-set. 1996; pp. 315-353.

CHILE Y ARGENTINA: LOS DESAFÍOS DE LA INTEGRACIÓN EN TIEMPOS DE CRISIS[1]

César Ross Orellana

En tiempos difíciles se prueba la amistad
Winston Churchill

Introducción

La integración es hoy un desafío quizá más urgente que en el pasado. Los cambios económicos de la llamada globalización, han puesto en crisis a las ya debilitadas económicas regionales que, dificultosamente, han transitado por más de una década de reformas estructurales liberales, y cuyos éxitos aún son muy discutibles. Con todo, el escenario actual nos recuerda que la sola supervivencia impone, de manera imperativa, desarrollar estrategias eficientes de funcionamiento internacional. Desde mi perspectiva, la fórmula sigue siendo la integración regional profunda, pero no cualquier tipo de integración. En este sentido se debe insistir en aquélla que parta por aceptar la existencia de la globalización, en donde la integración sea el instrumento central, no único, de nuestra participación en el mundo.

En la actualidad, la integración es un desafío aún más complejo, dado el escenario de crisis regional. Como se sabe, las crisis no sólo constituyen un momento y un marco de dificultades, sino que también son un espacio de grandes oportunidades. Quizá sólo después de un momento así de difícil, asumamos de manera profunda que estamos inexorablemente unidos: para bien y para mal.

En tiempos de crisis, como señaló Winston Churchill a sus aliados, durante la Segunda Guerra Mundial, es preciso reforzar las lealtades. Esta frase, quizá excesivamente retórica, fue la provocación con que se invitó a los empresarios chilenos, para que asistieran a la reunión anual del Comité Empresarial Chile-Japón, celebrada en Tokio en setiembre de 1999. En medio de la Crisis Asiática, que tan duro golpeó a Chile, el Comité, integrado por empresas privadas y estatales, fue a Japón para confirmar que no obstante los dolores de cabeza que por entonces nos producía este vínculo, era necesario reconocer que más allá de la Crisis estaba el interés superior de una alianza duradera.

Pero, por cierto, la integración es mucho más que buenos deseos. Implica una cesión de la soberanía nacional, la que se compromete a subordinarse frente a una entidad supranacional. Supone un grupo de países ordenados en torno a valores comunes y a una organización institucional dirigida hacia el cumplimiento de metas concordadas y bajo la orientación de una estrategia común. A nivel regional eso hoy no existe, salvo pequeñas (pero no menos valiosas) excepciones.

En este contexto, la integración es un imperativo que, sin embargo, debe ser afrontado con una nueva mirada. A mi juicio, la del realismo político internacional.

A continuación presentaré seis hipótesis acerca de los desafíos de nuestra integración, en el actual contexto crítico: primero, la integración como discurso y como voluntad; segundo, el contexto de la integración latinoamericana; tercero, las integraciones deseables; cuarto, las integraciones posibles; quinto, los desafíos de la integración argentino-chilena; y sexto, el rol de los intelectuales ante el desafío de la integración.

La integración como discurso y como voluntad

El paso del discurso de la integración (retórico-academicista y/o político populista) a la acción ha sido difícil, si no imposible, cuando se ha carecido de la real voluntad política para llevarlo adelante. A mi juicio, una de las claves por las que la integración no ha funcionado efectivamente en la región, está asociada al enfoque y al tipo de discurso que se ha hecho a partir de dicha mirada. La integración ha sido vista bajo la óptica del "idealismo" y ha procurado influir sobre un fenómeno cuyas variables han sido manejadas bajo los criterios del "realismo político internacional". Esta dicotomía, entre discurso y acción, ha impedido que las ideas sean convertidas en agendas posibles y, a su vez, que éstas sean traspasadas a planes de acción factibles.

Con motivo de realizarse la Primera Cumbre Iberoamericana[2], a comienzos de la década de los noventa, muchos discursos presidenciales coincidieron en formular la misma tesis. Junto con reconocer que la deseada integración no había dejado de ser un giro retórico más de los discursos políticos, se llamaba a construir la integración efectiva. Ésta no existía y debía realizarse en torno a una nueva arquitectura regional. En medio, como siempre, estaba la voluntad de cada Estado.

Pasada más de una década de aquella primera cumbre, la situación de la integración regional es peor, pues hoy ni siquiera se tiene la esperanza de que ella funcione.

El contexto de la integración latinoamericana

Un examen pormenorizado de la agenda regional para la década recién pasada[3], nos permite advertir que, efectivamente, la región ha carecido de las condiciones mínimas para la integración. José Morandé elaboró un esquema de la agenda hemisférica a fines de la década de los noventa, capturando claramente los déficits en las precondiciones para la integración.

Como bien concluyó Morandé[4], la Agenda regional ha estado centrada en el libre comercio y sus derivaciones. Con todo, este gran propósito no ha pasado de ser una frustrante expectativa. Chile, durante toda la década de los noventa, con todas las evaluaciones positivas de las agencias internacionales de riesgo, de los organismos económicos de carácter multilateral, etc., no logró avanzar exitosamente en aquel factor supuestamente aglutinante que era la iniciativa de Bush para las Américas.

Dicho de otro modo, las reformas estructurales liberales que se implementaron en toda la región durante los noventa, con grandes costos políticos y sociales para todos los países involucrados, tenían como norte rehacer no sólo la arquitectura de las relaciones económicas de la región, sino que también reestructurar las relaciones políticas donde esas economías se iban a entender. El multilateralismo estimulado por la OMC y Estados Unidos, quizá al revés, se enfrentó con la resistencia de los sectores progresistas de Estados Unidos (Partido Demócrata) y con los factores estructurales de nuestros problemas regionales: inestabilidad política, corrupción, narcotráfico, narcoterrorismo, terrorismo de insurgencia, pobreza, migraciones informales de la fuerza de trabajo, etc. Hasta aquí existe la convicción de que una Agenda cuyo mayor énfasis estaba puesto en el libre comercio, la libertad política y en general la apertura, no podía descuidar las bases donde esos cambios se iban a depositar. Por cierto, todo esto debía hacerse al mismo tiempo. Evidentemente aquí predominó el modelo multilateral de regionalismo abierto, pero incluso en él la región no estuvo suficientemente acompañada por Estados Unidos.

El resultado de todo esto fue la inacción para la aludida iniciativa de Bush, pero también para la integración.

En este contexto, no fue ni es posible hacer integración profunda. Básicamente porque los disensos regionales no parecen replegarse, sino que avanzar. Entre ellos, las principales contradicciones se observan entre sistemas y regímenes políticos, y entre sistemas y modelos económicos. A mi juicio esta es una debilidad estructural que siendo compleja, está alojada en un espacio donde, con todo, sí es posible actuar, aunque con grados de éxito variables.

En cuanto a las contradicciones entre sistemas y regímenes políticos, se observa que si por un lado hay democracias restringidas por poderes fácticos (empresarios, militares, iglesias, sindicatos, federaciones de estudiantes, redes de corrupción, etc.), por otro, hay aún gobiernos que directamente funcionan fuera de las reglas de la democracia. En medio, existe un espectro muy amplio de "democracias autoritarias" y de "dictaduras democratizadas", que sólo confunden y dificultan las opciones reales de crear un solo lenguaje y unas reglas homogéneas y estables para acordar el marco de una genuina integración, capaz de avanzar hacia la construcción de espacios supranacionales, donde sea posible levantar la institucionalidad de la integración. Dicho de otro modo, la integración que se construya hacia el futuro no podrá estar sostenida sobre esta heterogeneidad, así como no podrá soportar ya más la inestabilidad que exhiben países cuya institucionalidad política está debilitada y/o condicionada por el narcotráfico, la corrupción, las dictaduras, la guerrilla y otras formas de arcaísmo político.

Por su parte, la contradicción entre sistemas y modelos económicos, exhibe una heterogeneidad similar a la anterior: desde la planificación dirigista, controlada bajo los designios y voluntades de Estados, muchas veces, unipersonales, hasta países regidos por las reglas del mercado, implementadas a consecuencia de las reformas liberales estructurales impulsadas por CEPAL, durante la década de los años noventa. En medio, un espectro también muy amplio, de sistemas y modelos heterodoxos que van desde el "Estado Empresario" (inspirados en Keynes y en Prebisch) hasta las clásicas "economías populistas" extendidas durante el imperio de los regímenes autoritarios. Al igual que en el caso anterior, la integración futura no podrá construirse sobre bases tan disímiles, así como no podrá soportar la inestabilidad de las políticas nacionales.

Particularmente en el campo de los negocios, el acuerdo y coordinación entre las economías es un imperativo. Así como es un imperativo estructurar la integración en torno al sistema de mercado, que es el único lenguaje de los actuales acuerdos de libre comercio y que es el marco de la única experiencia económica realmente exitosa de integración, como es la Unión Europea.

Las integraciones deseables

El modelo ideal de integración es, a mi juicio, el de la Unión Europea. De acuerdo al contenido del Tratado de Maastrich[5], es posible advertir que allí se ha partido de consensos básicos y fundamentales que en América Latina no han existido[6] hasta ahora.

1-Ver la integración como un desafío para enfrentar una nueva época, que supere la fragmentación histórica. Sobre este punto, el mismo Osvaldo Sunkel ha escrito los siguiente en 1998:

> *"Los países de América Latina tienen una tradición centenaria de fragmentación interna en lo político, lo social y lo económico y de ignorarse y darse las espaldas mutuamente, mientras estrechan fuertes lazos económicos, culturales y políticos extra-regionales con la potencia dominante de la época"*[7]. *La realidad actual no exhibe ninguna evidencia de haber modificado esta convicción histórica. Más bien, lo contrario. Chile es un ejemplo de ello, aunque con una variación que señalaré más adelante*[8].

Por cierto, resulta casi imposible estar en desacuerdo con el otrora teórico de la integración. La región exhibe casi todas las características indeseables para la integración económica y política, que sólo es posible sobre la base de consensos mínimos que, en todo caso, son bastante demandantes.

2- Adherir a los principios de libertad, democracia y respeto de los derechos humanos y de las libertades fundamentales y del Estado de Derecho. Por cierto las variadas formas que ha adquirido el autoritarismo latinoamericano[9], así como todas las anomalías en las que frecuentemente incurren los regímenes democráticos regionales, no hacen sino reforzar la idea de que estos consensos y/o adhesiones básicas no están consolidadas. ¿Cómo podemos desarrollar la integración si no estamos genuinamente comprometidos con los valores de la democracia? La sola existencia de una cláusula democrática en el acuerdo de MERCOSUR es prueba suficiente de ello. La inclusión revela que no hemos incorporado profundamente el valor del sistema político que tanto apreciamos como propio. Particularmente, cuando los gobiernos democráticos procuran reducir el tema de los derechos humanos a los excesos de las dictaduras de los años recientes o cuando estos mismos gobiernos caen en el vértigo del poder (que les parece eterno), también tenemos la percepción, si no convicción, de que los principios de la libertad son una impostura, una máscara que apartarán de su rostro en cualquier momento, para exhibir sin vergüenza su verdadera identidad.

3-Acrecentar la solidaridad entre los pueblos, dentro del respeto de su historia, de su cultura y de sus tradiciones, procurando fortalecer el funcionamiento democrático y eficaz de las instituciones, con el fin de que puedan desempeñar mejor las misiones que les son encomendadas, dentro de un marco institucional único. Sin duda, esta convicción europea no se ha transformado en parte de la política integracionista latinoamericana. Estamos lejos, incluso, de superar las heridas de nuestros conflictos fronterizos[10].

4-Respecto del propósito de promover la convergencia de nuestras economías y de crear una unión económica (aún cuando no necesariamente monetaria), que obviamente sea capaz de transformar las actuales uniones aduaneras en mercados comunes efectivos, parecen ser un objetivo que las distintas visiones y voluntades no han logrado alcanzar. Tan sólo el CARICOM[11] ha sido capaz de lograr un nivel de integración y de institucionalización semejante a la Unión Europea y, de allí también, que sus resultados exhiban un desempeño más eficiente. El alcance económico de este acuerdo, sin embargo, no ha podido influir sobre la pesada estructura de MERCOSUR.

5-El objetivo europeo es el de promover el progreso social y económico de sus pueblos, dentro de la realización del mercado interior y del fortalecimiento de la cohesión y de la protección del medio ambiente, y desarrollar políticas que garanticen que los avances en la integración económica vayan acompañadas de progresos paralelos en otros ámbitos. En América Latina ha quedado claramente fuera de alcance. Precisamente, y como forma de atraer inversión extranjera (una de las principales fuentes del crecimiento económico) las economías de la región han estado disponibles para desproteger y/o para dilatar la legislación o el ingreso, en plenitud, de normativas que protejan al medioambiente y/o a la fuerza de trabajo. Experiencias desastrosas nos sobran, el Alto Bío-bío en Chile, el Matogrosso en Brasil, etc.

6-La tesis europea de desarrollar una política exterior y de seguridad común que incluyera, la definición de una política de defensa común que podría conducir, en su momento, a una defensa común, reforzando así la identidad y la independencia –en este caso latinoamericanas– con el fin de fomentar la paz, la seguridad y el progreso en la región y en el mundo. En esto se ha avanzado tímidamente. Hasta aquí, algunos países han aceptado, al menos, una metodología común para medir el gasto en defensa. Con todo, también está pendiente, pues tan sólo en esta década la desconfianza regional interna, ha provocado más de algún conflicto relevante, como el vivido entre Perú y Ecuador.

Finalmente, el objetivo de facilitar la libre circulación de personas, garantizando al mismo tiempo la seguridad y la defensa de sus pueblos, mediante la inclusión de disposiciones sobre justicia y asuntos de interior en el presente Tratado, parece verse continuamente entorpecido por el narcotráfico, la guerrilla, la xenofobia, el racismo y las desconfianzas de corte fascista y/o vinculadas a las añejas (mas no muertas) doctrinas de seguridad nacional.

Una integración profunda, bajo el modelo de Unión Europea, es la única fórmula que puede garantizar a la región una inserción menos dramática a la nueva economía global. No obstante, cualquier integración que implique adaptaciones a estándares más altos de competencia redundará en efectos dolorosos, especialmente para países como Argentina, cuya economía estuvo por décadas sostenida en una protección, condenando a su propia beneficiada a desaparecer.

Esta es una realidad frente a la que nadie puede negarse. Otra cosa es aceptar estructuras de mercado imperfectas, sólo porque se opera dentro de asimetrías económicas y políticas muy altas. En este punto es clave recordar lo que Susan Strange planteó hace ya siete u ocho años atrás y ante este mismo escenario de cambios[12].

> *"Actualmente, la diferencia crucial entre los Estados no se da entre los "fuertes" y los "débiles", como solían pensar los politólogos tradicionales, sino que entre los Estados "abúlicos" y los "astutos". Hoy los Estados tienen que estar alertas, listos para adaptarse a los cambios externos, rápidos para descubrir lo que otros Estados están planeando. Tanto para los Estados como para las compañías, el nombre del juego es "competencia".*

Más allá de las teorías de la conspiración sobre las grandes transnacionales, que ciertamente no actúan inspiradas por el bien común, los Estados deben asumir la naturaleza del cambio y adaptar "inteligentemente" su propia estructura a la tendencia de dicho cambio. Si la especie de "orden del día" es la competencia, es momento de aceptar que dado el actual, y permanente, escenario regional, es preciso avanzar dentro del marco de los procesos de integración posible. Sobre este punto, como casi siempre, hay un cúmulo de ideas circulando que es necesario considerar.

Las integraciones posibles

Desde mi punto de vista, la tesis formulada por Armando de Di Filippo y Rolando Franco[13], en una obra titulada "Integración Regional, Desarrollo y Equidad", exhibe un camino viable para la integración.

La propuesta orientadora de los autores apunta a buscar vías para contrarrestar los aspectos negativos de la globalización económica en materia de soberanía nacional y desigualdad social, así como aprovechar la actual convergencia en materia de apertura económica y democratización política para promover las dimensiones de la equidad del proceso de desarrollo[14].

Específicamente, Di Filippo y Franco se abocan a este problema a través de tres variables: las tendencias históricas recientes, las opciones de la equidad y la integración profunda.

Tendencias históricas recientes

Desde mediados de los ochenta, los procesos de integración regional y democratización política se han desarrollado y sostenido recíprocamente. Dentro de ellos, es posible advertir dos tendencias:

Primero, la pérdida de facultades soberanas de los gobiernos nacionales, derivadas de la globalización se han intentado contrarrestar con la mayor disposición a unir soberanías nacionales en un plano subregional, en aquellos temas de interés compartido.

Segundo, la sustentabilidad de estas tendencias quizá requiera de una segunda oleada de reformas, que se apoyen conjuntamente en las oportunidades de profundización, tanto de los procesos de democratización como de los de integración.

Hasta la fecha, estas dos tendencias han tenido avances, pero también importantes retrocesos. Basta con recordar las líneas que hemos escrito sobre el contexto regional.

Las opciones de la equidad

¿Cómo se puede producir desarrollo con equidad, en el actual escenario de globalización?

Los autores piensan que se puede producir desarrollo con equidad, a través de un proceso de integración profunda. Primero, aprovechando las relaciones entre globalización, integración regional y desarrollo. Aquí la revolución tecnológica y el proceso de globalización determinan tres tipos de efectos fundamentales.

Por un lado, un nuevo corte social entre trabajadores rutinarios[15] y trabajadores simbólicos[16], lo que asegura mayores tasas de desempleo que no bajarán con el regreso del crecimiento[17]. Los trabajadores rutinarios están destinados a desaparecer, y aquí la responsabilidad social de los gobiernos es promover políticas públicas que ayuden a esta gente a reconvertirse y/o a abandonar con dignidad la vida laboral activa. En este sentido, la integración debería aminorar el impacto de la nueva competencia, a través de programas públicos de reeducación de la fuerza de trabajo rutinaria más joven, de reubicación y/o retiro anticipado de la fuerza de trabajo con mayores resistencias al cambio y a la reeducación.

Por otro lado, una creciente movilidad internacional de la tecnología y del capital transnacional, y una creciente ganancia de capital, como resultado de la combinación de las productividades del norte (alta tecnología) y los salarios del sur (amplia oferta de fuerza de trabajo barata). Esta combinación, que favorece a México (maquiladoras) por estar dentro de NAFTA y que favorece a muchas de las economías de Asia, no ha favorecido a América Central y Sur, fundamentalmente porque aquí el costo de la fuerza de trabajo es más alto que en Asia, hay más inestabilidad política, mayores grados de organización (eventual resistencia) socio-política, etc. En consecuencia, en esta combinación, ni siquiera nuestra precariedad laboral puede convertirse en un atractivo para la inversión extranjera.

En este escenario, la fórmula debería ser el modelo de la integración regional profunda, donde se puede enfrentar, de un modo más eficiente, el actual y futuro escenario de revolución tecnológica y la globalización. Básicamente, porque permitiría tres cuestiones entre los países: 1-coordinación, armonización y unificación de las políticas públicas; 2-asignación de políticas migratorias y de seguridad social; y 3-formación, oferta y demanda de calificaciones.

Como para el caso de Maastrich, la integración profunda debe partir desde aquí como precondición.

La integración profunda

Actualmente, en la región existen dos modelos de integración regional: acuerdos de regionalismo abierto, que los autores denominan de tipo A; y acuerdos de regionalismo cerrado, que ellos denominan de tipo B.

Los acuerdos tipo A, son aquéllos comprometidos con el multilateralismo y con las reglas de la OMC, respecto de la apertura de los mercados. No obstante la incapacidad de Estados Unidos para ampliar este acuerdo, a la fecha de la publicación los autores pensaban que este tipo de proyecto era el que lograría sobrevivir hacia el futuro.

Aún cuando hasta ahora no tenemos evidencia para reafirmarlo, parece que la supervivencia del acuerdo multilateral impulsado por Estados Unidos, ALCA, tendrá mejor pronóstico más por el tamaño crítico del país citado que por la capacidad del acuerdo para integrar a nuevos socios. Es más, si tomamos ese criterio como referencia, llegaremos a la conclusión de que hasta ahora el acuerdo ha sido muy poco exitoso.

Los acuerdos de tipo B, son aquéllos comprometidos con la integración profunda y la formación de zonas y/o áreas supranacionales. Ejemplo de ello son MERCOSUR, CARICOM, Comunidad Andina de Naciones, Mercado Común de la Comunidad del Caribe.

Estos modelos, sin embargo, se han estado construyendo sobre bases frágiles, en tanto se han estado sujetos a voluntades políticas de muy corto plazo. El eufemísticamente llamado Mercado Común del Sur es un ejemplo dramático de miopía internacional, en tanto se desarrolló como una forma de negar y no de insertarse en la economía mundial.

Como es obvio a esta altura, la integración profunda sólo se logra mediante la convergencia de políticas, pero esto no ha logrado superar en nivel retórico de las cumbres.

Los desafíos de la integración chileno-argentina

Evidentemente postulamos abordar los desafíos de la globalización desde la integración posible, bajo el modelo propuesto por Di Filippo y Franco y fortaleciendo aquello que históricamente ha potenciado nuestra integración bilateral: la complementación comercial, la migración de la fuerza de trabajo, y más recientemente, las inversiones directas[18]. Cabe señalar que estas fortalezas han estado siempre allí, para aprender de ellas, no obstante que nuestros gobernantes sólo les hayan puesto atención hace sólo una década atrás. Esta nueva visión, sin embargo, carece de un enfoque mundial que permita utilizar la integración ya no como un contexto, sino que como una verdadera herramienta: es hora de bajar la integración desde el Olimpo donde se encuentra hoy, al nivel de la tierra que es donde se construye la historia.

Hoy me parece que la asociación casi natural entre Argentina y Chile es la de combinar dos grandes factores: las riquezas naturales de Argentina y la experiencia chilena en negocios internacionales.

Con más de la mitad de la población argentina bajo la línea de la pobreza, este país ya no es (y no lo será por un mediano plazo) un atractivo mercado de consumo. Sin embargo, sigue teniendo una experiencia industrial interesante, una distribución social del conocimiento bastante amplia, una clase media emprendedora y un horizonte de bienestar que puede convertirse en un buen motor de crecimiento. Por sobre todos estos factores, sin embargo, Argentina posee recursos naturales variados y riquísimos. Esta es una fortaleza que, sin la tecnología y estrategias de comercialización adecuadas, parece como no existir, máxime cuando el otrora gran productor de alimentos tiene a una porción vergonzosamente grande de su población, buscando comida en la basura.

Chile, por su parte, con menos de la mitad de la población argentina, con mucho menos recursos naturales, con una experiencia industrial mucho menor, ha logrado sostener un crecimiento importante por más de una década, así como ha logrado sostener crecimiento positivo cuando toda la región tiene crecimiento cero, sino (como el vecino aludido) crecimiento negativo. ¿Qué ha ocurrido aquí? Pues se ha acumulado una suma da factores que, como diría Douglass C. North[19], ha permitido desarrollar cambios incrementales tendientes al crecimiento económico.

Entre ellos, una invaluable y costosa estabilidad política; una estabilidad macroeconómica defendida contra todo evento; una exitosa experiencia económica internacional (basada en la constancia, el cumplimiento de los contratos, etc.) que se ha traducido en prestigio; la firme voluntad de apertura a los mercados internacionales, mediante la indexación (no menos dolorosa) de la economía local; la asociación de Estado y Mercado, en el estilo analizado por Susan Strange[20]; una educación profesional y un mercado del trabajo altamente competitivo; una clase media cuyo horizonte de consumo crece, exponencialmente, al mismo ritmo que se expande su voluntad de emprendimiento económico[21].

En consecuencia, aquí la integración profunda debe ser un gran negocio de alcance internacional, cuyo principal dividendo debe ser el mayor bienestar social de argentinos y chilenos. Dicho de otro modo, la integración bajada a la tierra debe ofrecer frutos materiales y tangibles. Basta ya de tanta retórica vacía.

Pero aún nos falta mucho. La convergencia de políticas económicas y sociales ha sido nuestra gran debilidad, pues en uno y otro lado de la Cordillera se ha visto la integración desde ópticas diferentes. Mientras en Chile, ya a mediados de los años setenta, se impuso un modelo realista, basado en la economía de mercado y en la adaptación forzosa de la fuerza de trabajo a la competencia despiadada y a la desprotección social, en Argentina se privilegió dilatar el proceso, prolongando la vida a un sistema de protección social y a un modelo de economía cerrada que incluso se extendió hacia el MERCOSUR[22].

En ambas opciones, la aperturista de Chile y la proteccionista de Argentina, ha habido costos sociales muy altos. Sin embargo, parece que los costos de negarse a la apertura pagados por los argentinos son mucho mayores. Esta discusión, con todo, no debe ser reducida a posiciones academicistas sobre modelos económicos, pues una parte del actual fracaso argentino es responsabilidad de una clase política corrupta y de maniobras internacionales[23] para reducir el precios de los activos que, en este escenario, serán vendidos por el Estado y por las empresas privadas argentinas a nuevos controladores, probablemente extranjeros.

La respuesta puede ser la integración, pero si ella es entendida como se ha señalado aquí, se habla de una tarea de gran dimensión, que debe ser abordada como proyectos de país, que involucran a todos y eso incluye, por cierto, a los intelectuales.

El rol de los intelectuales

¿Cuál debería ser el rol de los intelectuales ante los desafíos de la globalización? Desde mi punto de vista, re-significar el propósito de la integración, transformando el discurso retórico (academicista y/o populista) en un proyecto histórico[24], en un proyecto de país. Es preciso redefinir conscientemente el futuro, sabiendo que podremos ser capaces de controlar y cooptar el proceso, como un verdadero plan.

Aquí la clave es utilizar la integración como un instrumento al servicio de la mejor inserción en la globalización y no como un modo de defenderse de ella, mediante medidas proteccionistas asociadas a la virtual negación del proceso.

Como ya se ha demostrado para el fenómeno de las relaciones chileno-argentinas[25], los discursos académicos puestos a nivel de la prensa, de los textos escolares y de las plataformas políticas, construyen opinión pública a favor y/o en contra de lo que fuere.

En este momento la integración binacional debe estar inserta dentro de un modelo mayor de integración, como el mencionado de Di Filippo y Franco, y debe responder a un proyecto de país claro, estable y estratégico. En éste, el costo no podrá ser mayor al que Chile pagó en la década de los años setenta y ochenta, así como no podrá ser mayor al que Argentina está pagando en la actualidad.

La globalización no sólo se desborda por computadores y televisores, no sólo está en los conflictos entre cultura local y global, también se desborda en los debates académicos en torno a un fenómeno que ya no podemos negar, que supone la redefinición del Estado y del Mercado, que implica la definición de nuevos liderazgos (actores no estatales), que supone también, como siempre, un alto nivel de responsabilidad de quienes gastamos los impuestos de los contribuyentes pensando –pretenciosamente– el mejor mundo para ellos.

Los intelectuales tenemos un deber con la sociedad actual. A mi juicio, éste consiste en desarrollar un discurso público dirigido a reducir la brecha entre trabajadores virtuales y rutinarios. El camino es la integración profunda, como un modo de inserción en la globalización.

Anexo 1: Agenda hemisférica de los noventa: hacia la comunidad económica de la América

- **Libertad Política**
  - Democracias
  - Seguridad Continental
    - Definición de las FF. AA.
    - Narcotráfico
  - Narcoterrorismo
  - Terrorismo Insurgencia

- **Libertad Económica**
  - Economías de Mercado
  - Economías Abiertas
  - Liberalización Económica
  - Desequilibrios Socio-económicos:
    - Pobreza
    - Migraciones
  - Libertad:
    - Comercio
    - Inversión
    - Deuda
  - Protección Ecosistemas

Fuente: Morandé, José A. "La Agenda Interamericana en los Noventa: transformaciones y desafíos", en Alberto van Klaveren "América Latina en el Mundo", Editorial ANDES, Santiago-Chile, 1997, pp. 140-155.

Anexo 2	Acuerdos de Integración en las Américas hasta 1990		
Acuerdo, fecha y miembros	Objetivos	Estado actual	Situación/ Observaciones
Ley preferencial para el comercio andino, 1991Bolivia, Colombia, Ecuador, Estados Unidos, Perú.	Exención de aduanas para 324 millones de dólares USA en importaciones de los países andinos a Estados Unidos.	En vigencia.	
Acuerdo de libre comercio entre Chile y Colombia, 1993.	Establecimiento de una zona de comercio.	En vigencia desde enero de 1994.	
Acuerdo de libre comercio entre Chile y México, 1991.	Establecimiento de una zona de libre comercio desde enero de 1996.	Arancel recíproco máximo del 7,5 por ciento actual.	PIB agregado, 241.200 millones de dólares USA; población, 94,9 millones; comercio intrarregional, 0,1 % del comercio exterior total.
Acuerdo de libre comercio entre Chile y Venezuela, 1993.	Establecimiento de una zona de libre comercio en 1999.	Arancel máximo para las importaciones de Chile, del 20 % en 1994; el tipo arancelario de Chile permanece en el 11 %; está previsto que los aranceles sean de 0% en 1999.	PIB agregado, 76.700 millones de dólares USA; población, 32,5 millones; comercio exterior total, 38.900 millones de dólares USA; comercio intrarregional, 0,1 % del comercio exterior total.
Acuerdo de libre comercio entre Colombia y Venezuela, 1993.	Establecimiento de una zona de libre comercio en 1992.	Arancel común acordado en 1992; iniciadas conversaciones con México (Grupo de los Tres) para establecer una zona de libre comercio.	PIB agregado, 91.300 millones de dólares USA; población, 52 millones; comercio exterior total, 34.700 millones de dólares USA; comercio intrarregional, 1,4 % del comercio exterior total.
Acuerdo de libre comercio entre El Salvador y Guatemala, 1991.	Establecimiento de una zona de libre comercio.	Entrada en vigencia en octubre de 1991.	

▶

Acuerdo, fecha y miembros	Objetivos	Estado actual	Situación/ Observaciones
Acuerdo Norteamericano de Libre Comercio (NAFTA), 1992 Canadá, Estados Unidos, México.	Establecimiento de una zona de libre comercio en 2009: eliminación de aranceles en cinco, diez o quince años, según el producto: excepciones para productos agrarios canadienses y petrolíferos mexicanos: contiene derechos y obligaciones que presentan precedentes sobre propiedad intelectual, servicios, comercio e inversiones; extendido a México el sistema de resolución de disputas entre Estados Unidos y Canadá.	Acuerdo firmado y ratificado: entrada gradual en vigencia desde el 1 de enero de 1994.	PIB agregado. 6.204,6 billones de dólares USA; población, 362,7 millones: comercio exterior total, 1.223,8 billones de dólares USA; comercio intra-rregional, 18,8 por ciento del comercio exterior total.
Grupo de los Tres: acuerdo de libre comercio entre Colombia, México y Venezuela, 1993.	Cooperación económica: en abril de 1993, los tres países acordaron establecer una zona de libre comercio en 1994.	Acuerdos firmados en el sector de la energía; negociaciones en marcha; el proyecto de acuerdo de noviembre 1993 prevé un arancel inmediato del 0 por ciento para ciertos productos y en transición de diez años para otros, excepto en automóviles y productos agrarios; México reducirá los aranceles con más rapidez que Colombia y Venezuela; la fecha de firma en enero de 1994 se pospuso para la rebelión de Chiapas; las nuevas autoridades venezolanas ratificaron el convenio en febrero de 1994.	PIB agregado, 305.800 millones de dólares USA; población 138,2 millones; comercio exterior total, 94.400 millones de dólares USA; comercio intrarregional. 0,8 por ciento del comercio exterior total.
Acuerdo de libre comercio entre Costa Rica y México, 1994.	Establecimiento de una zona de libre comercio.	Negociaciones en marcha, eliminación de todas las barreras arancelarias y no arancelarias entre ambos países; las exportaciones mexicanas de bienes que no produzca Costa Rica están libres de aduana desde 1995; los aranceles sobre el resto de las exportaciones mexicanas se reducirán en cinco, diez y quince años: casi todas las exportaciones de Costa Rica podrán entrar en México libres de aduana en cinco años o menos; una estricta norma de origen exige que los artículos se fabriquen con elementos del interior de la región.	

▶

Acuerdo, fecha y miembros	Objetivos	Estado actual	Situación/ Observaciones
Acuerdo de libre comercio entre México y Centroamérica, 1992: Costa Rica, El Salvador, Guatemala, Honduras, México.	Establecimiento de una zona de libre comercio en diciembre de 1996.	Régimen de salvaguarda, normas técnicas y acuerdos sobre resolución de disputas, en trance de negociación; convenio marco para la cooperación comercial firmado en agosto de 1992; Costa Rica negocia bilateralmente con México.	PIB agregado, 240.300 millones de dólares USA; población 112,4 millones; comercio exterior total, 72.400 millones de dólares USA; comercio intrarregional, 1.6 por ciento del comercio exterior total.
Acuerdo de libre comercio entre Venezuela y Centroamérica, 1992: Costa Rica, El Salvador, Guatemala, Honduras, Nicaragua, Panamá y Venezuela.	Prevé un período de transición no recíproco en el que Venezuela llevará a cabo recortes arancelarios unilaterales, con el objetivo final de un acuerdo de libre comercio.	Las negociaciones se impulsaron tras la cumbre presidencial del grupo de los tres en 1993, pero posteriormente han avanzado con lentitud.	
Acuerdo de Nueva Ocotepeque, 1992: El Salvador, Guatemala y Honduras.	Establecimiento de una zona de libre comercio en 1993; el objetivo a largo plazo es crear una unión aduanera; incluye recientes acuerdos complementarios firmados por estos países.	No claro.	PIB agregado, 17.100 millones de dólares USA; población, 19,7 millones; comercio exterior total, 7.300 millones de dólares USA; comercio intrarregional, 11,8 por ciento del comercio total.
MERCOSUR, 1991: Argentina, Brasil, Paraguay y Uruguay.	Establecimiento de un mercado común en enero de 1995; programa de liberalización comercial, coordinación de políticas macroeconómicas, arancel común, acuerdos sectoriales.	Preferencias arancelarias actuales, 68 por ciento; firmado convenio de resolución de disputas; productos gradualmente eliminados de las listas nacionales de exclusión; negociaciones sobre el arancel exterior común, detenidas por diferencias sobre bienes de capital y electrónicos; proceso de liberalización muy avanzado, pero es dudosa la obtención de la unión aduanera para 1995.	PIB agregado, 493.300 millones de dólares USA; población, 190 millones; comercio exterior total, 76.300 millones de dólares USA; comercio intrarregional, 8,6 por ciento del comercio exterior total.

▶

Acuerdo, fecha y miembros	Objetivos	Estado actual	Situación/ Observaciones
CARICOM, Acuerdo de libre comercio de Colombia, 1991: Antigua y Barbuda, Bahamas, Barbados, Belice, Colombia, Dominica, Granada, Jamaica, Monserrat, St. Kitts y Nevis, Sta. Lucía, San Vicente y las Granadinas, Trinidad y Tobago.	Prevé un período de transición no recíproco en el que Colombia llevará a cabo reducciones arancelaria unilaterales, con el objetivo final de un acuerdo de libre comercio.	Las negociaciones son lentas debido a las exigencias de la CARICOM sobre reducciones arancelarias unilaterales.	
CARICOM-Acuerdo de libre comercio de Venezuela, 1993: Antigua y Barbuda, Bahamas, Barbados, Belice, Dominica, Granada, Jamaica, Monserrat, St. Kitts y Nevis, Sta. Lucía, San Vicente y las Granadinas, Trinidad y Tobago, Venezuela.	Prevé la aprobación gradual de importaciones libres de aduana CARICOM en Venezuela durante un período de cinco años; después de esos cinco años, se emprenderán negociaciones para eliminar los aranceles sobre las exportaciones venezolanas a los países signatarios.	Las negociaciones son lentas debido a las exigencias de la CARICOM sobre reducciones arancelarias unilaterales.	
Acuerdo de libre comercio entre Colombia y Centroamérica, 1993: Colombia, Costa Rica, El Salvador, Guatemala, Honduras, Nicaragua, Panamá, Venezuela.	Prevé un período de transición no recíproco en el que Colombia llevará a cabo reducciones arancelarias unilaterales, con el objetivo final de un acuerdo de libre comercio.	Las negociaciones adquirieron impulso después de la cumbre presidencial del Grupo de los Tres en 1993, pero posteriormente han avanzado con lentitud.	

Fuente: Edwards, Sebastián "Crisis y Reforma en América Latina", EMECÉ, Bs. Aires-Argentina, 1997, pp. 183-187

Anexo 3 — Chile: Total Comercio por Áreas y Países, 1970-2000 (en millones de US$)

Región/País	1970	1975	1980	1985	1990	1995	2000
Japón	177,5	236,1	876,9	581,0	1.956,8	3.920,5	3.258,6
NICs.[a]	--	--	217,3	196,2	1.223,2	3.857,4	2.012,0
Corea del Sur	--	--	99,5	113,5	382,0	1.424,5	1.341,6
Hong Kong	--	--	45,2	20,7	30,4	194,8	0,0
Singapur	--	--	--	--	51,0	136,4	47,3
Taiwán	--	--	72,6	62,0	361,5	904,9	801,2
ASEAN4[b]	--	--	16,1	23,7	197,0	511,2	536,7
Filipinas	--	--	5,3	1,3	70,9	65,6	100,2
Indonesia	--	--	3,2	12,7	66,6	240,8	184,5
Malasia	--	--	5,2	5,2	18,9	164,8	129,0
Tailandia	--	--	2,4	4,5	40,6	190,6	123,0
Rep. Pop. de China	0,3	16,0	126,4	148,9	87,6	873,2	1.967,6
NAFTA	561,9	597,7	2.304,7	1.725,7	3.281,6	7.311,9	8533,4
Canadá	12,0	38,5	155,4	135,0	280,5	411,1	577,5
Estados Unidos	508,9	536,0	2.054,2	1.525,3	2.842,6	6.167,9	6.522,2
México	29,1	20,6	96,1	65,7	158,5	732,9	1.433,7
MERCOSUR[c]	243,9	328,9	1.347,6	698,0	1.785,9	2.615,9	6.046,8
Argentina	171,8	193,7	438,0	190,4	616,6	1.970,1	3.515,1
Brasil	49,2	124,7	843,4	458,5	1.051,6	2.215,51	2.296,9
Paraguay	1,9	2,6	15,0	32,7	74,3	134,0	114,1
Uruguay	21,0	7,9	51,2	16,4	43,4	96,3	120,7
Unión Europea	1.073,8	307,4	2.585,0	1.879,5	5.267,5	7.603,8	7.421,2
Resto del Mundo	126,7	1.509,5	2.232,1	1.575,4	2.052,8	5.100,1	6.738,4
TOTAL	2.184,1	2.995,6	9.706,1	6.828,4	15.852,4	31.794,0	36.514,7

Fuente: Elaboración propia, sobre la base de cifras del Boletín Mensual del Banco Central de Chile, años indicados.

a Newly Industrialising Countries: Corea del Sur, Hong Kong (hasta 1997), Singapur y Taiwán.
b Si bien cuando se usa la sigla ASEAN (Association of South Est Asian Nations) ella se refiere a los siguientes países: Indonesia, Malasia, Filipinas, Singapur, Tailandia, Brunei y Vietnam; cuando se usa la sigla ASEAN4, se refiere a Filipinas, Indonesia, Malasia y Tailandia.
c Argentina, Brasil, Paraguay y Uruguay. Se les ha considerado agregadamente en esta tabla, incluso antes de constituirse el acuerdo en 1991, a objeto de agregarlos al análisis general.

Anexo 4	Inversión Extranjera Directa (D.L. 600) IED Autorizada y Materializada por País de Origen: 1974-2001 (en millones de US$)			
		Inversión Autorizada		Inversión Materializada	
	País	Valor	Porción	Valor	Porción
1	United States	27,809	33.5 %	15,320	31.6 %
2	Spain	11,382	13.7 %	9,371	19.3 %
3	Canadá	12,018	14.5 %	6,539	13.5 %
4	United Kingdom	5,328	6.4 %	2,609	5.4 %
5	Australia	6,009	7.2 %	1,738	3.6 %
6	Japan	2,958	3.6 %	1,550	3.2 %
7	Italy	1,757	2.1 %	1,470	3.0 %
8	South Africa	2,741	3.3 %	1,395	2.9 %
9	The Netherlands	1,510	1.8 %	1,334	2.7 %
10	France	1,444	1.7 %	1,217	2.5 %
11	Cayman Islands	1,306	1.6 %	650	1.3 %
12	Argentina	942	1.1 %	620	1.3 %
13	Switzerland	1,122	1.4 %	496	1.0 %
14	Finland	884	1.1 %	490	1.0 %
15	Bermuda	605	0.7 %	471	1.0 %
16	Germany	691	0.8 %	449	0.9 %
17	Belgium	438	0.5 %	347	0.7 %
18	Brazil	375	0.5 %	286	0.6 %
19	Norway	347	0.4 %	247	0.5 %
20	Intern. Organizations	436	0.5 %	239	0.5 %
21	Bahamas	482	0.6 %	205	0.4 %
22	Panamá	303	0.4 %	201	0.4 %
23	New Zealand	240	0.3 %	159	0.3 %
24	Luxembourg	237	0.3 %	143	0.3 %
25	México	184	0.2 %	140	0.3 %
	Others	1,436	1.7 %	836	1.7 %
	TOTAL	82,984	100.0 %	48,522	100.0 %

* **Source:** Foreign Investment Committee, provisional figures as of December 31, 2001.

Anexo 5 Inversión Extranjera Directa: Promedio 1995-2000 8como % del PIB)

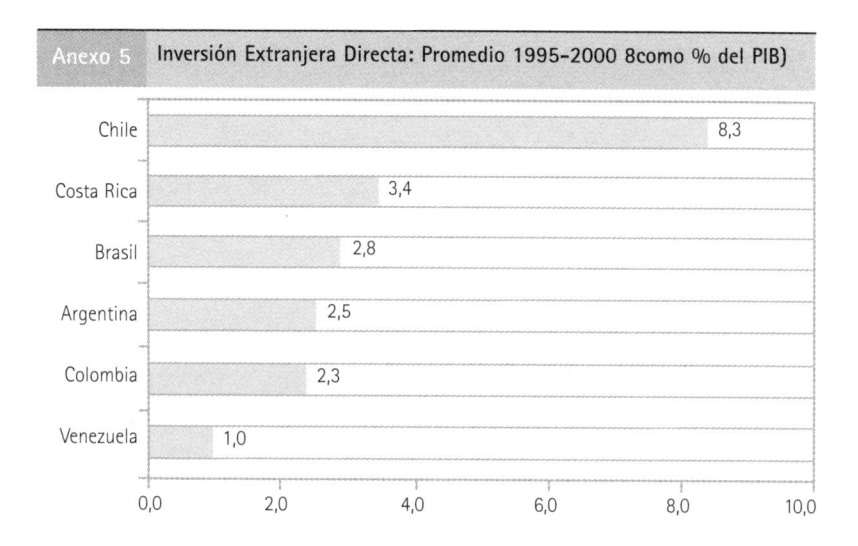

Chile	8,3
Costa Rica	3,4
Brasil	2,8
Argentina	2,5
Colombia	2,3
Venezuela	1,0

Source: Central Bank of Brazil (www.bcb.gov.br); Coinvertir Colombia (www.coinvertir.org.co); Ministry of Foreign Trade of Costa Rica (www.comex.go.cr); Conapri Venezuela (www.conapri.org); World Bank (www.worldbank.org); International Monetary Fund (www.imf.org); Foreign Investment Committe e (www.foreigninvestment.cl).

NOTAS

1. Ponencia presentada en el Congreso Centenario de los Pactos de Mayo. VI Seminario Argentino Chileno de Humanidades, Ambiente y Relaciones Internacionales. Mendoza, 27, 28 y 29 de mayo del 2002.
2. Guadalajara, julio de 1991.
3. Para el caso de la agenda mundial, véase un interesante artículo de W.W. Rostow "An Agenda for the 1990's and Beyond", en Harvard International Review, 10th Anniversary Issue, 1990.
4. MORANDÉ, José A. Ob. Cit., p. 153.
5. Firmado en Maastrich, el 7 de febrero de 1992.
6. Hago esta reflexión con arreglo a las definiciones fundamentales que aparecen en la sección de Preámbulo del Tratado.
7. SUNKEL, Osvaldo. *Desarrollo e integración regional: ¿otra oportunidad para una promesa incumplida?* En: Revista de la CEPAL-Número Extraordinario (50 Años). Santiago-Chile, 1998, pp. 231 y ss.
8. Denominada como "política lateral".
9. Desde el populismo neoliberal de Fujimori hasta el autocratismo marxista de Castro, pasando por este neo-populismo de Chávez.
10. Muchos de los cuales derivaron en guerras vergonzosas, cuyos efectos perviven hasta hoy.
11. CARICOM: Caribbean Community and Commond Market: Bahamas, Barbados, Guyana, Jamaica, y Trinidad y Tobago.
12. STRANGE, Susan. *Rethinking Structural Change in the International Política Economy: States, Firms and Diplomacy*. En: Richard Stubbs and Geoffrey R. D. Underhill (editors) *Political Economy and the Changing Global Order*. The McMillan Press, London-United Kingdom, 1994, pp. 103-115.
13. DI FILIPPO, Armando y FRANCO, Rolando. *Integración Regional, Desarrollo y Equidad*. CEPAL-Siglo XXI editores y CEPAL, México, 2000 (primera edición).
14. *Ibid.*, p. 25.
15. Aquéllos que desempeñan labores que no demandan calificación y que, crecientemente, han sido reemplazados por la tecnificación del trabajo.
16. Aquéllos que cumplen sus funciones apoyados, crecientemente, por la tecnología computacional y que, en muchos casos, desempeñan dichas funciones mediante Internet.

17 Una parte significativa de los actuales desempleados no encontrarán trabajo cuando el crecimiento económico retorne, básicamente porque el mercado ahora demanda habilidades que muchos de los citados no tiene.
18 Sobre esta perspectiva he desarrollado un programa de investigación bastante extenso, del cual he publicado un avance. Véase César Ross "Chile y Argentina: Conflicto Político e Integración Económica, 1850-1930", en Estudios Trasandinos N° 4, Santiago, 2000, pp. 211-228.
19 *Institutions, Institutional Change and Economic Performance*. Cambridge University Press, 1990.
20 Ya citado en este trabajo.
21 Este es un factor clave y aún insuficientemente estudiado.
22 Una forma de integración que, procurando transformarse en un mercado común, sólo alcanzó el estatus de unión aduanera.
23 Donde el Fondo Monetario Internacional tiene mucho que aclarar.
24 Uso el concepto de "proyecto", a partir de la tesis desarrollada por Marcello Carmagnani en "Estado y Sociedad en América Latina 1850-1930", Crítica, Barcelona-España, 1984. Específicamente Carmagnani sostiene: "Es preciso observar que el mismo comerciante, el propietario de una plantación y el político liberal de mediados de siglo poseen algo nuevo y distinto, algo de lo que sus abuelos y bisabuelos carecían. Existe en cada uno de ellos la neta conciencia de pertenecer a una clase llamada no sólo a dirigir la política, administrar la economía y dominar la sociedad, sino también a proponer a los diversos grupos sociales subalternos, en contrate a lo acaecido hasta entonces, un proyecto referente al futuro del propio país: la gran novedad de este período reside justamente en esta capacidad, por parte de la clase dominante, de obrar directamente como tal", p. 20.
25 Pablo Lacoste, historiador argentino, ha gastado muchos años de trabajo desarrollando, entre otros, este aspecto de la relación argentino-chilena.

APÉNDICE I

GOBERNANTES DE LOS PAÍSES DEL CONO SUR

Jefes de Gobierno de Argentina (1810-2004)

Período	Gobernante. Estado del 1er mandatario (civil o militar). Naturaleza del gobierno (constitucional o de facto). Observaciones (derrocamientos, renuncias, etc.).
1810	Primera Junta - presidente Cornelio Saavedra (militar).
1810-1811	Junta Grande.
1811-1812	Primer Triunvirato: Feliciano Chiclana, Manuel Sarratea y Juan José Paso.
1812-1814	Segundo Triunvirato: Juan José Paso, Antonio Alvarez Jonte y Nicolás Rodríguez Peña.
1814-1815	Director Supremo de las Provincias Unidas: Gervasio Antonio de Posadas
1815	Director Supremo: Carlos María de Alvear (militar - legal).
1816-1819	Director Supremo: Juan Martín de Pueyrredón (militar - legal).
1819-1820	Director Supremo: José Rondeau (militar - legal).
1820-1826	Anarquía - no existe gobierno nacional - solamente gobernadores.
1826-1827	Presidente Bernardino Rivadavia (civil - constitucional).
1827-1854	Anarquía - no existe gobierno nacional legítimo- solamente gobernadores.
1854-1860	Presidente Justo José de Urquiza (militar - constitucional)
1860-1862	Presidente Manuel Derqui (civil - constitucional); depuesto por derrota en batalla de Pavón.
1862-1868	Bartolomé Mitre (militar - constitucional).
1868-1874	Domingo Faustino Sarmiento (civil - constitucional).
1874-1880	Nicolás Avellaneda (civil - constitucional).
1880-1886	Julio Argentino Roca (militar - constitucional).
1886-1890	Miguel Juárez Celman (civil - constitucional).
1890-1892	Carlos Pellegrini (civil - constitucional); vicepresidente que asume por renuncia del presidente.
1892-1895	Luis Sáenz Peña (civil - constitucional).
1895-1898	José Evaristo Uruburu (civil - constitucional); vicepresidente que asume por renuncia del presidente.
1898-1904	Julio Argentino Roca (militar - constitucional).
1904-1906	Manuel Quintana (civil - constitucional); fallece en funciones.
1906-1910	José Figueroa Alcorta (civil - constitucional); vicepresidente que asume por fallecimiento del presidente.
1910-1913	Roque Sáenz Peña (civil - constitucional); fallece en funciones.
1913-1916	Victorino de la Plaza (civil - constitucional); vicepresidente que asume por fallecimiento del presidente.
1916-1922	Hipólito Yrigoyen (civil - constitucional) (primer presidente electo en comicios libres, con voto secreto y universal para los varones).
1922-1928	Marcelo Torcuato de Alvear (civil - constitucional).
1928-1930	Hipólito Yrigoyen (civil - constitucional); derrocado por Golpe de Estado.

▶

GOBERNANTES DE LOS PAÍSES DEL CONO SUR

Período	Gobernante. Estado del 1er mandatario (civil o militar). Naturaleza del gobierno (constitucional o de facto). Observaciones (derrocamientos, renuncias, etc.).
1930-1932	José Félix Uriburu (militar - de facto).
1932-1938	Agustín P. Justo (militar - gobierno constitucional fraudulento).
1938-1940	Roberto M. Ortiz (civil - gobierno constitucional fraudulento); renuncia y luego fallece.
1940-1943	Ramón Castillo (civil - gobierno constitucional fraudulento); vicepresidente que asume por renuncia del presidente; derrocado por golpe de Estado.
1943	Arturo Rawson (militar - golpe de Estado).
1943-1944	Pedro Pablo Ramírez (militar - de facto).
1944-1946	Edelmiro J. Farrel (militar - de facto).
1946-1952	Juan Domingo Perón (militar - constitucional).
1952-1955	Juan Domingo Perón (constitucional) (primer presidente electo con sufragio universal, incluyendo varonas y mujeres).
1955	Eduardo Lonardi (militar - de facto).
1955-1958	Pedro Eugenio Aramburu (militar - de facto).
1958-1962	Arturo Frondizi (civil - constitucional); surgido de elecciones con el principal partido (peronista) proscripto. Derrocado por golpe de Estado.
1962-1963	José María Guido (civil - gobierno de facto); asume por ser presidente del Senado.
1963-1966	Arturo Humberto Illia (civil - constitucional); surgido de elecciones con el principal partido (peronista) proscripto. Derrocado por golpe de Estado.
1966-1970	Juan Carlos Onganía (militar - de facto).
1970-1971	Roberto Marcelo Levingston (militar - de facto).
1971-1973	Alejandro Agustín Lanusse (militar - de facto).
1973	Héctor J. Cámpora (civil - constitucional); renuncia.
1973	Raúl Lastiri (civil - constitucional); asume por ser presidente de la Cámara de Diputados.
1973-1974	Juan Domingo Perón (militar - constitucional); fallece en funciones.
1974-1976	Estela Martínez de Perón (civil - constitucional); vice que asume por fallecimiento del presidente. Derrocada por golpe de Estado.
1976-1981	Jorge Rafael Videla (militar - de facto).
1981	Roberto Viola (militar - de facto).
1981-1982	Leopoldo Fortunato Galtieri (militar - de facto).
1982-1983	Reynaldo Bignone (militar - de facto).
1983-1989	Raúl Alfonsín (civil - constitucional).
1989-1999	Carlos Saúl Menem (civil - constitucional).
1999-2001	Fernando De la Rúa (civil - constitucional). Renuncia por crisis socioeconómica.
2001	Adolfo Rodríguez Saá (civil - constitucional); electo por el Congreso por renuncia del anterior; una semana en funciones. Renuncia por falta de respaldos políticos.

▶

APÉNDICE I

Período	Gobernante. Estado del 1er mandatario (civil o militar). Naturaleza del gobierno (constitucional o de facto). Observaciones (derrocamientos, renuncias, etc.).
2002-2003	Eduardo Duhalde (civil - constitucional); electo por el Congreso por renuncia del anterior. Completa el mandato de De la Rúa.
2003-2007	Nestor Kirchner (civil constitucional) Electo por primera vez mediante ballotage, en segunda vuelta frente a Carlos Menem, el 18 de mayo de 2003.

Nota: a partir de Rivadavia, los mandatarios emplean el título de presidente.

Fuente: Diccionario Biográfico, Histórico y Geográfico Argentino. Buenos Aires, El Ateneo, 1998. Rock, David. Argentina (1516-1987). Buenos Aires, Alianza, 1989. Nudelman, Ricardo. Diccionario de política latinoamericana del siglo XX. México, Océano, 2001.

Jefes de Gobierno de Chile (1810-2004)

Período	Gobernante. Estado del 1er mandatario (civil o militar). Naturaleza del gobierno (constitucional o de facto). Observaciones (derrocamientos, renuncias, etc.).
1810-1811	Primera Junta de Gobierno. Presidente: Mateo de Toro Zambrano.
1811-1813	José Miguel Carrera (militar - de ipso).
1813-1814	Bernardo O'Higgins (militar - Jefe del Ejército).
1814	Francisco de la Lastra.
1814-1817	Reconquista española. No existe gobierno nacional chileno.
1817-1823	Bernardo O'Higgins (militar).
1823-1826	Ramón Freire (militar).
1826	Manuel Blanco Encalada (argentino de nacimiento; primer gobernante que emplea el título de Presidente de la República de Chile).
1826-1827	Agustín Eyzaguirre.
1827-1829	Francisco Antonio Pinto Díaz.
1830	Francisco Ruiz Tagle.
1830-1831	José Tomás Ovalle Bezanilla.
1831-1841	José Joaquín Prieto Vial (constitucional).
1841-1851	Manuel Bulnes (constitucional).
1851-1861	Manuel Montt (constitucional).
1861-1871	José Joaquín Pérez Mascayano (constitucional).
1871-1876	Federico Errázuriz Zañartu (constitucional).
1876-1881	Aníbal Pinto (constitucional).
1881-1886	Domingo Santa María (constitucional).
1886-1891	José Manuel Balmaceda (constitucional) (depuesto por guerra civil, tras enfrentarse con el Congreso).
1896-1901	Federico Errázuriz Echaurren (constitucional).
1901-1906	Germán Riesco Errázuriz (constitucional).
1906-1910	Pedro Montt Montt (constitucional).
1910-1915	Ramón Barros Luco (constitucional).
1915-1920	Juan Luis Sanfuentes (constitucional).
1920-1925	Arturo Alessandri Palma (constitucional).
1924-1925	Juntas Militares (de facto).
1925-1927	Emiliano Figueroa Larraín.
1927-1931	Carlos Ibáñez del Campo (militar - de facto).
1931-1932	Juan Esteban Montero Rodríguez.
1932	República Socialista (4 al 12 de junio de 1932).

▶

APÉNDICE I

Período	Gobernante. Estado del 1er mandatario (civil o militar). Naturaleza del gobierno (constitucional o de facto). Observaciones (derrocamientos, renuncias, etc.).
1932	Presidencias de Rolando Merino Reyes (13 al 16 de junio), Bartolomé Blanche Espejo (13 de setiembre al 2 de octubre) y Abrahám, Oyanedel Urrutia (2 de octubre al 24 de diciembre).
1932-1938	Arturo Alessandri Palma (civil - constitucional).
1938-1941	Pedro Aguirre Cerda (civil - constitucional); fallece en funciones.
1942-1946	Juan Antonio Ríos (civil - constitucional).
1946-1952	Gabriel González Videla (civil - constitucional).
1952-1958	Carlos Ibáñez del Campo (militar - constitucional).
1958-1964	Jorge Alessandri Rodríguez (civil - constitucional).
1964-1970	Eduardo Frei Montalva (civil - constitucional).
1970-1973	Salvador Allende (civil - constitucional); depuesto por golpe de Estado del 11 de setiembre.
1973-1990	Augusto Pinochet Ugarte (militar - de facto).
1990-1994	Patricio Aylwin (civil - constitucional).
1994-2000	Eduardo Frei Ruiz Tagle (civil - constitucional).
2000-2006	Ricardo Lagos (civil - constitucional).

Nota: a partir de Rivadavia, los mandatarios emplean el título de presidente.

Fuente: Diccionario Biográfico, Histórico y Geográfico Argentino. Buenos Aires, El Ateneo, 1998. Rock, David. Argentina (1516-1987). Buenos Aires, Alianza, 1989. Nudelman, Ricardo. Diccionario de política latinoamericana del siglo XX. México, Océano, 2001.

Jefes de Gobierno de Brasil (1808-2004)

Período	Gobernante. Estado del 1er mandatario (civil o militar). Naturaleza del gobierno (constitucional o de facto). Observaciones (derrocamientos, renuncias, etc.).
1808-1822	Juan VI (Casa de Bragança - Reino Unido de Portugal y Algarves).
1822-1831	Pedro I (Casa de Bragança, príncipe heredero - Imperio del Brasil).
1831-1889	Pedro II (Casa de Bragança - Imperio del Brasil).
1889-1891	Deodoro da Fonseca (militar - primer presidente de la República).
1891-1894	Floriano Peixoto (militar - asumió ante la renuncia de Fonseca).
1894-1898	Prudente de Morais (civil - constitucional).
1898-1902	Manoel Feraz Campos Salles (civil - constitucional).
1902-1906	Francisco de Paula Rodrigues Alves (civil - constitucional).
1906-1909	Alfonso Moreira Pena (civil - constitucional).
1909-1910	Nilo Peçanha (vicepresidente - asumió ante el fallecimiento de Pena).
1910-1914	Hermes da Fonseca (militar - constitucional).
1914-1918	Wenceslao Brás (civil - constitucional).
1918-1919	Francisco de Paula Rodrigues Alves (falleció a pocos meses de asumir).
1919-1922	Epitácio Pessoa (electo en comicios especiales).
1922-1926	Artur da Silva Bernardes (civil - constitucional).
1926-1930	Washington Luiz Pereira da Souza (civil - constitucional).
1930-1945	Getúlio Vargas (asumió por movimiento revolucionario, electo en 1934).
1945-1946	José Linhares (civil - constitucional).
1946-1951	Eurico Dutra (militar - constitucional).
1951-1954	Getúlio Vargas (civil - constitucional).
1954-1956	Joäo Café Filho (vicepresidente - asumió luego del suicidio de Vargas).
1956-1961	Juscelino Kubitschek (civil - constitucional).
1961	Jânio Quadros (civil - constitucional).
1961-1964	Joâo Goulart (vicepresidente, asumió ante la renuncia de Quadros).
1964-1967	Humberto Castelo Branco (militar, asumió mediante un golpe de Estado).
1967-1969	Artur Costa e Silva (militar - presidente de facto).
1969-1974	Emilio Garrastazú Medici (militar - presidente de facto).
1974-1979	Ernesto Geisel (militar - presidente de facto).
1979-1985	Joâo Baptista Figueiredo (militar - presidente de facto).
1985	Tancredo Neves (primer presidente constitucional electo en 21 años); murió pocos días antes de asumir.
1985-1990	José Sarney (civil - constitucional; vicepresidente que asumió para reemplazar al fallecido presidente Neves).
1990-1992	Fernando Collor de Mello (civil, constitucional).

APÉNDICE I

Período	Gobernante. Estado del 1er mandatario (civil o militar). Naturaleza del gobierno (constitucional o de facto). Observaciones (derrocamientos, renuncias, etc.).
1992-1994	Itamar Franco (civil - constitucional).
1994-1998	Fernando Henrique Cardoso (civil - constitucional).
1998-2002	Fernando Henrique Cardoso (civil - constitucional).
2002-2006	Luis Inacio Lula Da Silva (civil-constitucional) Primer presidente obrero.

Fuentes: en 1889 se produjo la abolición del Imperio y se creó la República. A partir de entonces dejó de gobernar un emperador; el titular del Poder Ejecutivo pasó a ser un presidente. Nudelman, Ricardo. Diccionario de política latinoamericana del siglo XX. México, Océano, 2001. Teixeira, Francisco M.P. Teixeira y Totini, Maria Elizabeth, História económica e administrativa do Brasil, São Paulo, Editora Ática, 1989.

GOBERNANTES DE LOS PAÍSES DEL CONO SUR

Jefes de Gobierno de Uruguay (1828-2004)

Período	Gobernante. Estado del 1er mandatario (civil o militar). Naturaleza del gobierno (constitucional o de facto). Observaciones (derrocamientos, renuncias, etc.).
1828-1830	José Rondeau (argentino de nacimiento) (militar - gobierno provisional preconstitucional).
1830-1834	J. Fructuoso Rivera (militar - gobierno constitucional).
1834-1835	Carlos Anaya (civil, presidente del Senado - gobierno interino).
1835-1838	Manuel Oribe (militar - gobierno constitucional, sitiado Montevideo, renuncia el 23 de octubre).
1838	Gabriel A. Pereira (civil, presidente del Senado - gobierno interino).
1838-1839	J. Fructuoso Rivera (militar - gobierno provisorio, sin vigencia de la Constitución).
1839	Gabriel A. Pereira (civil - gobierno interino).
1839- 43- 42	J. Fructuoso Rivera (militar - gobierno constitucional) Manuel Oribe (militar - sitio de Montevideo y gobierno del Cerrito).
1843-1852	Joaquín Suárez (civil, presidente del Senado - gobierno de la Defensa, hasta el fin del sitio de Montevideo).
1852	Bernardo P. Berro (civil - gobierno provisorio).
1852-1853	Juan Francisco Giró (civil - gobierno constitucional, derrocado por motín del ejército colorado).
1853-1854	Venancio Flores -jefe político de Montevideo-, Juan A. Lavalleja y J. Fructuoso Rivera (gobierno provisional - triunvirato de generales).
1854-1855	Venancio Flores - César Díaz - Alejandro Chucarro - Manuel B. Bustamante (gobiernos provisorios).
1855	Luis Lamas (civil - gobierno provisional).
1855-1856	Manuel B. Bustamante (civil - gobierno interino).
1856	José María Plá (civil - gobierno interino).
1856-1860	Gabriel Antonio Pereira (civil - gobierno constitucional).
1860-1864	Bernardo Prudencio Berro (civil - gobierno constitucional, renuncia).
1864-1865	Anastasio Cruz Aguirre (civil, presidente del Senado - gobierno interino).
1865	Tomás Villalba (civil, presidente del Senado - gobierno interino).
1865-1866	Venancio Flores (militar - gobierno provisorio).
1866-1868	Francisco A. Vidal, Manuel Flores, Pedro Varela.
1868-1872	Lorenzo Batlle (militar - gobierno constitucional).
1872-1873	Tomás Gomensoro (civil, presidente del Senado - gobierno interino).
1873-1875	José Pedro Ellaury (civil - gobierno constitucional, abandona el gobierno asilado en la legación brasileña).
1875-1876	Pedro Varela (civil - gobierno interino, abandona el gobierno asilado en la legación francesa).
1876-1879	Lorenzo Latorre (militar - gobierno provisorio).
1879-1880	Lorenzo Latorre (militar - gobierno constitucional).
1880-1882	Francisco A. Vidal (civil, presidente del Senado - gobierno interino).

▶

APÉNDICE I

Período	Gobernante. Estado del 1er mandatario (civil o militar). Naturaleza del gobierno (constitucional o de facto). Observaciones (derrocamientos, renuncias, etc.).
1882-1886	Máximo Santos (militar - gobierno constitucional).
1886	Francisco A. Vidal (civil - gobierno interino).
1886-1890	Máximo Tajes (militar - gobierno constitucional).
1890-1894	Julio Herrera y Obes (civil - gobierno constitucional).
1894	Duncan Stewart (argentino de nacimiento) (civil, presidente del Senado - gobierno interino).
1894-1897	Juan Idiarte Borda (civil - gobierno constitucional).
1897-1903	Juan Lindolfo Cuestas (civil, presidente del Senado - gobierno interino, asumió por asesinato del presidente Borda, al fin de la Guerra Civil de 1897. Actúa como dictador desde febrero 1898 a febrero 1899. El 1 de marzo de 1899 asume como presidente constitucional).
1903-1907	José Batlle y Ordóñez (civil - gobierno constitucional).
1907-1911	Claudio Williman (civil - gobierno constitucional).
1911-1915	José Batlle y Ordóñez (civil - gobierno constitucional).
1915-1919	Feliciano Viera (civil - gobierno constitucional).
1919-1923	Baltasar Brum (civil - gobierno constitucional).
1923-1927	José Serrato (civil - gobierno constitucional).
1927-1931	Juan Campisteguy (civil - gobierno constitucional).
1931-1938	Gabriel Terra (civil - gobierno constitucional hasta el auto-golpe de 1933).
1938-1943	Alfredo Baldomir (militar - gobierno constitucional hasta el auto-golpe de 1942).
1943-1947	Juan José de Amézaga (civil - gobierno constitucional).
1947-1947	Tomás Berreta (civil - gobierno constitucional).
1947-1951	Luis Batlle y Berres (civil - gobierno constitucional, asume por fallecimiento del presidente).
1951-1955	Andrés Martínez Trueba (civil-gobierno constitucional, en 1952 se modificó la Constitución, estableciéndose una estructura colegiada de nueve miembros para el Poder Ejecutivo).
1955-1956	Luis Batlle y Berres (civil - gobierno constitucional, presidente del primer Consejo Nacional de Gobierno).
1956-1957	Alberto Zubiría (civil - gobierno constitucional, presidente del primer Consejo Nacional de Gobierno).
1957-1958	Arturo Lezama (civil - gobierno constitucional, presidente del primer Consejo Nacional de Gobierno).
1958-1959	Carlos A. Fischer (civil - gobierno constitucional, presidente del primer Consejo Nacional de Gobierno).
1959-1960	Martín Etchegoyen (civil - gobierno constitucional, presidente del segundo Consejo de Gob.).
1960-1961	Benito Nardone (civil - gobierno constitucional, presidente del segundo Consejo Nacional de Gobierno).

▶

GOBERNANTES DE LOS PAÍSES DEL CONO SUR

Período	Gobernante. Estado del 1er mandatario (civil o militar). Naturaleza del gobierno (constitucional o de facto). Observaciones (derrocamientos, renuncias, etc.).
1961-1962	Eduardo Víctor Haedo (civil - gobierno constitucional, presidente del segundo Consejo Nacional de Gobierno).
1962-1963	Faustino Harrison (civil - gobierno constitucional, presidente del segundo Consejo Nacional de Gobierno).
1963-1964	Daniel Fernández Crespo (civil - gobierno constitucional, presidente del tercer Consejo Nacional de Gobierno).
1964-1965	Luis Giannattasio (civil - gobierno constitucional, presidente del tercer Consejo Nacional de Gobierno).
1965-1966	Washington Beltrán (civil - gobierno constitucional, presidente del tercer Consejo Nacional de Gobierno).
1966-1967	Alberto Héber Usher (militar - gobierno constitucional, presidente del tercer Consejo Nacional de Gobierno).
1967	Oscar Daniel Gestido (militar - gobierno constitucional, nueva reforma de la Constitución, restituyendo el Poder Ejecutivo unipersonal).
1967-1972	Jorge Pacheco Areco (civil - gobierno constitucional, asume por fallecimiento del presidente Gestido).
1972-1976	Juan María Bordaberry (civil - gobierno constitucional hasta junio de 1973, en que se produce el golpe cívico-militar. El Parlamento fue sustituido por un Consejo de Estado).
1976	Alberto Demicheli (civil - gobierno interino de facto; ante la renuncia forzada por las Fuerzas Armadas de Bordaberry, asume el presidente del Consejo de Estado).
1976-1981	Aparicio Méndez (civil - gobierno de facto, electo por el Consejo de la Nación, que estaba constituido por los miembros del Consejo de Estado y la Junta de Oficiales Generales).
1981-1985	Gregorio C. Alvarez (militar - gobierno de facto).
1985	Rafael Addiego (civil - gobierno de transición, presidente de la Suprema Corte de Justicia).
1985-1989	Juan María Sanguinetti (civil - gobierno constitucional).
1989-1994	Luis Alberto Lacalle (civil - gobierno constitucional).
1994-1999	Julio María Sanguinetti (civil - gobierno constitucional).
1999-2004	Jorge Batlle Ibañez (civil - gobierno constitucional).
2004-2009	Tabaré Vazquez (civil - gobierno constitucional).

Fuentes: Cfr. http://www.presidencia.gub.uy/; www.embassy.org/uruguay/politic/listofpresidents.htm; www.profesores.com.uy; Atlas Histórico-Cronología, Diccionario Enciclopédico Lexis 22, Barcelona, Círculo de Lectores, 1976, pág. 303-4.

APÉNDICE I

Jefes de Gobierno de Bolivia (1825-2003)

Período	Gobernante. Estado del 1er mandatario (civil o militar). Naturaleza del gobierno (constitucional o de facto). Observaciones (derrocamientos, renuncias, etc.).
1825	Simón Bolívar (militar - legal); nombrado por la asamblea General del Alto Perú. Renunció.
1825 - 1828	Antonio José de Sucre (militar-constitucional); nombrado por el Congreso de acuerdo a la Constitución "vitalicia". Renunció.
1828	José María Pérez de Urdininea (militar-constitucional); nombrado interinamente por Sucre por el Presidente del Consejo de Ministros.
1828	José Miguel de Velasco (militar-constitucional); nombrado provisoriamente por la Asamblea General de Ministros.
1828 - 1829	Pedro Blanco (militar-constitucional); nombrado provisoriamente por la Asamblea General. Asesinado en ejercicio del mando.
1829	José Miguel de Velasco (militar-constitucional); nombrado interinamente por la Asamblea General. Transmitió el mando.
1829 - 1839	Andrés de Santa Cruz (militar-constitucional); electo por la Asamblea General. Derrocado por golpe de Estado.
1839 - 1841	José Miguel de Velasco (militar - de facto).
1841	Sebastián Agreda (militar-de facto).
1841	Mariano Enrique Calvo (civil - de facto).
1841 - 1847	José de Ballivián (militar- de facto).
1847 - 1848	Eusebio Guilarte (militar-constitucional); derrocado por golpe de Estado.
1848	José Miguel de Velazco (militar- de facto).
1848 - 1855	Manuel Isidro Belzu (militar - de facto).
1855 - 1857	Jorge Córdova (militar - constitucional); derrocado por golpe de Estado.
1857 - 1861	José María Linares (civil - de facto).
1861	Junta de Gobierno (José Maria Achá, Ruperto Fernández y Manuel Antonio Sánchez); (cívico - militar - de facto).
1861- 1864	José María Achá (militar-constitucional); derrocado por golpe de Estado.
1864 -1871	Mariano Melgarejo (militar-constitucional); derrocado por golpe de Estado.
1871 - 1872	Agustín Morales (militar- de facto); asesinado en ejercicio.
1872 - 1873	Tomás Frías (civil-constitucional).
1873 - 1874	Adolfo Ballivián (militar-constitucional); murió en ejercicio del mando.
1874 -1876	Tomás Frías (civil-constitucional); derrocado.
1876 -1879	Hilarión Daza (civil-de facto); derrocado.
1880 -1884	Narciso Campero (militar-constitucional); electo por el Congreso.
1884 -1888	Gregoriano Pacheco (civil-constitucional).
1888 -1892	Aniceto Arce (civil-constitucional).

▶

Período	Gobernante. Estado del 1er mandatario (civil o militar). Naturaleza del gobierno (constitucional o de facto). Observaciones (derrocamientos, renuncias, etc.).
1892 -1896	Mariano Baptista (civil-constitucional).
1896 -1899	Severo Fernández Alonso (civil-constitucional). Derrocado por golpe de Estado.
1899	Junta de Gobierno (José María Panado, Serapio Reyes Ortiz y Macario Pinilla) (Cívico-militar / constitucional) Asume tras revolución federal.
1899 - 1904	José Manuel Pando (militar-constitucional) Electo por el congreso.
1904 - 1909	Ismael Montes (militar-constitucional).
1909 - 1913	Eliodoro Villazón (civil-constitucional).
1913 - 1917	Ismael Montes (militar-constitucional).
1917 - 1920	José Gutiérrez Guerra (civil-constitucional); derrocado por golpe de Estado.
1920 - 1921	Junta de Gobierno (Bautista Saavedra, José M. Escaller y José Manuel Ramírez); (civil-de facto).
1921 - 1925	Bautista Saavedra (civil-constitucional) Electo por el Congreso.
1925 - 1926	Felipe Segundo Guzmán (civil-constitucional)
1926 - 1930	Hernando Siles Reyes (civil-constitucional). Renunció.
1930	Consejo de Ministros (cívico-militar/ de facto). Sucesión inconstitucional. Derrocado por golpe de Estado.
1930 - 1931	Carlos Blanco Galindo; (Junta de Gobierno); (militar- de facto).
1931 - 1934	Daniel Salamanca (civil-constitucional); derrocado.
1934 - 1936	José Luis Tejada Sorzano (civil - de facto).
1936 - 1937	David Toro (Junta de Gobierno cívico / militar - de facto).
1937 - 1939	Germán Busch (militar - de facto); muerto en ejercicio del mando.
1939 - 1940	Carlos Quintanilla (militar - de facto).
1940 - 1943	Enrique Peñaranda (militar-constitucional); derrocado por golpe de Estado.
1943 - 1946	Gualberto Villarroel (militar- de facto); asesinado en el ejercicio del mando.
1946	Néstor Guillén (Junta de Gobierno civil - de facto).
1946 - 1947	Tomás Monje (Junta de Gobierno civil - de facto).
1947 - 1949	Enrique Hertzog (civil-constitucional). Renunció.
1949 - 1951	Mamerto Urriolagoitia (civil-constitucional).
1951 - 1952	Hugo Ballivián Rojas (militar - de facto).
1952 - 1956	Víctor Paz Estensoro (civil-de facto).
1956 - 1960	Hernán Siles Zuazo (civil-constitucional).
1960 - 1964	Víctor Paz Estensoro (civil-constitucional).
1964	Víctor Paz Estensoro (civil-constitucional). Derrocado por golpe de Estado.
1964 - 1965	René Barrientos Ortuño (Junta de Gobierno Militar - de facto).
1965	René Barrientos Ortuño y Alfredo Ovando Candia (Co-presidencia militar - de facto).
1966	Alfredo Ovando Candia (militar - de facto).

▶

APÉNDICE I

Período	Gobernante. Estado del 1er mandatario (civil o militar). Naturaleza del gobierno (constitucional o de facto). Observaciones (derrocamientos, renuncias, etc.).
1966 - 1969	René Barrientos Ortuño (militar - constitucional). Murió en ejercicio del mando en un dudoso accidente de aviación.
1969	Luis Adolfo Siles Salinas (civil - constitucional). Derrocado por golpe de Estado.
1969 - 1970	Alfredo Ovando Candia (militar - de facto).
1970 - 1971	Juan José Torres González (militar - de facto).
1971 - 1978	Hugo Banzer Suárez (militar - de facto).
1978	Juan Pereda Asbún (militar- de facto).
1978 - 1979	David Padilla Arancibia (militar - de facto).
1979	Walter Guevara Arze (civil-constitucional). Designado interinamente por el Congreso; derrocado por golpe de Estado.
1979	Alberto Natusch Busch (militar- de facto).
1979 - 1980	Lidia Gueiler Tejada (civil-constitucional); designada interinamente por el Congreso. Derrocada por golpe de Estado.
1980 - 1981	Luis García Meza Tejada (militar - de facto).
1981	Celso Torrelio, Gualdo Bernal y Oscar Pammo (Junta de gobierno militar- de facto).
1981 - 1982	Celso Torrelio Villa (militar - de facto).
1982	Guido Vildoso Calderón (militar- de facto).
1982 - 1985	Hernán Siles Zuazo (civil-constitucional).
1985 - 1989	Víctor Paz Estensoro (civil-constitucional).
1989 - 1993	Jaime Paz Zamora (civil-constitucional).
1993 - 1997	Gonzalo Sánchez de Lozada (civil-constitucional).
1997-2001	Hugo Banzer Suárez (militar-constitucional). Renunció.
2002-2003	Gonzalo Sánchez de Lozada (civil-constitucional). Renunció por alzamiento popular contrario a su política.
2003-2007	Carlos Mesa (civil-constitucional). Era el vicepresidente que asumió por renuncia del presidente anterior para cumplir su mandato.

Fuente: De Mesa, José; Gisbert, Teresa; Mesa Gisbert, Carlos D. Historia de Bolivia. Editorial Gisbert. La Paz - Bolivia 1998. Nudelman, Ricardo. Diccionario de política latinoamericana del siglo XX. México, Océano, 2001.

Jefes de gobierno de Paraguay (1814-2003)

Período	Gobernante. Estado del 1er mandatario (civil o militar). Naturaleza del gobierno (constitucional o de facto). Observaciones (derrocamientos, renuncias, etc.).
1814-1840	José Gaspar Rodríguez de Francia. Dictadura Vitalicia.
1842-1862	Carlos Antonio López. Constitucional.
1862-1870	Francisco Solano López. Constitucional.
1870-1871	Cirilo Antonio Rivarola. Renuncia.
1871-1874	Salvador Jovellanos. Vicepresidente a cargo del PE.
1874-1877	Juan Bautista Gill. Constitucional. Fallece.
1877-1878	Higinio Uriarte. Vicepresidente a cargo del PE.
1878-1880	Cándido Bareiro. Constitucional. Fallece.
1880-1882	Bernardino Caballero. Presidente Provisorio.
1882-1886	Bernardino Caballero. Constitucional.
1886-1890	Patricio Escobar. Constitucional.
1890-1894	Juan G. González. Constitucional. Depuesto.
1894	Marcos Morinigo. Vicepresidente a cargo del PE.
1894-1898	Juan Bautista Egusquiza. Constitucional.
1898-1902	Emilio Aceval. Constitucional. Depuesto.
1902	Héctor Carballo. Vicepresidente a cargo del PE.
1902-1904	Juan Antonio Escurra. Constitucional. Renuncia.
1904-1905	Juan Bautista Gaona. Presidente Provisorio.
1906-1908	Benigno Ferreira. Constitucional. Es depuesto.
1908-1910	Emilio González Navero. Vicepte a cargo del PE.
1910-1911	Manuel Gondra. Constitucional. Renuncia.
1911	Albino Jara. Presidente Provisional. Renuncia.
1911-1912	Liberato Marcial Rojas. Pte Provisional. Renuncia.
1912	Pedro P. Peña. Presidente Provisional. Renuncia.
1912	Emiliano González Navero. Presidencia Provisional.
1912-1916	Eduardo Schaerer. Constitucional.
1916-1919	Manuel Franco. Constitucional. Fallece.
1919-1920	José P. Montero. Vicepresidente a cargo del PE.
1920-1921	Manuel Gondra. Constitucional. Renuncia.
1921-1923	Eusebio Ayala. Presidencia Provisional. Renuncia.
1923-1924	Eligio Ayala. Presidencia Provisional. Renuncia.
1924	Luis Alberto Riart. Presidencia Provisional.
1924-1928	Eligio Ayala. Constitucional.
1928-1932	José P. Guggiari. Constitucional.

▶

APÉNDICE I

Período	Gobernante. Estado del 1er mandatario (civil o militar). Naturaleza del gobierno (constitucional o de facto). Observaciones (derrocamientos, renuncias, etc.).
1932-1936	Eusebio Ayala. Constitucional. Es depuesto.
1936-1937	Rafael Franco. Presidente Provisional.
1937-1939	Félix Paiva. Constitucional.
1939-1940	José Félix Estigarribia. Constitucional. Fallece.
1940-1948	Higinio Morínigo. Constitucional.
1948	Juan Manuel Frutos. Presidencia Provisional.
1948-1949	Juan Natalicio González. Constitucional. Es depuesto.
1949	Raimundo Rolón. Presidencia Provisional. Renuncia.
1949	Felipe Molas López. Constitucional. Es depuesto.
1949-1954	Federico Chaves. Constitucional. Renuncia.
1954	Tomás Romero Pereira. Presidencia Provisional. Depuesto por golpe de Estado.
1954-1989	Alfredo Stroessner. Militar - de facto. Derrocado por golpe de Estado.
1989	Andrés Rodríguez. Militar - de ipso.
1989-1993	Andrés Rodríguez. Militar - constitucional.
1993-1998	Juan Carlos Wasmosy. Constitucional.
1998-1999	Raúl Cubas Grau. Constitucional. Es depuesto por la crisis desatada por el asesinato de su adversario político, el vicepresidente de la República Luis María Argaña.
1999-2003	Luis Ángel González Macchi. Constitucional Presidente del Congreso que asume el Poder Ejecutivo por renuncia de Cubas.
2003-2007	Nicanor Duarte Frutos (constitucional - electo por el pueblo el 27 de abril de 2003).

Fuente: Osvaldo Kallsen, Historia del Paraguay Contemporáneo (1869-1983), Asunción,1983, Raúl Amaral, Los presidentes del Paraguay. Crónica Política, Asunción, CPES, 1994.

Jefes de Gobierno del Perú (1821-2004)

Período	Gobernante. Estado del 1er mandatario (civil o militar). Naturaleza del gobierno (constitucional o de facto). Observaciones (derrocamientos, renuncias, etc.)
1821-1822	José de San Martín (argentino de nacimiento).
1822-1823	Junta: José de la Mar, Manuel Salazar y Baquiano, Felipe A. Alvarado.
1823	José de la Riva Agüero.
1823-1824	José Bernardo de Tagle.
1824-1826	Simón Bolívar, Antonio José de Sucre.
1826-1827	Andrés Santa Cruz.
1827-1829	José de la Mar.
1829-1833	Agustín Gamarra.
1834	Pedro Pablo Bermúdez.
1833-1835	Luis José de Obregoso.
1835-1836	Felipe Santiago Salaberry.
1836-1837	Andrés de Santa Cruz (Confederación Peruano-Boliviana).
1837-1838	Luis José de Obregoso.
1838-1841	Agustín Gamarra.
1842-1843	Francisco Vidal.
1843-1844	Domingo Elías, Domingo Nieto.
1844	Justo Figuerola.
1845-1851	Ramón Castilla.
1851-1855	José Rufino Echenique.
1855-1862	Ramón Castilla.
1862-1863	Miguel de San Román.
1863	Pedro Díaz Canseco.
1863-1865	Juan Antonio Peste.
1865-1868	Mariano Ignacio Prado.
1868-1872	José Balta.
1872	Tomás Gutiérrez.
1872-1876	Manuel Pardo (civil).
1876-1879	Mariano Ignacio Prado.
1879-1881	Nicolás de Piérola (civil).
1881	Francisco García Calderón (civil).
1881-1883	Lizardo Montero.
1883-1886	Miguel Iglesias.
1886-1890	Andrés A. Cáceres.
1890-1894	Remigio Morales Bermúdez.

▶

APÉNDICE I

Período	Gobernante. Estado del 1er mandatario (civil o militar). Naturaleza del gobierno (constitucional o de facto). Observaciones (derrocamientos, renuncias, etc.).
1894	Justiniano Borgoño.
1894-1895	Andrés A. Cáceres.
1895	Manuel Candamo (Junta).
1895-1899	Nicolás de Piérola (civil).
1899-1903	Eduardo López de Romaña (civil).
1903-1904	Manuel Candamo (civil).
1904	Serapio Calderón (civil).
1904-1908	José Pardo y Barreda (civil).
1908-1912	Augusto B. Leguía (civil).
1913-1914	Guillermo Billinghurst (civil).
1914-1915	Oscar R. Benavides.
1915-1919	José Pardo y Barreda (civil).
1919-1930	Augusto B- Leguía (civil).
1930	Manuel María Ponce.
1930-1931	Luis Miguel Sánchez Cerro.
1931	Ricardo Leoncio Elías, Gustavo A. Jiménez, D. Samánez Ocampo (Junta).
1931-1933	Luis Miguel Sánchez Cerro.
1933-1939	Oscar Benavides.
1939-1945	Manuel Prado Ugarteche (civil).
1945-1948	José Luis Bustamante Rivero (civil).
1948-1950	Manuel A. Odría (Junta).
1950-1956	Manuel A. Odría.
1956-1962	Manuel Prado Ugarteche (civil).
1962-1963	Ricardo Pérez Godoy, Nicolás Lindley.
1963-1968	Fernando Belaúnde Terry (civil).
1968-1975	Juan Velasco Alvarado.
1975-1980	Fernando Morales Bermúdez.
1980-1985	Fernando Belaúnde Terry (civil).
1985-1990	Alan García (civil).
1990-2000	Alberto Fujimori (civil pero realiza auto golpe en 1992; destituido por el Congreso).
2000-2001	Víctor Paniagua (interino por deposición de Fujimori).
2001-2006	Alejandro Toledo (civil-constitucional).

Fuente: Pease, Franklin. Breve Historia Contemporánea del Perú. México, FCE, 1995; Nudelman, Ricardo. Diccionario de política latinoamericana del siglo XX. México, Océano, 2001.

APÉNDICE II

EVOLUCIÓN DEMOGRÁFICA DE LOS PAÍSES DEL CONO SUR

APÉNDICE II

Evolución de la población de los países del Cono Sur

País	Argentina	Chile	Brasil	Uruguay	Paraguay	Bolivia	Perú
1791							1.231.032
1800	551.000	500.000					
1825	766.400						
1828					250.000		
1835		1.010.330					
1836							1.373.736
1842							1.374.456
1850							2.000.123
1852				131.969	300.000		
1854		1.439.000					
1857	1.300.000						
1859							2.001.203
1860				350.000			
1862							2.487.916
1864		1.819.000					
1865					600.000		
1869	1.737.100						
1872			10.112.000		231.000		
1876							2.699.106
1889					439.000		
1890			14.334.000				
1895	3.954.900						
1900		2.900.000	17.318.000				
1908				1.042.666			
1910		3.300.000	22.042.000				
1914	7.885.200				580.562		
1920		3.700.000	30.605.000				
1924					787.635		
1925	10.356.000	4.073.000	30.332.000	1.659.000		2.022.000	5.579
1930	11.896.000	4.365.000	33.568.000	1.877.000	880.000	2.153.000	6.001.000
1935	13.044.000	4.700.000	37.150.000	2.030.000	988.000	2.314.000	6.483.000
1936					992.420		
1940	14.169.000	5.063.000	41.565.000	2.155.000	1.111.000	2.508.000	6.207.900
1945	15.390.000	5.541.000	46.000.000	2.256.000	1.247.000	2.740.000	8.521.000
1947	15.893.800	5.500.000					

▶

EVOLUCIÓN DEMOGRÁFICA DE LOS PAÍSES DEL CONO SUR

País	Argentina	Chile	Brasil	Uruguay	Paraguay	Bolivia	Perú
1950	17.100.000	6.000.000	53.400.000	2.200.000	1.328.452	3.013.000	7.600.000
1955	19.122.000	6.761.000	60.200.000	2.617.000	1.565.000	3.322.000	9.396.000
1960	20.013.800	7.300.000	72.500.000	2.500.000	1.700.000	3.400.000	10.024.600
1962					1.819.103		
1963				2.595.510			
1965	22.909.000	8.567.000	82.900.000	2.970.000	2.007.000	4.136.000	11.649.600
1970	23.364.400	9.500.000	95.800.000	2.800.000	2.300.000	4.300.000	13.586.300
1972					2.542.000		
1975				2.788.429			15.868.800
1980	27.949.000	11.100.000	121.200.000	2.900.000	3.100.000	5.500.000	18.527.000
1985				2.955.241			21.611.800
1989			150.052.000		3.361.000		
1990	32.300.000	13.100.000		3.000.000	4.200.000	7.100.000	25.098.500
1991	32.608.687						
1992					4.152.588		
1995							29.098.500
1996				3.163.763			
1999			165.200.000		5.291.020		
2000	36.000.000	15.200.000	172.700.000	3.200.000	5.500.000	9.300.000	33.491.000

Fuentes: Censos y cómputos de población realizados en Argentina (Instituto de Estadísticas y Censos, INDEC), Paraguay, Uruguay. Instituto Nacional de Estadística (INE), República Oriental del Uruguay; CELADE, ONU, 1992; Brasil, IBGE (Instituto Brasileiro de Geografía e Estatística) e IPEA (Instituto de Planejamiento Econômico e Social), ediciones de varios años; CEPAL, Situación Social de América Latina. Buenos Aires, Hachette, 1969. Villalobos, Sergio y otros. Historia de Chile. Santiago, Universitaria, 1992. Pease, Franklin. Breve Historia Contemporánea del Perú. México, FCE, 1995.

Se terminó de imprimir
el 30 de abril de 2005,
en los Talleres Gráficos de
Inca Editorial Cooperativa de Trabajo Ltda.
Mendoza - República Argentina.
E-mail: incasterio@incaeditorial.com